本书为国家社会科学基金重点项目
"民族地区社会企业与社会治理现代化问题研究"（20ASH002）项目支持成果

"十二五"国家重点图书出版规划项目

社会学文库 SOCIOLOGICAL LIBRARY 　主编 郑杭生

社会企业的发展逻辑

时立荣 / 著

The Development
Logic of
Social Enterprise

中国人民大学出版社
·北京·

总　序

现在，文库不少，社会学文库也有几个。在这样的情况下，接受中国人民大学出版社的委托，主持一套社会学文库，就不得不追问自己：这套文库只是单纯在数量上增加一个文库而已，还是应该在质量上力求有自己的某些特点？这就是本套文库不可避免要面对的定位问题。经过考虑，本套文库的定位至少涉及如下四个方面：

第一，它是一套研究性的文库。就是说，进入本套文库的著作，必须是研究性、探索性的。研究性、探索性的必备要素是与某种新的东西联系在一起的，即有某种创新性，因此，它们不同于一般资料性的、介绍性的、编译性的作品。这并不是说后者不重要，而是说，因为类别不同，后者应该有自己的出版渠道。

社会学研究无疑涉及诸多方面，有理论研究和经验研究、定性研究和定量研究，有对现实社会现象的研究，又有对社会学本身的研究，等等。本文库欢迎一切真正有研究价值的著作；同时，根据社会学国际化与本土化相结合的要求，根据本国的国情，把重点放在如下几个方面：

——对转型中的中国社会的认识有所深化的研究著作。

——对有中国特色的社会学理论有所贡献的研究著作。

——对世界社会学的新发展和走向有所把握的研究著作。

第二，它是一套精品性的文库。就是说，在研究性的著作中，我们更看重精品之作。所谓精品，在内容上至少要符合下述几条中的一条或同时具有：一是能够从社会学的视角对人们普遍关心的社会热点和焦点问题做出有说服力的分析，公认有真知灼见，经得起时间和历史的考验；二是能够对实现"增促社会进步，减缩社会代价"的社会学深层理念有所贡献；三是对社会学的学科建设和理论创新有所推动；四是对中国社会学的国际化和本土化有所促进。而在形式上，要有与内容相匹配的叙述形式，要有较好的可读性，力求深入浅出，尽可能雅俗共赏，为大家所喜闻乐见。

第三，它是一套使社会学界新生力量脱颖而出的文库。就是说，通过研究性的精品之作，使那些在社会学界没有什么知名度，或知名度不高的"无名小卒"、新生力量、后起之秀程度不同地提高知名度，把他们实实在在地介绍给学界和社会，使他们尽快成为学界名人。在这个意义上，本文库也许能够成为培养社会学人才的有效渠道之一。众所周知，没有或缺少新生力量的学科和学界，是没有什么希望的。这当然在任何意义上都不是说可以忽视现在的学界名人，他们是我们最重要的依靠力量，他们负有提携后进的重任。我们真诚希望现有的学界名人和即将脱颖而出的学界名人，共同使本文库成为名副其实的名人文库，在学界和社会上发挥更大的作用。

第四，它是一套供不同学派观点争鸣的文库。一个没有不同学派争鸣的学界，不能说是成熟的。我在社会学界多次强调"要多一点学派，少一点宗派"。因为学派之争是学术问题、学术观点的争论，用的是学术标准，可以争得面红耳赤，但过后仍然是朋友；宗派之争则用非学术标准，党同伐异，大有"谁不和我们歌唱，谁就是我们的敌人"的"气概"。因此，学派之争，与人为善，相互切磋，推进学术；宗派之争，与人为恶，相互攻击，阻碍学术。如果本文库在促成不同观点的社会学学派形成方面、在促成不同学派展开富有成果的争鸣方面，起到了应有的积极作用，我们将会感到非常高兴和欣慰。本文库将对各种不同观点的学派一视同仁。

总之，我们真诚希望本文库能够出研究成果、出精品、出名人、出学派。简言之，我们把"四出"作为中国人民大学出版社社会学文库的定位。

古人曾说过这样的意思：定位于"上"，可能得乎"中"；定位于"中"，可能得乎"下"。本文库这种"四出"的定位，从目标上说应该属于"上"，但结果仍有两种可能：或"上"或"中"。我们希望能够争取前一种可能，避免后一种。最后究竟如何，当由读者和时间来鉴定。

应当指出，本文库是在一个不平常的时候出版的。

首先，无论是就政策环境和体制条件来说，还是就国内氛围和国际环境而论，中国社会学正处在新中国成立以来最好的大有可为的发展时期。现在，社会学的学科地位，即作为要加强的哲学社会科学基本学科之一，得到了确认。人们越来越体会到社会因素即非经济因素对改革、发展、稳定的重要性，从而也认识到以非经济因素为切入点的社会学，也和以经济因素为研究对象的经济学一样，是一门与每个人的实际生活息息相关的学问，是一门推进改革、发展、稳定的科学，感受到有许多问题需要从社会学的视角来看待和解读，并领悟到社会学的理论研究和经验研究是制定符合实际情况的社会政策的基础环节。人们对社会学从不甚了解、不了解甚至误解到逐步了解；一些社会学的用语（如社区、社会化、弱势群体、社会转型、良性运行等）日益普及化、大众化，其中一些还被政府部门采纳和使用。这使中国社会学的发展不仅有了自上而下的体制条件，而且有了自下而上的社会氛围。经过激烈竞争，中国社会学界获得了第三十六届世界社会学大会的主办权，该届会议的主题是"全球化背景下的社会变迁"，将于2004年7月在北京召开，由中国社会科学院社会学研究所承办。现在欧美社会学界都十分关注中国社会的变化、中国社会学的研究。无疑，在世界社会学的格局中，与欧美强势社会学相比，无论是从规模、投入，还是从成果、影响等方面说，中国社会学仍然是弱势社会学。强势社会学界如此关注中国社会的研究，对植根于本土社会的中国社会学界来说，既是一种沉重的压力，同时又是进一步发展的强大动力。在这样的情况下出版本文库，应当说正当其时。我们希望不要辜负这样好的条件。

其次，这种不平常性还表现在世界社会学正处在自我反思和重建的过程之中。这种自我反思和重建的趋势并不是凭空而生的，而是有现实根据的。这就是旧式现代性的衰落、新型现代性的兴起。我认为，这种旧式现代性的衰落、新型现代性的兴起，既影响着中国社会学的国际化，又影响着中国社会学的本土化。关于这一点我想多说几句。

所谓旧式现代性，就是那种以征服自然、控制资源为中心，社会与自然不协调、社会与个人不和谐，社会和自然付出双重代价的现代性。20世纪向21世纪的过渡时期，全球社会生活景观呈现出重大转折的种种迹象，人们看到：人类对自然的倒行逆施造成了越来越严重的"绿色惩罚"，导致了天人关系的紧张，甚至"人类对自然的战争，变成了人类自我毁灭的战争"；人欲的激发和资源的匮乏所引发的对资源控制权力的争夺，又不能不导致价值尺度的扭曲、伦理准则的变形、个人与社会的关系的恶化。旧式现代性已经进入明显的危机时期。这样，在世界、在中国，探索新型现代性便成为一种势在必行的潮流和趋向。

所谓新型现代性，是指那种以人为本，人和自然双赢、人和社会双赢，两者关系协调和谐，并把自然代价和社会代价减小到最低限度的现代性。从中国社会转型加速期取得的巨大社会进步和付出的种种社会代价中，我们都能从正反两方面，亲身体会到新型现代性的深刻意涵。

就两种类型的现代性与社会学的关系而言，过往的旧式现代性锻造了以往的社会学——它的感受力和想象力、设问和眼界，甚至它的理论抱负和期望所能达到的限度。当现代性面临重大转折之时，必定也是社会重构、个人重塑、个人与社会的关系发生重建之日。社会学不可避免地卷入其中，经历预设的根本变化、视野的重大调整、理论的重铸和再生过程。

对旧式现代性做出反应的，不仅有新型现代性，还有后现代性。如果说，新型现代性是对旧式现代性的一种积极、正面意义的反思，那么主张后现代性的后现代主义则一般是对旧式现代性的一种消极、否定意义的反应。后现代主义批评旧式现代性的弊病是对的，但它的解决方法不是革除弊病，而是连现代性也加以抛弃，从而走向了极端。它对社会和知识基础的所谓"解构"，无助于增进社会的和谐。

因此，处在这样一个旧式现代性步入没落、新型现代性勃然兴起的历史时期，中国社会学必须顺应时代的要求，跟上世界社会学重建的步伐，结合中国的实际，在理论研究上开拓出新的学理空间。而经过我国快速转型期独特经验的熏陶，中国社会学界的主体性、自觉性和敏锐性已经大为提高，将有助于达到这一目标。

我们也真诚希望，本套文库能在实现上述目标的过程中发挥应有的促进作用。

以上权且作为本文库的序言，与大家共勉。

郑杭生

2003 年 8 月于气和文轩

序

　　说起政府负有解决社会问题的责任，你一定很认同；说起社会组织、非营利组织、慈善组织为贫困群体提供支持，你也一定很肯定。那么问题来了。企业呢？企业能否以解决社会问题为己任？许多人肯定地回答"不会"，理由是企业都是以营利为目的的，怎么会以解决社会问题为己任。在理论依据上，早已有在政府-企业-社会组织三元社会结构框架中的"市场失灵论"，解释了让企业提供公共产品和服务的无效性。长久以来，人们在纯粹公益与纯粹商业之间各执一端，争论不休，而对公益和商业之混合地带研究较少，也多持否定或怀疑的态度。

　　然而，近十几年来，我们却看到了被称为社会企业的混合性组织在世界各个国家蓬勃兴起，它们参与市场活动，并声称以用商业的手段解决社会问题为组织使命，即社会之心、商业之手。让社会企业闻名世界的是诺贝尔奖得主、孟加拉国格莱珉银行创始人穆罕默德·尤努斯教授。他打破常规，建立商业银行，专注于面向穷人的小额信贷，使得许多家庭因此成功地摆脱了贫困，树立了社会企业的成功典范，也使社会企业、社会企业家精神和公益创业等新观念进入了人们的视野。首先，社会企业是关于财富使社会更美好的愿景，被视为关于财富与社会结合的新观念。由此演化而来的社会企业家精神是改变社会观念和采取创新行动的推动力量。其次，社会企业亦被视作与组织变革和创新直接相关的新取向，是与发展型社会政策相关的、创新福利市场的商业模式，甚至是弥合不同经济生活方式差距的多元社会保护机制。在世界范围内，社会企业的出现已经成为一波新的创业浪潮，许多国家的青年和商业从业者选择社会创业（也称公益创业）。

社会企业是类的集合的概念，是区别于商业企业和社会组织的混合组织种类，其特点是把社会目标和商业手段相结合，利用市场对资源配置的有效性，去实现社会价值目标，因此，在实践中指向诸多社会问题。在具体领域中，社会企业的社会目标是多样的，尤其强调反贫困、就业与社区民生经济主题。社会企业具有综合的含义，从观念变革到组织创新，社会企业成为一种理念、组织类别、政策载体和具体生产服务单位。社会企业也具有跨组织、跨领域的特点，正因如此，社会企业概念又存在边界的模糊性，在操作中不易清晰把握，这是其缺点所在。

回到开篇那个被我们质疑的问题：经济行为与社会价值是否互斥？公益与商业能否融合？对此，人们赋予社会企业很多期待和意义。可喜的是，在当代中国脱贫攻坚和乡村振兴的伟大社会实践中，涌现了很多经济行动与社会价值并存的项目、组织、村庄、社区等成功案例，它们反映了社会之心与商业之手的合作运行，在不同程度上体现了以解决社会问题为目标、以社会价值为优先的社会企业理念、行动和结果，为中国特色社会企业成长提供了沃土。社会企业的出现在实质上直接涉及的是规则变革，因此，它不仅与公益创新、社会创新、社会创业、社会设计、社会投资等新概念相连并存，也与共同富裕、包容性发展、发展型社会政策、第三次分配、共享共治的社会治理创新等紧密相关。由此，对社会企业发展规律及其适用环境的研究无疑具有明确的理论创新价值和应用价值。

需要强调的是，对社会企业要有明确的边界界定，不是所有的企业都是社会企业，倡导社会企业也不是要其替代（也不可能替代）所有企业。社会企业尤其适用的具体经济领域和社区类型，包括互惠、家计等以社会保护为基础的传统民生领域，地域被隔离、资源匮乏或资源遭到滥用的地域型社区、边缘化社区，以及就业竞争中的弱势群体或特殊利益群体，等等。即，社会企业要有与其使命对应的遵循社会保护原则的社会基础和环境。

社会企业何以存在？作为新的组织形态，社会企业涉及的问题多元，理论研究领域交叉，学科研究基础薄弱，一直存在理论研究不足和理论指导实践不力的问题。为了回答这一问题，本书以社会整体性关系为视角，围绕经济要素和非经济要素在生产要素中的嵌入、脱嵌和归嵌关系，试图给出社会企业用商业手段解决社会问题的理论解释。从生产要素的本质出发，首次提出"社会企业生产要素变革论"，通过分析生产要素变革对社会企业性质的决定作用，回答了社会企业何以存在和以何种类型存在的理论性问题。该理论的应用价值在于，依据生产要素的社会企业分类为现实中的社会企业提供了一个类型学依据，不仅为正确地理解社会企业的社会目标与经济目标之共享提供了理论指导，也为推动针对社会企业的政策和未来合法注册形式提供了参考。总之，社会企业是对经济与社会之间的关系的实践反思，是在社会诉求与市场经济行为之间架起了一座共享的桥梁，以其显著的行动能力回应经济社会协调发展的时代需要，推动新时代共建共治共享社会治理现代化能力的提升。

推动社会企业发展必须与社会政策对接。从工具意义上看，当代社会政策的作用已经不仅是规制性的利益分配调节，在实践中还新增了生产性社会政策和发展型社会政策功能。新功能将社会福利保障制度的"输血式"功能升级为"造血式"功能，因而与社会企业的组织定位相吻合。与社会政策对接又是一个实际推动问题。尤其在西部不发达地区，在减贫、可持续发展与乡村振兴的伟大实践中，当实施就业开发，激活社区经济，推动养老、教育等发展，建立合作社时，社会企业可以与国家政策直接对接。大部分社会企业是以"小打小闹"的形式扎根在养家糊口的日常社区生活之中的，正因如此，它们作为中小微企业，像庞大社会体系中的毛细血管一样成为输送养分的民生保障的微观基础。在解决绝对贫困后，还有相对贫困问题和返贫压力问题，仍需专业组织在精准扶贫的基础上盘活人力、财力、物力、社会资本等社会资源。社会企业以社会保护机制为基础，弥合由多种经济形态延续带来的区域或群体之间的社会分化和利益差距等，以有效缓解相关问题之间的张力。比如，在游牧区、农区、城镇社区、现代大城市中心区呈现出来的不同谋生方式和群体差距，给社会企业提供了发挥作用的空间。中华民族共同体建设不仅需要具有强大市场竞争力的大企业，同时也需要这些调节民生社会利益再分配的有活力的社会企业，只有这样，才能保证经济社会系统的良性运行。

时立荣

2022 年 9 月于莲玉嘉园

目　录

第一章　社会企业研究进展

改革开放以来，中国经济社会发展的重心不断向社会建设转移。随着社会治理的推进，社会企业在解决就业、福利服务、贫困治理、环境问题和社区建设方面显示出创新性功能。社会企业与社会组织和企业有何不同？社会企业的边界是怎样的？回顾国内外对社会企业的研究，有助于正确理解和把握社会企业发展的来龙去脉。

第一节　社会企业概念的出现和推进

社会企业的出现总是伴随着价值倡导和实践推动情形，这主要是由西方国家在 20 世纪 80 年代后出现的福利国家危机引发的。国外有关社会企业的概念形成、理论研究、组织发展和法律规定早于或领先于国内。总体上看，国外的研究焦点主要集中在社会企业概念、社会企业家精神和社会企业管理三大方面。美国社会学家格雷戈里·迪斯是社会企业研究的集大成者。

一、国外社会企业概念的出现

社会企业（social enterprise）这一概念起源于欧洲第三部门和美国的社会企业家对非传统企业发展的需要。20 世纪 80 年代早期，美国的比尔·德雷顿成立了一个阿育王组织，对那些有社会抱负的个人企业家进行支持，这些人也因此被称为"社会企业家"[①]。这里第一次出现了关于社会企业和社会

---

① DRAYTON B. The citizen sector: becoming as entrepreneurial and competitive as business. California management review，2002，44（3）.

企业家的提法。20 世纪 80 年代，法国社会科学家引入"社会经济"一词，以区别于资本主义"市场经济"。经济学家蒂埃里·让泰指出，社会经济不是"以人们衡量资本主义经济的办法即工资、收益等来衡量的，它是把社会效果和间接的经济效益结合在一起的"，"社会经济从社会效果的角度才能最好地加以理解，它极大地补充了传统经济学想衡量而又不知如何衡量的内容"①。可见，社会经济中包含了对社会企业的预设。1993 年哈佛商学院提出"社会企业计划"，哥伦比亚大学、斯坦福大学、耶鲁大学和诸多基金会相继针对社会企业或社会企业家设立了相关的培训和支持项目②。1994 年，"社会企业"一词的定义出现在经济合作与发展组织（OECD）的一份报告中，指既利用市场资源又利用非市场资源以使低技术工人重返工作岗位的组织③。1996 年，美国社会学家格雷戈里·迪斯最早对社会企业的概念进行学术定义，提出了著名的"社会企业光谱"理论，描述了社会企业是在纯慈善（非营利组织）与纯营利（私人企业）之间的连续体，指出非营利组织商业化或市场化是其转变为社会企业的途径④。实际上，这个概念描述了光谱的一端是纯慈善式，另一端是纯商业式，而社会企业就是处于光谱中间的那一类具有结构多元性的组织⑤。社会企业光谱概念的提出对学术界研究社会企业产生了巨大的影响。1998 年，安东尼·吉登斯在《第三条道路：社会民主主义的复兴》一书中提出了社会企业的概念⑥。他认为，面对自动化和全球化浪潮中的充分就业难题，选择福利国家的老路，将会使人们陷入福利之中不能自拔，从而被更大的社会排除在外；而通过减少福利来迫使个人寻求工作，则会导致更多人涌入本来就已经十分拥挤的低收入劳动力市场。因此，政府应该积极介入区别于市场经济的社会经济，将国家的福利投入变为对社会经济的投资，引导失业者在社会经济中就业，构建积极的福利社会。因此，社会企业是社会经济的一种，其初衷是与政府社会福利制度改革紧密相连的。为了规范欧洲

---

① 里夫金. 工作的终结：后市场时代的来临. 上海：上海译文出版社，1998：278.

② 尼森. 社会企业的岔路选择：市场、公共政策与市民社会. 北京：法律出版社，2014：4.

③ 王思斌. 中国社会工作研究：第 1 辑. 北京：社会科学文献出版社，2002：197.

④ DEES J G. Social enterprise spectrum：philanthropy to commerce. Harvard business review，1996，76（1）.

⑤ DEES J G. Enterprising nonprofits. Harvard business review，1998，76（1）.

⑥ 吉登斯. 第三条道路：社会民主主义的复兴. 北京：北京大学出版社，2000：87.

的社会企业研究，尤其是避免使用分歧，欧洲委员会在 2001 年出版了名为《社会企业的出现》（*The Emergence of Social Enterprise*）的研究报告，对社会企业进行了界定，认为社会企业包括那些在不同国家拥有不同名称，但以企业战略和社会目的为共同特征的实体。更为准确地说，社会企业被界定为作为对公共津贴商品和服务生产的补充而追求一定程度的自负盈亏，主要的目标是支援社会排挤的牺牲品，而不是为股份持有人创造利润[①]。欧洲社会企业研究网络（EMES）的社会企业定义在欧洲具有较大影响，很多国家的社会企业官方定义借鉴了这一定义。在这一定义中，"社会企业是非营利性的私人组织，提供直接与使社区受益这一明确目标相关的商品或服务，它们依赖于集体动力，治理结构中包括不同类型的利益相关方，高度重视自主权，承担与其活动相关的经济风险"[②]。EMES 还提出了社会企业的理想类型，即社会企业的操作化定义，包括九个指标：（1）持续地生产并（或）交易产品与（或）服务；（2）具有高度的自治水平；（3）承担显著的经济风险；（4）确保一定的有偿工作岗位；（5）具有明确的社区利益导向；（6）公民集体自发行动；（7）集体决策；（8）（治理模式）具有参与性特征；（9）利润分配有限[③]。这些指标反映了社会企业的普遍特征。社会企业作为一种新的实体或在已有的第三部门组织中出现的一种新动态，在整个欧盟都可能存在，有特定的经济性和社会性指标[④]。美国研究者戴维·伯恩斯坦在其著作《如何改变世界：社会企业家与新思想的威力》中将"社会企业"界定为"无数受各种变革使命驱动，寻求解决社会问题的创新途径的总称"[⑤]。金·奥尔特绘制的社会企业可持续发展的光谱图，具体地说明了这一变化趋势：传统非营利企业与传统营利企业在社会变革环境下，尽管初始的目标有所差异，但是为了形成"可持续的发展战略"，两种组织形式最终还是向中间状态的"社会企业"或"社会负责型"企业靠拢。

---

① 时立荣．转型与整合：社会企业的性质、构成与发展．人文杂志，2007（4）．

② DEFOURNY J，NYSSENS M. Social enterprise in Europe：recent trends and developments. Social enterprise journal，2008，4（3）．

③ DEFOURNY J. Introduction：from third sector to social enterprise // BORZAGA C，DEFOURNY J. The emergence of social enterprise. London and New York：Routledge，2001：16–18．

④ 迪夫尼，丁开杰，徐天祥．从第三部门到社会企业：概念与方法．经济社会体制比较，2009（4）．

⑤ 伯恩斯坦．如何改变世界：社会企业家与新思想的威力．北京：新星出版社，2006：5．

二、国外关于社会企业家精神的研究

谈及社会企业家精神，首先要弄清什么是社会企业家。亨顿等认为，社会企业家是指"能够在企业、政府、教育与社会之间建立强力生产性联系的新一代领导者"[①]。斯凯勒认为，社会企业家是具有改变社会的胆识并且能够借助资金资源实现自身抱负的人们……他们具有所有成功企业家的才智，并且怀有促使社会变化的强烈愿望。格雷戈里·迪斯指出，社会企业家"具有创造和坚持某一社会价值的使命，在社会部门作为变革的能动者"，"为实现使命，对新的机遇不懈追求"，"不拘泥于目前手中有限的资源，随时准备投入大胆的变革行动"[②]。

社会企业家精神就是通过改变追求美好社会的精神。研究者们普遍认为，具有社会企业家精神是社会企业家区别于一般企业家的最大特点。社会企业家是一个抱有改造社会的理想的群体，他们能够独立或合作经营社会企业。从富有深度的研究中，可以看到社会企业家的特征、扮演的角色和支撑条件。这些特征既体现了社会企业家精神，也突出了社会企业家与一般企业家的共有或相似特质。对于社会企业而言，"愿景、特殊技能、不复制、合作关系、分享荣誉、信心反馈、坚持的力量"[③]，分别构成了他们成就事业的支柱。社会企业家的特点并不是单一的品质，而是在社会企业的不同阶段面对不同问题时表现出来的与之相对的解决问题和达成目标的品质和性格特点，尤其是他们作为社会部门变革者所展现出的使命感、决断力、推动力、参与力所共同形成的社会企业家精神。

约翰·汤普森把社会企业家界定为"能够意识到福利国家机制下没有或不能满足的那些需要，并且能够组织起必要的资源（人力、财力与承诺）来完成这种事业的人们"[④]。而伦德斯特伦、周春燕、弗里德里克斯和松丁等人对社会企业家的定义更加广泛，他们认为社会企业家可以是个人、团队、网

---

① HENTON D, MELVILLE J, WALESH K. The age of the civic entrepreneur: restoring civil society and building economic community. National civic review, 1997, 86 (2).

② 迪斯，埃默森，伊柯诺米. 社会企业家的战略工具. 北京：社会科学文献出版社, 2011.

③ 司比士. 将才智与同情心付诸实践. 北京：中国社会出版社, 2016：16.

④ THOMPSON J L. The world of the entrepreneur: a new perspective. Journal of workplace learning, 1999, 11 (6).

络、组织等，社会企业家立志于改良社会和当地的社区，发起社会创业，以创造社会价值，为他人乃至整个社区带来进步为最终目标①。

社会企业家精神就是通过改变以追求美好社会的精神。研究者们普遍认为，具有社会企业家精神是社会企业家区别于一般企业家的最大特点。而社会企业家精神的含义以广义的企业家精神为基础②，往往展现出与商业企业家精神相同的特点，如高效率、有活力、创新、高性能以及经济可持续③。虽然法国经济学家早在两百多年前就已经创造了企业家精神这个词，但多年来它的含义一直在变化，这些变化能够反映企业家精神的本质。管理学大师彼得·德鲁克和哈佛商学院教授霍华德·史蒂文森认为，企业家精神是那种不论掌握了多少资源，都永远在寻求改变，并将对改变做出的反应视为新机会来开发的精神，这是一种机会导向的本能，能够引导人们发现成功的可能性④。保罗·C. 莱特从组织管理战略上理解社会企业家精神的内容，认为社会企业家精神包含四个部分——企业家、理念、机遇、组织，这四个部分联合在一起，通过打破常规的变革，能够解决一些社会顽疾⑤。研究认为，创新存在于非营利机构、企业、政府部门当中或之间，无论是强调企业家精神还是社会企业家精神，其精髓都是创新。

针对社会企业家精神的场域，社会企业家精神的定义有广义和狭义之分。广义的社会企业家精神是指营利部门、非营利部门或介于二者之间的混合结构组织（既包括营利部门也包括非营利部门），为达成一项社会目标而开展的创新活动⑥；是发生在非营利机构、商业部门或政府部门之内或之间的创造社会价值的活动，是在形成可持续的社会企业家精神的倡议过程中所面临的机遇和挑战，因此，不仅需要应用商业技巧让社会企业适应其运作环境，而

① LUNDSTRÖM A, ZHOU C, VON FRIEDRICHS Y, SUNDIN E. Social entrepreneurship: leveraging economic, political, and cultural dimensions. Heidelberg, Germany: Springer, 2014.

② DEES J G. The meaning of "social entrepreneurship", comments and suggestions contributed from the social entrepreneurship funders working group. Center for the advancement of social entrepreneurship. Fuqua School of Business: Duke, 1998.

③ 斯基勒恩，奥斯汀，莱昂纳德，斯蒂文森. 社会部门中的企业家精神. 北京：社会科学文献出版社，2011：2.

④ 迪斯，埃默森，伊科诺米. 企业型非营利组织. 北京：北京大学出版社，2008：3.

⑤ LIGHT P C. The search for social entrepreneurship. Strategic direction, 2011, 27 (6).

⑥ DEES J G. Social enterprise spectrum: philanthropy to commerce. Harvard business review, 1996, 76 (1).

且需要针对社会部门中的企业家精神专门开发全新的概念框架和战略①。狭义的社会企业家精神仅指在社会部门中运用商业专业知识和市场营销技能，通过创新来创造社会价值。随着社会企业家精神研究的不断深入，研究者认为，应当以实现社会价值的程度而不是以在何种组织领域为参考定义社会企业家精神。莱特从实证的角度分析社会企业家精神，在对有关商业和社会企业家精神的经验总结，以及131个有高度、中度和低度企业家精神的社会公益组织的相关调查的基础上，推进了对社会企业家精神的讨论，该角度避免了狭义与广义的概念争论②。

与商业企业角度不同，社会企业的研究者更偏向从"社会性"的角度定义社会企业家精神，尤其强调围绕社会性的创新思维和精神是社会企业家精神的共性。格雷戈里·迪斯从社会组织的角度定义社会企业家精神，认为社会企业家精神是社会组织中的一种新的思维方式。其表现为："（1）高度关注传统的以政府性行为和慈善性方法满足社会需求的效率；（2）寻求可持续发展导向的创新方法；（3）增加非营利组织在尝试市场方法和商业手段上的开放性；（4）公共服务逐渐转向私有化，迈向政府与非营利企业结盟的时代；（5）实现向以成果为基础（而非需求导向）的资助方法的转变和私人慈善机构与政府二者同时发生上述变化；（6）在社会和社区议题上以全新的、更投入的和战略性的方法共同参与"③。他还认为社会企业家精神对非营利组织产生了巨大的影响，对那些非营利组织，尤其是那些依靠捐赠获得资源或自身不具备变化和能力的组织来说，社会企业家精神为其带去了新的机遇和组织管理上的新挑战。梅尔和诺沃亚从社会效益角度定义社会企业家精神，包括在教育、环境、公平贸易、人权、卫生等问题领域的创新方法，这些被认为是国家可持续发展的重要基石④。伊丽莎白·切尔从双重价值角度把社会企业家精神定位在创造"社会和经济价值"两方面，认为社会企业家精神同时

---

① 斯基勒恩，奥斯汀，莱昂纳德，斯蒂文森. 社会部门中的企业家精神. 北京：社会科学文献出版社，2011.

② 莱特. 探求社会企业家精神. 北京：社会科学文献出版社，2011.

③ 迪斯，埃默森，伊科诺米. 企业型非营利组织. 北京：北京大学出版社，2008：11.

④ MAIR J, NOBOA E. Social entrepreneurship: how intentions to create a social venture are formed. Social entrepreneurship，2006.

适用于私人企业、创业企业以及社会企业①。

　　社会企业家精神的核心是创新，自然离不开对社会企业与社会创新创业的探究。社会企业家的创新来自：创新精神、机会导向、资源敏感度、价值创造变革的推动者②。社会企业家的创新包括自主性、创新性、主动性、有竞争力的扩张性和冒险五个方面，社会企业家能够通过这些方面提高企业的效率③。社会企业家能够将头脑中已有的各种社会商业模式、管理创新知识等，与现有的社会问题相结合，进而创造出一种新的模式。这种新的模式在社会企业使命的催化下，能够激发公众的跨界参与，高效且持续地解决社会问题④。由此，随着发展理念的出现，对社会企业的深化研究会转换为对社会创新和社会创业的研究。另外，从文化视角进行的社会创业研究，提升了社会企业家对经济和社会的影响力。社会-经济-文化三维学科知识体系的社会创业价值观指出，社会企业和社会创业要规划一个完整的价值创造战略，推动和驱使企业创造社会和人文效益，并由此形成良性互动，才能创造更好的经济价值⑤。基于对企业社会责任的时代变革的深刻认知，一些策略研究对社会企业的核心经营理念、社会创新文化信条，以及如何驾驭它们并带来持久的社会变革等给出了操作化建议，为社会企业创业者构建了一套方法论，旨在指导如何实施社会创新，如何创立社会企业⑥。从创新创业的角度来看，社会企业之所以取得成功，是因为它抓住了传统营利公司所忽略的商业机遇，从而获得利润用于再投资；它创造了自立可行的商业模式，在实现经济增长的同时，改善了贫困人群的生活，解释了公众和公司政策应该如何适应形势，给社会企业模式留出发展空间；社会企业的潜力在于能兑现自由市场企业没

　　① CHELL E. Social enterprise and entrepreneurship. International small business journal，2007，25（1）.

　　② DEES J G，EMERSON J，ECONOMY P. Enterprising nonprofits：a toolkit for social entrepreneurs. New York：John Wiley & Sons，2002.

　　③ DESS J G，LUMPKIN G T. The role of entrepreneurial orientation in stimulating effective corporate entrepreneurship. Academy of management perspectives，2005，19（1）.

　　④ SCHWARTZ B. Rippling：how social entrepreneurs spread innovation throughout the world. New York：John Wiley & Sons，2012.

　　⑤ 伦德斯特罗姆，周春彦，弗里德里希，桑丁. 社会企业家：影响经济、社会与文化的新力量. 北京：清华大学出版社，2016.

　　⑥ 瓦萨，普舍贝洛. 社会企业创立指南. 北京：中国人民大学出版社，2019.

有兑现的社会承诺①。总之，从思维到理念，从原则到方法，研究者们充分阐释了社会企业所具有的社会创新能力。

三、国外关于社会企业使命、战略管理、运行机制和策略的研究

除了注重社会企业家精神研究，国外研究的另一个重点落在了对社会企业使命、战略管理、运行机制和策略的系统研究上。

无论何种类型的社会企业，使命都是最重要的。使命是企业家最有用的工具，任何组织都是通过使命来计划和领导的。金·阿莱尔特从组织动机导向角度，将社会企业分为使命中心型、使命相关型和使命无关型。使命中心型是指企业的经营活动以组织的使命为中心，以自筹经费的方式运营并实现其使命。这类社会企业往往雇用弱势群体以推动社会就业。使命相关型是指企业从事的经营活动与组织本身的宗旨和使命有密切的联系。它一方面创造社会价值，另一方面也通过创造经济价值补贴社会项目投资或组织运营费用。使命无关型是指企业从事的经营活动与组织的使命无关，创立此类社会企业仅仅是为了通过创造经济价值来补贴社会项目投资或组织运营费用②。可见，使命及使命达成程度与社会企业实施何种战略有直接的关系。

格雷戈里·迪斯等12位研究者共同撰写了社会企业战略，详细地描述了从战略到评估的社会企业管理全过程。他们指出，由于社会企业在运用资源创造社会价值时，也会创造一定程度的经济价值，因此，社会企业家可以向商业企业家学习，与商业企业家思维模式共同成长。战略包括：建立各相关方参与的战略性服务愿景，在竞争环境中制定企业式竞争战略，与事业伙伴制定一种合作性战略，制定可行的收益战略和适当规模战略；以价值方程式（对顾客、员工、志愿者、捐赠者的价值＝效果＋质量/成本＋获得的难易度）和服务过程质量为评判标准；建立董事会并精心挑选与发展志同道合的董事会成员，董事会实行企业化管理；视捐赠者为投资者，为捐赠者创造价值，改善与客户和合作伙伴的关系、查明资金需求；以企业化方式领导、激励和保留员工；与社区一起工作，培育和维持社区联系；建立真正有效的绩效系

① 尤努斯，韦伯. 企业的未来：构建社会企业的创想. 北京：中信出版社，2011.
② ALTER K. Social enterprise typology. Virtue Ventures LLC，2007.

统，界定非营利组织中的价值，将信息转化为行动；领导者要积极应对组织变革①。劳伦·达比和赫莱德·詹金斯通过对社会企业的评估，提炼了适合可持续发展的社会企业的商业模式要素，包括：确定培训和发展需要、改善现有服务、开发新项目和服务、觉知内部策略（如设置未来的目标和指标）、改善客户和合作伙伴的关系、查明资金需求②。卡尔·弗兰克尔和艾伦·布隆博格提供了创立社会企业的指南，包括：重视并积累企业资源；制定系统可执行的策略；提高并保持服务质量；简化业务流程；避免使命偏移；建立合作网络；建立应急系统，提高企业的应变能力③。总之，国外对社会企业战略管理过程、管理方法和运行机制、环境和资源、效率和可持续发展能力的研究深入而丰富。

来自政治学和政策法律支持方面的社会企业研究，扩大了社会企业的政治功能。马尔特·尼森从政治学的视角研究了社会企业在政府、市场和公民权利之间的融合关系。在对包括欧洲社会企业研究网络中11个欧盟国家的工作整合型社会企业之社会经济绩效进行研究的基础上，他发现社会企业除了有社会与经济目标外，更具有实践社会政策目标的特征，而以往在践行社会政策方面，政府一直扮演着重要角色。他进而从治理、资源均衡、生产活动本质及社会企业与公共政策互动四个角度展开分析，得出社会企业应该是独立于政府、市场与社会的部门的结论④。这个结论进一步开拓了社会企业的社会政策空间。德纳·布雷克曼·雷塞和史蒂文·A.迪恩认为，法律应该成为拓宽社会企业获得各项资源的渠道的强大助力工具，包括：创立可转换债券工具，促进投资者与社会企业之间建立信任；推动社会企业众筹的税收减免；制定适宜的社会企业退出机制⑤。雷塞和迪恩强调社会企业法对建立信任、公益与资本市场链接的作用，揭示连接资本与理念的法律工具对社会企业的重要性，即能够引导企业家和投资者利用法律去寻找那些对利润和社会

① 迪斯，埃默森，伊柯诺米.社会企业家的战略工具.北京：社会科学文献出版社，2011.

② DARBY L，JENKINS H. Applying sustainability indicators to the social enterprise business model. International journal of social economics，2006，33 (5/6).

③ FRANKEL C，BROMBERGER A. The art of social enterprise：business as if people mattered. Philadelphia：New Society Publishers，2013.

④ 尼森.社会企业的岔路选择：市场、公共政策与市民社会.北京：法律出版社，2014.

⑤ REISER D B，DEAN S A. Social enterprise law：trust，public benefit，and capital markets. New York：Oxford University Press，2017.

使命有着相似偏好的合作伙伴①。法律工具的意义在于，其引入有影响力的投资者以及社会企业家，共同培育混合的企业形态，从而打破横亘于营利与非营利之间的传统壁垒，为投资者、企业家以及政策制定者提供了实践性的建议。

通过文献回顾可以看出，对社会企业概念的研究求同存异，对社会企业家精神、社会企业管理过程的研究非常丰富，对不同领域的社会企业案例的分析也比较充分。近几年，社会企业研究更加关注对社会影响力投资、公益创投、创新创业和政策法律的研究。除此之外，在实践上，对社会企业的认证标准也呈现扩展的趋势。

第二节　国内研究综述

据文献资料显示，改革开放后，国内最早明确提出并研究社会企业的文章是 2003 年时立荣的《非营利组织运行机制的转变与社会性企业的公益效率》一文，并在文中提出"社会性企业"这一概念，其概念内涵即社会企业。文章从"公益与效率的平衡"角度提出了社会性企业的组织运行方式②。译词"社会企业"见于经济合作与发展组织发表的一篇研究报告，该报告由刘继同在 2004 年《社会工作研究辑刊：第二辑》中翻译并发表，题为"社会企业"③。马仲良、于晓静在 2006 年发表《发展社会经济　构建首善之区》一文，较早提及了包含社会企业含义的"社会经济"一词，文中介绍了西方国家在现代化和全球化的进程中遇到了社会福利危机，一种存在于社会领域的新型经济形式——社会经济为西方国家带来了实现经济社会稳定发展的新出路④。之后，学者们翻译并引进了一系列社会企业的书籍。2006 年，由友成企业家乡村发展基金会支持资助、中央编译局承担的社会企业译著系列陆续出版，"社会企业"一词陆续进入研究视野，但整体上还不为大众所知。沙勇

---

① 雷塞，迪恩. 社会企业法：信任、公益与资本市场. 上海：上海财经大学出版社，2019.

② 时立荣. 非营利组织运行机制的转变与社会性企业的公益效率. 北京科技大学学报（社会科学版），2003（4）.

③ 王思斌. 中国社会工作研究：第 2 辑. 北京：社会科学文献出版社，2004：179－219.

④ 马仲良，于晓静，无一. 发展社会经济　构建首善之区. 投资北京，2006（1）.

于 2013 年出版《中国社会企业研究》一书，提出构建社会企业研究的"中国范式"的本土化研究思路①，是比较早的全面介绍国外社会企业发生发展背景、社会企业相关概念和理论的著作，特别是以社会企业竞争力为主进行的社会企业管理研究具有前沿性。

国内学者对社会企业的研究主要有三种不同的研究路径。第一种研究路径一般以非营利组织的内部治理为取向，在研究非营利组织资金短缺和发展困境的基础上，提倡非营利组织采取商业化经营和企业化管理，以求赢得自我生存和发展，其中以陆道生、王慧敏和毕吕贵的非营利组织企业化运作研究②和王世强的中国社会企业兴起的非营利组织路径研究③为典型代表。第二种研究路径直接以社会企业相称，认为"社会企业同企业一样具备生产要素，同样参与市场竞争"④，以"社会企业本质上是一个企业而非 NGO。而企业运行要遵循的基本规则就是价格机制和竞争机制"⑤ 这一观点为代表。第三种研究路径是众多的研究者和实践者更多地介绍社会创新案例⑥或社会企业的案例，强调社会企业是社会创新的主体之一⑦，并逐渐开始结合社会企业案例，分析社会企业的管理和运作方式。

一、学术研究的数量和规模

根据中国知网（CNKI）的统计，国内学者对社会企业的研究始于 2000 年以后，但确切地与"社会企业"概念吻合的研究始于 2003 年。在 CNKI 数据库中以"社会企业"为主题词搜索，可以看到 2001—2013 年间，研究数量呈现逐年增长的趋势，2013—2022 年的研究数量则基本稳定（见图 1-1）。

国家社会科学基金项目立项支持方面见表 1-1。在国家社会科学基金项

---

① 沙勇. 中国社会企业研究. 北京：中央编译出版社，2013.

② 陆道生，王慧敏，毕吕贵. 非营利组织企业化运作的理论与实践. 上海：上海人民出版社，2004.

③ 王世强. 社会企业兴起的路径研究. 北京：首都经济贸易大学出版社，2016：45-163.

④ 时立荣，刘菁，徐美美. 社会性嵌入：从企业生产要素看社会企业模式的产生. 河南社会科学，2014，22（4）.

⑤ 朱小斌. 社会企业的五种竞争力量. 终身教育，2016（3）.

⑥ 邓国胜. 社会创新案例精选. 北京：社会科学文献出版社，2013.

⑦ 王平，何增科，周红云. 社会创新蓝皮书. 北京：中国社会出版社，2014.

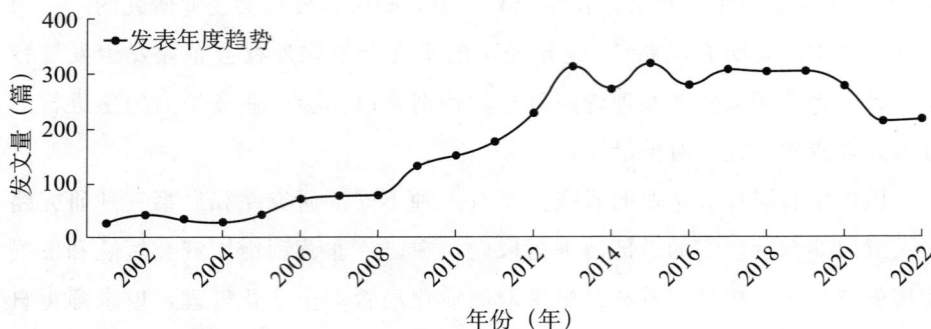

图 1-1　社会企业文献数量趋势图

目招标课题中，最早在 2000 年有一项与社会企业有些许相关的，关于社会创新的研究立项。然后直到 2011 年才开始出现以社会企业主题词为核心的研究立项，截至 2021 年共有 22 项立项。其主要内容分为社会企业组织模式和商业模式研究、社会企业的法律法规研究、社会企业在社区治理问题上的应用研究和企业的社会创新探索研究。总体立项情况平稳。

表 1-1　国家社会科学基金项目关于社会企业的立项（2011—2021 年）

序号	项目编号	项目类别	学科分类	项目名称	立项时间
1	21BSH003	一般项目	社会学	社会企业与乡村振兴的耦合机制及实现路径研究	2021-09-24
2	21BGL066	一般项目	管理学	数字经济驱动的企业社会创新商业模式构建与协同治理研究	2021-09-24
3	20ASH002	重点项目	社会学	民族地区社会企业与社会治理现代化问题研究	2020-09-27
4	20AGL019	重点项目	管理学	基于社会价值共创的顾客在线参与企业社会创新研究	2020-09-27
5	20BSH145	一般项目	社会学	社会责任与组织合法性视角下的社会企业价值实现研究	2020-09-27
6	20BGL102	一般项目	管理学	社会企业成长的多元演化路径及政策供给体系研究	2020-09-27
7	19BGL173	一般项目	管理学	社会企业参与乡村振兴的空间路径及体制机制研究	2019-07-15

续前表

序号	项目编号	项目类别	学科分类	项目名称	立项时间
8	18AFX018	重点项目	法学	创新社会治理背景下社会企业法律规制研究	2018 - 06 - 21
9	18BSH107	一般项目	社会学	平台组织发展的社会基础及对社会创新的启示研究	2018 - 06 - 21
10	17BGL077	一般项目	管理学	"互联网＋"背景下企业能力、商业模式创新与社会企业绩效研究	2017 - 06 - 30
11	17CGL054	青年项目	管理学	国有文化企业改革的逻辑与路径	2017 - 07 - 03
12	17CSH070	青年项目	社会学	合作制社会企业视角下贫困村集体经济的股权扶贫机制研究	2017 - 06 - 30
13	16BFX116	一般项目	法学	我国社会企业的法理属性和制度体系研究	2016 - 06 - 16
14	15CSH063	青年项目	社会学	社会企业介入的社区融合准实验研究	2015 - 06 - 16
15	15BFX168	一般项目	法学	社会企业的法律构造与功能本土化研究	2015 - 06 - 16
16	14BRK005	一般项目	人口学	基于社会企业视角的人口老龄化应对策略研究	2014 - 06 - 15
17	14BSH101	一般项目	社会学	社会企业介入的社区发展实验研究	2014 - 06 - 15
18	13CGL123	青年项目	管理学	社会企业商业模式创新的路径与评估机制研究	2013 - 06 - 10
19	12CSH079	青年项目	社会学	社会企业的合法性机制建构研究	2012 - 05 - 14
20	11CSH053	青年项目	社会学	非营利组织社会企业化运作模式研究	2011 - 07 - 01
21	11BSH055	一般项目	社会学	新时期中国社会企业运作模式研究	2011 - 07 - 01

续前表

序号	项目编号	项目类别	学科分类	项目名称	立项时间
22	11BSH054	一般项目	社会学	社会企业与贫困村互助资金运作模式创新研究	2011－07－01
23	00BZX009	一般项目	哲学	当代经济和科技发展条件下的社会创新问题研究	2000－07－01

　　教育部人文社会科学研究项目立项情况见表1－2。2010年，在教育部人文社会科学研究项目立项课题中，开始出现涉及社会企业与社会创新研究的立项。截至2021年共有9项立项，总体立项数量较少，立项频率较低。其主要内容分为社会企业治理与发展研究、社会企业的运作模式研究和社会企业的社会创新路径探索研究。

表1－2　　教育部人文社会科学研究项目关于社会企业的立项（2010—2021年）

序号	学科门类	项目名称	项目类别	项目批准号
1	管理学	乡村振兴背景下社会企业嵌入农业供应链的运作机制及契约协调研究	规划项目	21YJA630058
2	政治学	基于新时代社会主要矛盾的社会创新驱动战略及路径选择研究	规划项目	18YJA810001
3	管理学	社会企业绩效测度与治理改进研究	规划项目	17YJA630096
4	管理学	市场导向视阈下社会企业家庭亲善政策的适应测度与创新行为研究	青年项目	15YJC630069
5	管理学	长三角文创产业社会创新网络的节点协同强度与溢出效应研究：基于沪杭宁苏的大样本数据	规划项目	15YJA630038
6	社会学	社会企业发展和社会创新研究	青年项目	14YJC840041
7	管理学	社会企业治理与评价研究：基于国际比较与驱动机制的视角	青年项目	12YJC630295
8	管理学	新时期我国社会企业运作模式研究：基于智力资本管理的视角	规划项目	12YJA630113
9	民族学	少数民族地区社会组织参与公共服务与社会创新实证研究	重点研究基地重大项目	10JJD850009

二、主要研究内容和观点

国内学者较为高频的研究内容主要集中在社会企业概念讨论、社会企业分类、社会企业运行模式、社会企业管理、社会企业与社会治理、社会创新、社会企业政策法规等方面。研究总体上呈现出消化理解概念、了解国外研究主要内容等倾向，也不乏本土化的研究转化探索。以下将简要介绍已有国内研究关注的几个主要方面。

一是社会企业的概念及特征。学者们尽管给社会企业下了多种多样的定义，但对社会企业具有双重目标、用商业手段解决社会问题、能够依靠市场营利能力获取财务资源而生存的内涵有一致认同。对于社会企业的特征，国内外学者的认识也比较一致，认为其主要包括四个核心内涵。（1）社会公益性或社会价值目标，指社会企业组织本身所从事的事业带有生产社会公共产品与服务和社会福利的性质，或者组织自身明确将公益性作为组织目标①。（2）实体经营性，是指社会企业产出的产品和服务可以面对市场直接以有偿收费的方式进行交换，即社会企业是一种具有实体性的组织，它有自己的产品或服务，能够依靠自身经营所得来维持组织的日常运行及生存发展，而无须完全依赖社会组织及个人等的捐赠。（3）就业导向性，通过分析社会企业的兴起背景不难发现，工作整合是其突出特征，社会企业具有一种以解决失业问题为基础的就业导向性，即将就业作为一种基本的福利保障。（4）以解决社会问题为核心取向，无论是在兴起之初的解决失业问题，还是逐渐发展出的解决边缘群体的生计、健康、教育提升、能力建设、社区发展、环境保护等问题，社会企业都以解决社会问题为敏锐触角，不断探索自己的使命。

也有研究从政治经济学角度认为：宏观上，社会企业是一种新的社会生产关系，即社会企业中的投资者、经营者、劳动者、消费者都是利益相关方。这样一种全面涵盖的方式，体现出中国传统经济特有的互助与互惠的特征。微观上，社会企业是一种企业治理结构，即将商业与公益通过经济实践链接起来。在这个实践过程中，需要协调各种利益相关者，同时处理公益与商业

---

① 时立荣. 转型与整合：社会企业的性质、构成与发展. 人文杂志，2007（4）.

之间的比重与配置关系。①

二是社会企业家精神。社会企业家精神是社会企业构成的核心要素。杨宇、郑垂勇认为，社会企业家精神存在于某些个人身上和团体中，这些个人和团体在创造或分配社会价值时，愿意冒"高于平均水平"的风险，进行原创性发明或适应性创新，呈现出非凡的获取稀缺资源的能力②。祖良荣、陆华良认为，社会企业家精神是一个多维的动态构造，跨越了公共部门、私有部门和社会部门的界限。社会企业家采用营利式的、非营利式的和混合式的组织形式来创造社会价值，产生变革③。钱惠英总结了西方学者对社会企业家精神的界定：有些学者强调"社会"内容，重点关注社会责任感与积极性的社会结果；而其他学者更加关注这个概念的"企业家精神"内容，即强调创造力与创新性④。时立荣、刘菁和徐美美从"社会企业家精神"是对"企业家精神"的升华这一角度研究社会企业家精神，认为"社会"概念的核心在于社会目标的优先性。一方面，社会企业家精神包含了"企业"的含义，即除了存在企业的经济风险外，还存在不同于企业利润风险的社会效益风险；另一方面，社会企业家精神还必须具备作为企业家精神核心之一的"创新性"，即能够运用创新的商业手段来化解社会问题和社会危机。以社会效益最大化为根本，追求社会效益与经济效益兼具的社会企业家精神，是社会企业得以产生和持续存在的关键要素⑤。毛基业、赵萌等以大量的案例介绍社会企业家精神在实践中的具体内容，更加具象化地呈现了社会企业发展的现实状况⑥。刘振等从社会心理学角度研究社会企业家精神中的亲社会动机问题，认为：亲社会动机对社会企业商业目标与社会目标的兼顾起到推动作用；相比外部市场环境，社会企业管理者自身的经验与能力对社会企业兼顾商业目

---

① 张晓萌，高露．经济社会转型的政治经济学考察．山东社会科学，2017（9）．

② 杨宇，郑垂勇．"社会企业家精神"概念评述．生产力研究，2007（21）．

③ 祖良荣，陆华良．社会企业家精神：一个管理学研究前沿．南京财经大学学报，2011（4）．

④ 钱惠英．当代西方"社会企业家精神"理论综述．现代企业，2013（3）．

⑤ 时立荣，刘菁，徐美美．社会性嵌入：从企业生产要素看社会企业模式的产生．河南社会科学，2014，22（4）．

⑥ 毛基业，赵萌，等．社会企业家精神．北京：中国人民大学出版社，2018：30-270．毛基业，赵萌，王建英，等．社会企业家精神：第2辑．北京：中国人民大学出版社，2020：39-398．

标与社会目标更具有推动作用①。仇思宁、李华晶认为，亲社会动机又可以分为亲缘型和非亲缘型。无论是亲缘型亲社会动机，还是非亲缘型亲社会动机，都会促进社会创业机会的开发。非亲缘型亲社会动机是促进他人识别机会进而促进社会创业；亲缘型亲社会动机是通过他人行为刺激自身参与社会创业服务他人。两者路径不同，但结果是相似的。② 袁彦鹏等则在社会企业家精神的基础上，根据社会企业家的角色身份与价值身份对社会企业家进行分类，将之分为单一型、混合型（商业逻辑优先混合型、社会逻辑优先混合型）和平衡型。不同类型的社会企业家在多元价值平衡上的策略是不同的。单一型社会企业家创办社会企业是基于社会公益能够促进商业利润的实现，进而在具体的实践过程中通过"借鉴"的方式来实现商业目标与社会目标的平衡。混合型社会企业家在实践过程中面临价值冲突时，会根据自己的优先逻辑去整合社会企业进而达到平衡。此时的平衡更多的是一种低阶或中阶的平衡。平衡型社会企业家会以创造性的思维创造社会企业，面临价值冲突时会推动制度变革，进而实现商业目标与社会目标的高阶平衡。③

三是社会企业创新。马仲良、于晓静从社会经济角度，结合我国社团组织的发展强调以社会企业理念进行本土化管理④。王名、朱晓红认为，基金会与民办非企业单位的发展具有社会企业的意蕴，基金会与民办非企业单位的创新，体现出了社会企业在组织形式、组织理念、组织运作模式、组织目标等方面的创新。社会企业的模式正是基金会与民办非企业单位的发展所体现出的制度创新。⑤ 丁敏在迈克尔·波特的价值链理论的基础上，解释了社会企业商业模式创新的过程，说明了社会企业如何通过价值链和战略创意达到商业模式创新，继而根据社会需要、内外部条件等关键因素的变化，形成商业模式创新的不断演进⑥。邓国胜认为，社会组织在社会管理创新过程中可以发挥巨大的作用。在社会组织的创新实践中，社会创新家是社会创新活

① 刘振，肖应钊，张玉利．亲社会动机对社会创业双重导向的影响机理研究：市场化程度与工作经验隶属性的调节作用模型．南开管理评论，2021，24（2）.

② 仇思宁，李华晶．亲社会性与社会创业机会开发关系研究．科学学研究，2018，36（2）.

③ 袁彦鹏，鞠芳辉，刘艳彬．双元价值平衡与社会企业创业策略：基于创业者身份视角的多案例研究．研究与发展管理，2020，32（3）.

④ 马仲良，于晓静．社会经济：我国社团组织发展的新出路．行政论坛，2008（3）.

⑤ 王名，朱晓红．社会组织发展与社会创新．经济社会体制比较，2009（4）.

⑥ 丁敏．社会企业商业模式创新研究．科学·经济·社会，2010，28（1）.

动得以发生的关键，未被满足的社会需求则是社会创新的动力源泉。社会创新力的提升，不仅仅需要培养社会创新家精神，需要更多公益创投基金参与，更需要完善社会创新的制度环境，加大政府、企业、基金会对社会创新活动的支持，建立社会创新的激励机制，促进中国社会创新能力与水平的提升。[①]周红云等从社会创新应具有包容性的角度出发，指出有困难的群体和贫穷群体的需求容易被忽视，非营利部门和第三部门较多地致力于满足这些群体的需求，而社会企业又与传统非营利组织的创新紧密相连，经常创新性地解决这一群体面临的问题，因而，社会企业是社会创新的有力主体[②]。时立荣、刘菁和徐美美用社会嵌入性理论解释了社会企业家在社会企业中的创新作用。社会创新性思维将"社会"嵌入以"创新性"为核心的企业家精神之中。在生产要素中，企业家才能是现代生产要素，代表着人的能动性。以企业家才能为基础的管理作用正在于通过对其他要素的积聚、组合，使要素得到优化配置，从而实现单一要素所无法实现的嵌入式效应和聚集效应。[③]

　　四是社会企业的发展驱动力。余晓敏、张强和赖佐夫认为，社会企业在中国的出现起源于跨部门多重力量的驱动：政府主导的公共服务体制民营化、市场化；非营利部门在众多社会、经济领域的功能日益凸显化；企业社会责任逐步主流化；国际对话与国际合作逐步常规化[④]。余晓敏、丁开杰通过国际研究发现：社会、政府、市场、国际援助等四个方面的驱动因素可能影响社会企业在组织目标、活动领域、组织类型、法律框架、社会部门、战略发展基础等六个方面的特征。同时，由于不同国家在这四个分析维度上的社会经济背景存在显著差异，因此社会企业的发展路径也各不相同。[⑤]潘小娟总结了目前我国社会企业的四个主要发展动因，即政府角色的过度膨胀、公共财政的困境、企业社会责任的凸显、道德消费力量的不断壮大[⑥]。陈伟东、尹浩通过考察社会企业组织与环境的关系，发现社会企业合法性机制构建和

　　① 邓国胜. 社会创新案例精选. 北京：社会科学文献出版社，2013.

　　② 周红云，等. 社会创新蓝皮书（2014）. 北京：中国社会出版社，2014.

　　③ 时立荣，刘菁，徐美美. 社会性嵌入：从企业生产要素看社会企业模式的产生. 河南社会科学，2014，22（4）.

　　④ 余晓敏，张强，赖佐夫. 国际比较视野下的中国社会企业. 经济社会体制比较，2011（1）.

　　⑤ 余晓敏，丁开杰. 社会企业发展路径：国际比较及中国经验. 中国行政管理，2011（8）.

　　⑥ 潘小娟. 社会企业初探. 中国行政管理，2011（7）.

社会企业效率机制生成，分别为其发展提供了外部推力与内部拉力，而两个机制的合力与互补是社会企业强劲发展的关键①。王仕图等的研究表明：台湾地区社区型社会企业在投入动机上强调对社区问题的解决，其为弱势者创造就业机会或提升弱势者的人际关系连接，社区型非营利组织动员社区相关资源、公私部门的资源，以推展社会企业，促进服务区域范围内人民的就业与产业的发展等，都是追求公益价值的体现②。李健等认为，政策工具对社会企业发展具有推动作用。政府在政策环境上要对社会企业提供必要的支持，但是政策工具需要与社会企业实际的需求以及政策环境特点相匹配才能更好地发挥作用。国家内部有利的政策环境是促进社会企业发展的充分不必要条件。政策工具的数量多并不一定会促进社会企业的发展，政策工具只有在与社会企业的法律形式相匹配时才能促进社会企业的发展。③

五是社会企业类型。俞可平认为，中国有四类组织属于"类社会企业"或"准社会企业"，它们分别为：民间组织、合作社、社会福利企业、社区服务中心④。严中华从社会创新的角度将社会企业划分为就业型社会企业与创业型社会企业，并且从定义、商业模型等角度对就业型社会企业和创业型社会企业进行了比较⑤。就业型社会企业旨在让贫困、残障人士等市场体制下的边缘人群获得工作机会，实现自立。创业型社会企业则与社会创新紧密联系，所蕴含的创新特征能够增大社会的财富总量，并且使受益群体的范围扩大到那些被长期排除在市场进程之外的个人和群体⑥。舒博从社会企业提供的产品或者服务与服务对象的关系角度，将社会企业划分为直接为社会弱势群体提供公共服务和产品的社会企业，以及设计某种能产生环保等社会效益的产品或者服务的社会企业两种类型⑦。从功能角度，时立荣等总结了计划

---

① 陈伟东，尹浩. 合力与互补：英国社会企业发展动力机制研究. 华中师范大学学报（人文社会科学版），2014，53（3）.

② 王仕图，官有垣，陈锦棠. 台湾社区型社会企业之资源连接与社会影响：兼论其可持续性发展. 社会建设，2015，2（3）.

③ 李健，卢永彬，王蕾. 组织法律形式、政策工具与社会企业发展：基于全球28个国家的模糊集定性比较分析. 研究与发展管理，2019，31（1）.

④ 俞可平. 透视社会企业：中国与英国的经验. 经济社会体制比较，2007（9）.

⑤ 严中华. 社会创业. 北京：清华大学出版社，2008：30.

⑥ 赵莉，严中华. 国外社会企业理论研究综述. 理论月刊，2009（6）.

⑦ 舒博. 社会企业的崛起及其在中国的发展. 天津：天津人民出版社，2010.

经济时期针对失业和特殊就业困难群体存在的社会性与经济结合的几种企业类型：社会保障性生产企业、社会事业服务性生产企业、生产自救性企业。尽管它们不是社会企业，但是，吸收残障人士就业的社会福利企业和劳动服务企业还是具有后来的社会企业的意味。[①] 从社会使命角度，俞晓敏、张强和赖佐夫认为，社会企业的类型分析应关注不同的维度，其中按照社会使命来区分，可以分为促进就业、提供社会照料服务、扶贫、提供医疗服务和教育发展；按照组织性质来区分，可以分为非营利组织、营利组织和营利-非营利混合组织；按照法律地位来区分，可以分为民办非企业单位、农民专业合作社、社会福利企业、民办教育机构和商业企业[②]。从组织结构角度，王世强提出非营利组织向社会企业转型的组织模式类型，包括内置式模式、分离式模式、合一式模式，并认为这几种模式之间会相互转化。"内置式模式的组织如果建立了一个创收性的企业，就转变为分离式模式。合一式模式的组织如果对不同服务对象采取不同的对待方式，就转变为内置式模式。或者，内置式模式的组织如果创办一个营利实体，就转变为分离式模式。从很多非营利组织的发展来看，内置式模式和合一式模式都有向分离式模式发展的趋势。"[③] 根据我国社会力量发挥作用的途径，罗婧从"个体-社群""个体-社会"的路径出发，将我国社会企业划分为两种类型：自力更生型、成人之美型。前者指的是社会企业家将面临相同社会困境的成员组织起来，通过商业手段解决自身的社会问题，其社会价值产生于整个组织过程；后者指的是社会企业家直接着手面对这一问题，联合受到该问题困扰或者关注该问题的成员建立"同盟"关系，借助商业手段组建专业性的团队去解决问题。[④] 赵萌、郭欣楠综合分析既往社会企业分类研究，认为传统二元分析视角即基于商业目标与社会目标之间的比例问题对社会企业的界定容易带来困惑与偏见。对社会企业，可以从组织的使命、机会识别、解决社会问题的模式、稳健不偏离的社会使命等方面进行判定。在此判定的标准上，采用组织形式、收入模

① 时立荣，徐美美，贾效伟. 建国以来我国社会企业的产生和发展模式. 东岳论丛，2011，32(9).

② 余晓敏，张强，赖佐夫. 国际比较视野下的中国社会企业. 经济社会体制比较，2011 (1).

③ 王世强. 非营利组织的商业化及向非营利型社会企业的转型. 中国第三部门研究，2013，6(2).

④ 罗婧. 转型视角下中国社会企业的发展. 学习与实践，2019 (8).

式和分红政策三个区别标准，将社会企业分为市场型（企业资金资源来自自身的商业模式的创造，社会企业管理者具有社会企业家精神，同时企业的社会目标较为稳健）和公益型（企业的资金资源来自外部资助，社会企业管理者具有社会企业家精神，同时企业的社会目标较为稳健）。① 总之，分类研究是把握社会企业的重要内容，分类增加了辨识度，为制定社会企业政策、开展行业认证提供了参考。

六是以案例研究社会企业管理。汤敏通过"印度医生贫民眼科医院"的案例，提出用企业的方法解决社会问题，从而引出社会企业投资的基本特征：企业的目标并非利润最大化，但有一定的利润空间。企业社会投资是用企业运作的方式，以企业家的创新精神，来投资、运营大规模的社会化资本，实现社会效益最大化。② 黄剑宇阐述了欧美国家的社会企业可供借鉴的运行模式，提出社会企业在很大程度上解决了非营利组织慈善不足、非独立性等问题，增强了非营利组织参与竞争和抵御风险的能力，增强了社会成员之间的互相理解和支持③。孙艺卓通过焦点小组方法，得出社会企业家维度、外部环境维度、市场维度、利益群体维度、企业内部维度是影响社会企业运行的基础维度④。朱汉平、杨慧实证分析了珠三角地区社会企业介入养老服务供给的路径⑤。陈伟东、尹浩认为，社会企业对制度的需求，促进了其生长所需的制度环境的建构，而制度环境建构的完成也为社会企业的合法性身份提供了外部保障，激发了社会企业的运行活力⑥。钟慧澜、章晓懿使用案例比较分析了养老服务中的政府与社会企业合作供给模式，认为政府与社会企业合作供给养老服务是资源互补基础上的共同创业过程，受创业外部环境差异、政府购买服务方式的影响，二者形成了政府自上而下推动的勉力协同型和需

---

① 赵萌，郭欣楠. 中国社会企业的界定框架：从二元分析视角到元素组合视角. 研究与发展管理，2018，30（2）.

② 汤敏. 呼唤"社会企业家". 中国企业家，2006（3）.

③ 黄剑宇. 社会企业：非营利组织发展的新方向. 湖南工程学院学报（社会科学版），2010，20（2）.

④ 孙艺卓. 社会企业影响因素及运行机制研究. 杭州：浙江大学，2010：1－72.

⑤ 朱汉平，杨慧. 珠三角地区社会企业介入养老服务供给刍议. 广东行政学院学报，2013，25（3）.

⑥ 陈伟东，尹浩. 合力与互补：英国社会企业发展动力机制研究. 华中师范大学学报（人文社会科学版），2014，53（3）.

求导向催生的互惠共生型合作模式①。沙勇从管理学的 SWOT 视角分析了社会企业战略因素，构建了一个社会企业影响力模型，通过分析社会企业的绩效影响因素，提出了社会企业评价指标体系②。但是，这项研究对社会企业和企业社会责任没有进行清晰的区分。朱小斌研究社会企业竞争和风险问题，认为社会企业不仅要与社会企业竞争，还要与商业企业竞争，社会企业是暴露在完全市场竞争中的；要考虑商业替代品的威胁，由于其出于解决特定社会问题的特殊目的，政府和社会组织提供的免费类似产品和服务会是其重要的替代品，所以，政府和社会组织也可能是社会企业重要的竞争力量③。

社会企业存活的基础在于资源。韩文琰认为，我国社会企业的融资问题，从内部来看，有规模小、缺乏行之有效的商业战略计划、管理能力较弱、竞争意识薄弱等；从外部来看，缺乏全国性的社会企业认证标准、缺乏上市融资与发行债券融资的外部环境等导致外部融资渠道狭窄④。汪忠等在研究社会创投后指出，社会企业获取资源可以寻求社会创投的帮助。社会创投不仅能为社会企业提供融资服务，而且能为社会企业提供社会资源的支持。⑤ 汪建成、林欣认为，社会企业在实现社会目标的同时能够可持续性经营的关键在于社会企业的资源整合能力。资源整合过程包括：资源的识别与选择（受到团队成员的知识与信息、资源警觉度影响）、资源获取（受到团队成员的知识与信息、社会网络影响）、资源激活与再造（受到组织的学习、创新能力影响）⑥。不管是对传统的非营利组织还是对作为新生事物的社会企业来说，资源问题一直是组织持续发展的关键问题。

需要关注的另一个问题是社会企业自身如何治理的问题。谢家平等以农业社会企业的决策机制为例，强调重视社会企业服务对象的需求表达、加强社会企业高层管理者的公益理念建设、提高社会企业内部的治理水平与竞争

---

① 钟慧澜，章晓懿. 激励相容与共同创业：养老服务中政府与社会企业合作供给模式研究. 上海行政学院学报，2015，16（5）.

② 沙勇. 中国社会企业研究. 北京：中央编译出版社，2013：74－237.

③ 朱小斌. 社会企业的五种竞争力量. 终身教育，2016（3）.

④ 韩文琰. 社会企业融资：英国经验与中国之道. 东南学术，2017（3）.

⑤ 汪忠，詹旎萍，王爽爽. 社会创投、资源获取与社会企业绩效关系研究. 财经理论与实践，2019，40（1）.

⑥ 汪建成，林欣. 社会创业的资源整合过程：多案例研究. 管理案例研究与评论，2021，14（2）.

能力①。刘小元等研究社会企业与客户之间的共创行为，发现共创行为能使企业准确识别服务对象需求，投资者与社会企业之间的共创行为给社会企业带来种种弹性资源②。对社会企业的内部治理而言，使命偏移对社会企业来说是极其致命的。刘志阳等指出，地理范围较大的社会企业使命偏离的可能性大，这主要是因为当地理范围较大时，社会企业需要分配资源去设置不同的机构，并且将注意力转移到资源的获取与企业管理而不是商业目标上，降低了社会企业的发展水平，但社会企业管理者的个人财务动机和社会企业所在地区的经济社会发展水平与组织对商业目标的注意力水平呈正向关系③。朱健刚、严国威认为，社会企业内部治理结构可能会对社会企业达成社会目标造成一定影响，因此，社会企业需要注重完善内部治理结构④。从社会企业治理参与主体的关系来看，社会企业在实际运营中常常需要协调公益、政府、市场之间的关系。崔月琴、母艳春认为，社会企业在现有法律与政策环境下协调公益、政府、市场三者之间的冲突与合作，需要综合多方利益，保持平衡⑤。刘玉焕等则系统分析并指出了社会企业在多元制度逻辑下面临不同冲突与挑战的具体内涵。总的来说，在现有的法律与政策环境下，社会企业在经济目的与社会目的的维系上面临资源冲突、绩效冲突、认同冲突。社会企业在创立初期主要面临的是资源冲突，在发展和成熟阶段主要面临绩效冲突，而认同冲突贯穿社会企业发展的全过程。社会企业也受到政府逻辑的影响，一方面，政府的资源支持能够促进社会企业的发展，另一方面，政府通过提供资源对合作项目进行限制不利于社会企业商业价值的实现⑥。

七是关于社会企业的立法。部分学者介绍了国外社会企业的立法和政策，

① 谢家平，刘鲁浩，梁玲，刘志阳．经济与社会双重目标约束下农业社会企业的决策机制及实现路径：注意力基础观的视角．研究与发展管理，2017，29（6）．

② 刘小元，蓝子淇，葛建新．机会共创行为对社会企业成长的影响研究：企业资源的调节作用．研究与发展管理，2019，31（1）．

③ 刘志阳，庄欣荷，李斌．地理范围、注意力分配与社会企业使命偏离．经济管理，2019，41（8）．

④ 朱健刚，严国威．社会企业的内部治理与社会目标达成：基于C公司的个案研究．理论探讨，2020（2）．

⑤ 崔月琴，母艳春．多重制度逻辑下社会企业治理策略研究：基于长春市"善满家园"的调研．贵州社会科学，2019（11）．

⑥ 刘玉焕，尹珏林，李丹．社会企业多元制度逻辑冲突的探索性分析．研究与发展管理，2020，32（3）．

倡导对国内社会企业进行立法和认证。金锦萍认为，一个实体成为社会企业，其组织本身所具有的法律地位不会因此而受到影响，但是会因为获得这样一个识别性的符号而获得额外的包括税收利益在内的支持政策①。赵莉、严中华探讨并评论了英国促进社会企业发展的策略②，以及西班牙促进社会企业发展的策略③，指出了我国社会企业发展的法律困境④。沙勇通过对比法国、英国、美国、德国、中国香港的社会企业发展的先进经验，提出或对社会企业进行专门立法，或通过修改现行法规，把社会企业纳入法律框架，在条件成熟的地方研究、制定促进社会企业发展的地方性法规，从而逐步以法律形式完成社会企业的法人制度建设⑤。潘晓在分析欧洲、美国的社会企业对法律制度的影响之后，认为社会企业作为第三部门的新动力，致力于将第三部门的社会目标与成熟的企业化运作结合起来。保护第三部门的组织承诺与使命不受侵蚀，往往成为立法者关注的重点。⑥ 王世强对比研究了美国和英国法律框架下的社会企业模式，介绍了作为法律形式的英国"社区利益公司"的形式、特点、建立程序和政府的监管与支持情况⑦，以及美国调整公司法律框架以承认社会企业的法律地位和社会企业法律形式的特点⑧。宋伟、徐胡昇和宋小燕分析了社会企业在西欧、美国的发展模式和互有参考意义的政府协调途径，认为我国社会企业的发展需要社会、政府和市场力量的相互协作⑨。李健指出，与使用慈善法相比，公司法、合作社法、社会企业法都是极其富有弹性且有效的⑩；政府在政策环境上要对社会企业提供必要的支持，

---

① 金锦萍．社会企业的兴起及其法律规制．经济社会体制比较，2009（4）．

② 赵莉，严中华．英国促进社会企业发展的策略研究及启示．特区经济，2009（3）．

③ 赵莉，严中华．西班牙社会企业发展的策略研究及启示．管理现代化，2011（4）．

④ 赵莉，严中华．我国社会企业发展面临的法律困境及其对策．社团管理研究，2012（4）．

⑤ 沙勇．社会企业发展演化及中国的策略选择．南京社会科学，2011（7）．

⑥ 潘晓．第三部门法的"社会企业"运动：欧美两种路径下的制度演进．北大法律评论，2012，13（1）．

⑦ 王世强．社区利益公司：英国社会企业的特有法律形式．北京政法职业学院学报，2012（2）．

⑧ 王世强．美国社会企业法律形式的设立与启示．太原理工大学学报（社会科学版），2013，31（1）．

⑨ 宋伟，徐胡昇，宋小燕．社会创新的公共使命与社会企业的发展．公共管理与政策评论，2015，4（1）．

⑩ 李健．条条大路通罗马？：国外社会企业立法指向及经验启示．经济社会体制比较，2017（3）．

但是政策工具只有与社会企业实际的需求以及政策环境特点相匹配，才能更好地发挥作用。另外，对尚且是新生事物的社会企业来说，不应该对其进行过多限制，仅适当要求其公开自身利润分配、财务状况即可①。

立法可以被看作从政策环境方面对社会企业的承认，但社会企业在公众眼中的合法性建设也是必要的。陈昀、陈鑫指出，社会企业的合法性是社会企业与社会公众共同构建出来的，社会公众在初期对社会企业的合法性判断主要依据道德合法性，对社会企业长期的合法性判断主要基于社会企业的实用合法性。对社会企业来说，企业的宣传修辞手段与水平、自身产品的实际效用是社会企业获得合法性的重要途。②刘小霞对社会企业合法性的建构过程进行了比较全面的理论分析，目的是寻找中国社会企业本土化生长的路径，从制度合法性判断组织生态环境，从社会企业内部治理结构判断组织结构性矛盾和变革。其研究认为，社会企业合法性的建构过程，既是与制度环境相互冲突、竞争合作的过程，也是积极融合制度要素、完善组织治理的过程。在与制度的抗争、妥协中，社会企业获得嵌入式和自治性的发展。③

八是关于社会企业认证。王世强介绍道，一般社会企业的官方认证主要从组织目标、收入来源、利润分配、资产处置、治理结构等五个维度④进行。袁瑞军介绍道，国际社会企业注册与认证制度具有政府认证、行业认证和独立第三方认证多元认证体系并存的特点；在社会目标、商业收入比例、利润分配比例、资产锁定比例和治理结构等指标上的标准也具有多样性；后认证时期社会企业的国际经验包括法律法规政策、文化理念倡导、专业能力建设、政府购买服务、社会影响力投资和社会影响力测评⑤。马更新基于我国目前的法律与制度环境提出，对社会企业的认证应该从认证主体（政府与地方性公益性组织共同认证）、社会企业的社会使命的形式与实质（对社会企业的社会目标进行实质考察，避免冒充）、资金的来源与具体使用分配情况（要求社

① 李健.政策设计与社会企业发展：基于30个国家案例的定性比较分析.理论探索，2018（2）.

② 陈昀，陈鑫.基于认知视角的社会创业企业合法化机制及获取策略.管理学报，2018，15（9）.

③ 刘小霞.社会企业合法性机制建构研究.北京：中国社会科学出版社，2021.

④ 王世强.社会企业的官方定义及其认定标准.社团管理研究，2012（6）.

⑤ 袁瑞军在2014、2015、2016北京论坛分社会企业分论坛的发言记录。

会企业公开自身的资金使用情况）等方面进行。从法律角度来说，将社会企业看作一种识别性符号和将其看作一种新型组织，并无优劣之分，现阶段将社会企业看作一种识别性符号更符合我国现有的法律与制度环境。[①] 朱志伟、徐家良在分析既往的社会企业认证方式后提出，传统的社会企业认证方式只注重组织的"利"与"义"，这样做往往会限制社会企业的发展类型，导致社会企业迎合认证方式，降低组织的灵活性，具有使命偏移的风险。社会企业认证应走向多元化，不仅要考虑组织的经济、社会层面，也要考虑组织的公信力、创新力，这样更有利于社会企业的发展。[②]

九是关于社会企业商业模式。对社会企业商业模式形成过程、核心要素方面的研究较多。基于本土个案进行的社会企业商业模式研究较为突出。彭靖、李东林以宁夏扶贫与环境改造中心为例，介绍了其通过小额贷款的模式进行公益性和经济性交叉，最终发展为社会企业的过程[③]，丁敏在迈克尔·波特的价值链理论的基础上，介绍了以价值创造和价值获取机制为核心的社会企业商业模式创新的过程及其演进机理[④]。傅鸿震以格莱珉银行为例，通过比较格莱珉银行与传统商业银行在价值主张、价值支撑、价值保持等三个商业模式维度上的差异，探讨了社会企业商业模式创新的机制[⑤]。彭劲松、黎友焕基于社会企业属性特征和商业模式理论，通过对广东残友集团的融资渠道、业务选择、资源整合、生产管理、营销方式、利润分配进行考察，提出了社会企业商业模式的核心要素[⑥]。林海、严中华和黎友焕以格莱珉银行为例，结合商业模式结构要素模型，阐述了以重新定义客户需求、产品和服务、内部结构、供应链及网络协同创新为核心要素的社会企业商业模式创新

---

① 马更新. 社会企业的法律界定与规制. 北京联合大学学报（人文社会科学版），2021，19（3）.

② 朱志伟，徐家良. 迈向整合性认证：中国社会企业认证制度的范式选择. 华东理工大学学报（社会科学版），2021，36（4）.

③ 彭靖，李东林. 宁夏盐池小额贷款的实践：社会企业视角. 中国非营利评论，2010，6（2）.

④ 丁敏. 社会企业商业模式创新研究. 科学·经济·社会，2010，28（1）.

⑤ 傅鸿震. 社会企业的商务模式创新研究：基于格莱珉银行的案例分析. 上海商学院学报，2012，13（1）.

⑥ 彭劲松，黎友焕. 社会企业商业模式研究：以广东残友集团为例. 江西社会科学，2012，32（4）.

路径①。郑娟等从客户界面、核心战略、战略资源、价值网络等四个商业模式要素出发，比较分析了中和农信项目管理有限公司、北京富平职业技能培训学校、天津鹤童老年公益基金会等 6 家社会企业的异同，指出发展具有中国特色的社会企业不能单纯依靠上述商业模式四要素中的某一个或某几个要素，四个要素之间是紧密联系的②。谢家平、刘鲁浩、梁玲借助商业模式典型三维体系，以客户价值主张为目标、企业资源和能力为支撑、企业盈利模式为基础，从目标重设、运营创新和理念更新三个方面对社会企业的商业模式创新进行了重构③。余晓敏、李娜通过分析善淘网在具体的运营过程中的商业创新与社会创新，指出明晰的组织使命、强悍有力的团队、支持并释放团队创新能动性的治理模式、熟练识别并及时抓住社会投资机会是兼具经济目标与社会目标的关键所在④。郑南、庄家怡分析了台湾地区玛纳非营利组织与光原社会企业合作的案例。玛纳作为非营利组织能够带来许多行动资源、人力资源、信任资源等，而光原作为社会企业可以借助自身的商业模式解决资金资源问题，二者的结合可以有效实现可持续性提供社会服务的目的⑤。杜洁、潘家恩在分析张謇的"大生集团"与近代南通建设后指出，社会企业可以将本土的社会资源与商业资源整合起来，将实业与公益首尾链接起来，形成良性循环圈⑥。李健、贾孟媛通过对养老机构的运营机制的研究指出，社会企业可以通过社会特许经营这一运作模式来扩大发展规模⑦。李健、向勋宇在分析台湾地区人安基金会后提出，二作整合型社会企业可以利用特有的选拔方式将受劳动力市场排斥的、劳动能力处于弱势的群体组织起来，开

① 林海，严中华，黎友焕. 社会企业商业模式创新路径研究：以格莱珉银行为例. 改革与战略，2013，29（8）.

② 郑娟，李华晶，李永慧，贾莉. 社会企业商业模式要素组合研究：基于国内外社会企业的案例分析. 科技与经济，2014，27（4）.

③ 谢家平，刘鲁浩，梁玲. 社会企业：发展异质性、现状定位及商业模式创新. 经济管理，2016，38（4）.

④ 余晓敏，李娜. 社会企业型在线慈善商店的创新模式分析：基于"善淘网"的案例研究. 经济社会体制比较，2017（5）.

⑤ 郑南，庄家怡. 社会组织的双轨制成长模式：以台湾"玛纳—光原"社会企业为例. 吉林大学社会科学学报，2018，58（2）.

⑥ 杜洁，潘家恩. 近代中国在地型社会企业的探索与创新：以张謇的"大生集团"与近代南通建设为例. 上海大学学报（社会科学版），2018，35（1）.

⑦ 李健，贾孟媛. 社会特许经营与社会企业规模化：基于 L 养老机构的案例分析. 福建论坛（人文社会科学版），2020（6）.

发其潜在的生产能力，使其参与一定的劳动活动，实现自身的劳动价值[①]。上述针对案例的实证研究，使得社会企业具体且真实可见，研究内容更加丰富，结论更加有事实依据，但作为个例也不免缺乏普遍意义。上述研究致力于探索社会企业商业模式演进和发展的动力因素，因此研究的重点在于关注社会企业商业模式要素的变化和更迭。但由于各项研究往往采用不同的商业模式要素理论来分析社会企业商业模式，因此必然会导致同一研究主题下的差异性对模型的适用性解释层次不清晰，并减弱各项研究成果之间的可比性和可交流性。

在社会企业商业模式分类研究方面，苗青根据社会企业内部商业活动和社会使命的不同关系及商业活动与社会项目的不同集成水平，从总体上将社会企业商业模式划分为创业支持模式、市场中介模式、就业模式、有偿服务模式、服务补贴模式、市场联动模式和组织支持模式等七种类型[②]。郝甜莉对社会企业商业模式类型的划分持有相似的观点，她根据社会企业的社会性与经济性的组合形态以及社会企业创造社会价值的具体活动形式，将社会企业商业模式划分为创业支持模式、市场中介模式、雇用导向模式、收费服务模式、低收入群体导向模式、合作社模式、市场链接模式、交叉补贴模式和组织支持模式等九种类型[③]。此外，崔清泉、董乐从社会企业投资主体视角出发，将社会企业商业模式划分为政府投资模式、捐助投资模式、风险投资模式和企业投资模式等四种[④]。刘志阳、金仁旻等根据社会价值创造能力和经济价值获取能力，将社会企业商业模式分为项目型、嵌入型、成熟型和潜在型等四种类型[⑤]。这类研究试图从总体性视角对社会企业商业模式进行类型学划分，不同的划分往往采用不同的标准和依据。就具体商业运作模式而言，基于市场的社会企业与商业企业之间区分并不明显。

十是社会企业与社会治理研究。近年来，社会企业参与社会治理现代化

---

① 李健，向勋宇. 工作整合型社会企业参与"大陆单亲妈妈"服务的探索性研究：基于台湾人安基金会的个案分析. 台湾研究集刊，2018（1）.

② 苗青. 社会企业：链接商业与公益. 杭州：浙江大学出版社，2014：17 - 22.

③ 郝甜莉. 我国社会企业商业模式构建研究. 北京：华北电力大学，2018.

④ 崔清泉，董乐. 社会企业模式及其在我国的发展研究. 经济研究导刊，2015（11）.

⑤ 刘志阳，金仁旻. 社会企业的商业模式：一个基于价值的分析框架. 学术月刊，2015，47（3）.

的研究成为一个重点话题。沙勇提出社会企业是我国现代社会治理创新的重要载体之一①。甘峰提出社会企业的出现标志着从"经济人"向"社会经济人"的转变，其中内含着社会协同治理的路径②。高传胜指出社会企业与传统社会三大部门截然不同，但可与之互补互动地包容性发展并发挥社会治理功用③。李健、王名认为中国的社会企业已初步形成依托传统体制、引进市场机制、投身社会目的及关注社区成员利益等四种社会治理创新模式④。时立荣、王安岩指出，在社会治理创新中，社会企业属于增强市场主体社会责任的一方。从社会创新中寻找解决社会问题的有效方案，是社会企业跨界发展的动因，也使它成为参与社会治理的有力主体⑤。时立荣、刘洁指出，社会企业将经济行为与回应社会诉求紧紧结合在一起，兼顾经济价值与社会价值，具有一定的改进社会治理的潜力⑥。杜洁、张兰英、温铁军从社会企业与社会治理的本土化角度，分析了卢作孚的民生公司推动嘉陵江三峡乡村建设的案例，证明了社会企业具有参与社会治理的潜力⑦。李健等分析了社会企业在社会扶贫治理方面的潜力，即论证了社会企业能够应用于社会扶贫当中并且具有现实可行性⑧。苗青、赵一星分析了社会企业在环保领域的治理潜力，即政府购买社会企业提供的环保服务并且对社会企业的服务进行测评以决定是否继续合作。对社会企业来说，政府的购买可以被看作自身经济价值的实现，提供环保服务可以被看作自身社会价值的实现。⑨张维维认为，社会企业具有促进社区治理水平提高、重振邻里关系的潜力。同时，其根据社会企业的创立、资源的来源、市场定位与社区之间的关系将社会企业分为：社区

---

① 沙勇.社会企业：理论审视、发展困境与创新路径.经济学动态，2014（5）.

② 甘峰.社会企业与社会协同治理.中国特色社会主义研究，2014（3）.

③ 高传胜.社会企业的包容性治理功用及其发挥条件探讨.中国行政管理，2015（3）.

④ 李健，王名.社会企业与社会治理创新：模式与路径.北京航空航天大学学报（社会科学版），2015，28（3）.

⑤ 时立荣，王安岩.社会企业与社会治理创新.理论探讨，2016（3）.

⑥ 时立荣，刘洁.社会因素建构、共享价值与社会治理创新.理论探讨，2017（4）.

⑦ 杜洁，张兰英，温铁军.社会企业与社会治理的本土化：以卢作孚的民生公司和北碚建设为例.探索，2017（3）.

⑧ 李健，张米安，顾拾金.社会企业助力扶贫攻坚：机制设计与模式创新.中国行政管理，2017（7）.

⑨ 苗青，赵一星.社会企业如何参与社会治理？：一个环保领域的案例研究及启示.东南学术，2020（6）.

内生型社会企业（内生于社区，利用社区资源发展起来并解决社区问题）、资源利用型社会企业（内生于社区，利用社区居民有能力利用的资源，将生产的产品或服务推向外部市场）、资源嵌入型社会企业（外生于社区，依托社区资源——通常是社区居民无法利用的资源，将生产的产品或服务推向外部市场）、市场嵌入型社会企业（外生于社区，利用社区外资源来解决社区内部的问题）。① 时立荣、闫昊的研究指出，社会企业通过制度创新改变社会问题，并运用社会管理技术系统提升社会治理效能，能够将组织的制度优势转化为社会治理效能②。杨旎、韩海燕分析指出，社会企业兼顾商业目标与社会目标能够填补商业组织与公益组织之间的空白，以服务大众的公益动机为主，能够有效地整合社区资源，重塑利益相关方的关系，促进各方之间的合作，基于本土化商业模式驱动老旧小区的长久治理③。何立军、李发戈认为，第三次分配既是收入分配机制，又是社会治理机制，蕴含多重社会价值和社会功能，而通过参与兴办社会事业，为弱势群体和特殊群体赋能、促进社会经济发展、推动公益和商业功能有机融合，社会企业成为第三次分配中积极的力量④。总之，从上述关于社会企业与社会治理之间关系的研究中，我们可以看到社会企业本土化研究越来越深入。

四、中国港台地区的研究

中国港台地区对社会企业的研究体现出较高的本土化特征。台湾社会企业从民间发展而来，有很多非营利组织在市场化和产业化情况下转型为社会企业，多元文化的背景是台湾社会企业的独特之处。台湾社会企业融合了欧美社会企业经济与社会两项指标之双重底线，又加入了公共政策或环境指标，逐渐建构出三重底线，形成了台湾社会企业本身的特色⑤。台湾的社会企业研究注重中华文化陶冶下台湾社会企业的运作模式，系统性地分析社会企业

---

① 张维维. 社会企业与社区邻里关系的重建：以四个社会企业为例. 浙江社会科学，2020（4）.

② 时立荣，闫昊. 提升社会治理效能：社会企业生产要素社会性变革及其制度优势. 理论探讨，2020（2）.

③ 杨旎，韩海燕. 共益型社会企业对老旧小区长效治理的驱动机制：角色重塑与资源重配. 北京行政学院学报，2021（3）.

④ 何立军，李发戈. 社会企业在第三次分配中的作用机理研究. 社会政策研究，2022（1）.

⑤ 郑胜分，王致雅. 台湾社会企业的发展经验. 中国非营利评论，2010，6（2）.

管理议题，包括：社会企业与一般企业及非营利组织的比较；社会企业的价值创造及管理；从萌芽期、成长期到成熟期社会企业的运营模式；社会企业的经营策略及资源整合；社会企业的组织发展与人力资源管理；在社会企业的财务与绩效管理，以及社会企业的创业计划与公益创投等方面，形成了具有操作性的有关社会企业工作岗位应具备的知识及技能[①]。港台社会企业治理问题的比较研究，对比了港台社会企业各自的发展轨迹和具体而多样的社会企业实例，总结出台湾社会企业的就业促进型、地方社区发展型、服务提供产品销售型、公益创投型和社会合作社型五种不同的社会企业发展类型[②]。香港社会企业主要由非营利机构和公司型社会企业组成，可划分为五种社会企业运营治理结构，分别为附属单位型、社区企业型、合作社型、中小企业型、跳蚤市场型[③]。港台的研究有些是类似的。综合来看，众多个案再次铺陈了港台社会企业的多样性。但是，研究显示，多数社会企业仍然使用既有的非营利组织多元商业管道，理想中的公益创投型社会企业可能还是少数。就此而言，服务多元化战略和协助社会就业两个功能仍是当今社会企业发展的主要领域[④]。上述研究既将来自欧美的社会企业概念加以经验化和本土化，也将港台社会企业的在地经验加以理论化，为东亚地区社会企业的发展提供了宝贵借鉴。韩国的社会企业评估研究引入 SPC，即"社会信用进步"指标，主要研究社会价值的评估方法和具体依据，并在此基础上提出社会价值激励机制的合理性和有益的探索、可复制发展正面效应，以及如何培养利他主义企业家的具体实行方案及其局限性等问题，并以 SK 集团等 16 个社会企业的案例和现场经验，对社会价值评估方法进行验证[⑤]。社会价值评估对于社会企业在 GDP（国内生产总值）中的贡献、在福利财政中的回流作用，以及对社会安全的功能是非常重要的，关涉到政府对社会企业的认识等问题。

　　总体上看，社会企业概念是从国外介绍到国内的，学者们对社会企业的

---

① 黄德顺，郑腾芬，陈淑娟，吴家霖.社会企业管理.台北：指南书局，2014.

② 官有垣.社会企业组织在台湾地区的发展.中国非营利评论，2007，1（1）.

③ 官有垣，陈锦堂，王仕图.社会企业的治理：台湾与香港的比较.台北：巨流图书公司，2016.

④ 官有垣，陈锦堂，王仕图.社会企业的治理：台湾与香港的比较.台北：巨流图书公司，2016.

⑤ 崔泰源.社会型企业：共建美好世界的梦想.北京：光明日报出版社，2015.

研究经历了从单纯介绍国外研究现状和概念消化，转化为结合本土实际情况进行理论和实践探索。在研究主题上，从最初的概念研究，逐步转向更为深入的议题。社会企业与社会企业家精神、社会创新、新慈善、公益投资、社会创业、社会影响力投资、社会治理等研究领域不断扩大，也体现了国内创新创业政策和社会治理政策的影响力。不仅如此，政策环境也促进了社会企业实体数量的增长。与国内相比，国外对社会企业的研究更注重社会企业家的培养，强调社会企业家精神是社会企业发展的关键因素，同时，在社会企业的立法和管理规定上更为重视，关于社会企业的法人形式、地位、责任和行为的规定也更加明晰。近些年，国内研究逐渐向社会企业管理、社会创新、社会治理、社会投资和社会影响力领域转变，并且从管理的角度越来越强调探索社会企业的商业运作模式。但是，在研究层次上，以案例描述研究为主的应用研究较多，理论研究仍然较为贫乏，研究思路尚未完全打开，研究问题狭窄。特别是面对中国精准扶贫的伟大社会实践运动，还没有以组织变革和政策创新视角去看待这场运动中涌现出来的中国特色社会企业。另外，理论对实践的指导作用不足，对实践的理论提炼也不够，更没有形成相应的理论学派和观点。这也说明，中国社会企业研究还具有广阔的空间。

第二章　各国法律法规政策中的社会企业

对社会企业概念的讨论就是要回答什么是社会企业这一问题。但是，自从"社会企业"一词被提出来后，对社会企业概念的争论始终没有停下来。我们可以从各个国家法律法规政策的角度来考察对社会企业的描述。

第一节　各个国家法律法规政策中的社会企业

这一部分选择社会企业产生最早的欧洲代表性国家、社会企业新兴的美国和亚洲主要国家，对其社会企业的情况进行介绍。

一、比利时

比利时的社会企业法律形式建立在根基相当深厚的合作社发展基础之上，随着社会经济概念的成熟，"社会企业"一词应运而生。1995 年，比利时政府修订了《公司法》，增加了关于"社会企业"的法律条文，其包含在《商业法》第 661～669 条之中。但比利时没有专门的社会企业立法，社会企业的主要法律形式是社会目的公司。社会目的公司作为社会企业符合以下规定：不营利或限营利，不以追逐利润为最终目的，有相应利益分配原则。[①] 社会目标包括社区中小企业低息贷款、购买就业岗位、弱势群体福利服务、失业服务、健康服务、扶贫等。

比利时的社会企业分为社会目的公司（social purpose companies）、工作整合型社会企业（work integration social enterprise）、非营利组织（non-

---

① 李健．社会企业政策：国际经验与中国选择．北京：社会科学文献出版社，2018：42－43．

profit organization）和公益基金会（public welfare foundation）等几种类型。比利时的社会企业比较倾向于向市场化发展，社会投资比较发达。比利时的社会企业的概念是广义的，包含非营利组织和商业公司类型，它们的主管部门分散在与社会经济和社会企业紧密相关的政府不同部门，如公共政策服务与社会融合部，扶贫政策、社会经济和联邦城市社会政策部门，国家合作委员会，等等，地方的主管部门也分散在各个相关部门。有些主管部门如国家合作委员会也负责监管，立法机构通过要求社会企业发布年度报告进行审查。由于比利时的互助组织和合作社不算在社会企业范围之内，因而受《商业法》监管，往往致使那些符合社会目标的合作社重复登记。

二、英国

2004 年，英国议会通过《2004 年公司（审计、调查和社区企业）法案》，允许公司与社区分享利润，而不只是为股东谋取利益，提出要创制社区利益公司这一法律形式。2005 年，英国议会又通过《2005 年社区利益公司条例》正式启用了"社区利益公司"（community interest company，CIC）这种新的法律形式。[①] 英国的社会企业法律形式分为四种——社区利益公司、工业与储蓄协会（industrial and provident society，IPS）、担保有限责任公司（company limited by shares or guarantee，CLS）、慈善组织身份的组织结构（group structures with charity status），它们的运营领域比较广泛，涵盖了教育、卫生、交通、住房、公共服务等各个方面，社会目标涉及就业平等、教育平等、健康保护、生态环境保护等[②]。

英国没有设立专门的社会企业法律，其他法定组织形式的政策法规都分别体现在《公司法》和第三部门管理法规中。

英国政府定义的社会企业是以社会目标为优先的商业活动，在理论上组织盈余全部重新投入为该商业活动的相关受惠群体服务，而非为股东和持有人生产利润。英国社会企业的概念是广义的，包含非营利组织和商业公司类型，它们的主管部门分散在政府不同部门，如英国贸易工业部、英国社区利

---

① 王世强. 社区利益公司：英国社会企业的特有法律形式. 北京政法职业学院学报，2012（2）. 董蕾红. 社会企业法律制度研究. 北京：知识产权出版社，2020：63 - 84.

② 李健. 社会企业政策：国际经验与中国选择. 北京：社会科学文献出版社，2018：101.

益公司管理局、英国内阁所属的第三部门办公室（公民社会办公室）。根据社会企业登记注册的类型确定的不同法律形式，英国的社会企业实行归口管理，分别由英国的公司之家、社区利益公司管理局、英国金融管理局和英国慈善委员会监管。

三、波兰

波兰的社会企业是在社会合作社、基金会和协会等非营利组织作为社会经济载体的历史发展基础上形成的，扩展到有社会目标和分红限制的有限责任公司类型。波兰没有独立的社会企业立法和规定，社会企业政策是在相关法案如《社会雇佣法案》中进行专门规定的。但是在 2013 年，波兰制定的《2013 国家社会经济发展方案》作为广泛适用的条例给了社会企业法律定义。波兰的社会企业在国家法院登记册中注册，不同类型的社会企业有不同的具体法律文件规制，如《公共利益和志愿工作法》《社会雇佣法案》《协会法案》《社会合作法规》。①

波兰将社会企业定义为必须从事商业活动的具有社会目标的实体，把社会和经济功能结合，有对利润分配的限制和民主协同治理方式，有一定的经济风险承担能力，高度自治。依此拟定的《社会企业草案》中的社会目标包括让弱势群体重返社会，提供社会支持服务、托儿服务、学前教育服务、心理健康服务、残障人士就业服务、社会企业信用担保服务、金融支持服务，等等。② 波兰规定的社会经济部门分为四种组织形态，分别是协会、非营利组织、社会合作社、社会辅助与社会融合类组织。波兰的社会企业定义广泛，比较偏重非营利组织发展，其中社会合作社比较发达。波兰社会企业的主管部门是社会经济领域系统问题解决理事会，由劳动和社会政策部部长、相关的国家部门以及地方政府代表组成，负责对全国社会企业的管理。波兰劳动和社会政策部下属的公共利益部门下设一个经济社会研究中心，负责管理地区层面的社会经济支持中心。

---

① 李健．社会企业政策：国际经验与中国选择．北京：社会科学文献出版社，2018：47－48.
② 同①48.

四、法国

法国虽然没有正式的社会企业法律定义，但对不同类型的社会企业有具体定义。法国政府将社会企业的定义表述为"带有社会效用的融合性企业"，其具体形式为公益社会合作社，特点是以社会目标为最终目的、促进社会和融合经济，其社会性质对逐利有一定限制①。这个定义包含了法国在社会和融合经济宏观概念下社会企业组织的共同特征。其他关于法定组织形式的政策法规分别体现在《社会经济的跨部门联合声明》《合作社法》《新经济管理法》《商业机构法》《企业透明度和承担环境保护责任法》《社会经济和社会融合法》中，它们对不同形态的社会企业进行了法律形式的规定。② 上述政策法规规定，法国具有社会目标的企业在资助弱势群体、就业、医疗健康、环保、减少社会排斥和社会不平等、维护社会团结、促进国际合作等方面负有责任。法国的社会企业法律形式为公益社会合作社、集体利益合作社、社会融合经济企业。

法国的社会企业概念与欧盟的社会企业概念内涵更为吻合，更加注重社会目标，而不是组织形式。法国社会企业的主管部门是社会和经济融合最高委员会，负责社会企业的监管和发展。具体事务由政府的社会和融合经济部部长管理，其直接对总理负责。法国各地的经济社会委员会对法国各类社会企业进行支持和管理。

五、意大利

20 世纪 70 年代，在地方社区居民对社会救助不断增长的组织化和企业化需求的背景下，意大利社会合作社兴起。其最初是以公共机构合作者身份出现的，与非营利组织有很大的重合，主要目的是通过承接政府公共服务外包提供新型的社会救助服务。③ 社会合作社更多地关注弱势人群，例如有肢体和智力残疾的人群、药物和酒精上瘾人群、有家庭问题的人群及狱外保释

---

① 李健. 社会企业政策：国际经验与中国选择. 北京：社会科学文献出版社，2018：54.
② 同①53 – 54.
③ 李健. 条条大路通罗马？：国外社会企业立法指向及经验启示. 经济社会体制比较，2017
(3).

人群。多数社会合作社出现在私人领域，作为对劳工政策在弱势群体就业方面的补充。

1991 年意大利颁布《社会合作社法案》设立社会合作社法律形式，成为欧洲第一个颁布社会企业法律的国家。它规定社会合作社必须追求成员的共同福利，为其提供发展和融入社会所需的各类服务，持续地提供有社会效益的产品和服务，并且将公共利益的目标放在私人利润最大化之前，可产生利润，但不可把利润分配给成员或企业拥有者。社会合作社分为两种：提供社会健康和教育服务的被定义为 A 型合作社，而帮助弱势群体就业和融入社会的被定义为 B 型合作社。社会企业在意大利涉及很多领域，包括福利、健康、社会照料、教育、环保、文化保育、个人发展和社会企业支持机构。[①]

意大利社会企业的主管部门是劳动和社会政策部。法定社会企业和社会合作社必须每年向所在地区政府递交社会报告，采用第三方财务审计，并由劳动和社会政策部统一管理。[②]

六、丹麦

丹麦的社会企业发展经历了三个阶段：（1）19 世纪中期开始的农民合作社运动。（2）新型社会企业的兴起。（3）社会企业向社会经济的发展。[③]

丹麦政府于 2014 年颁布社会企业相关登记法律《社会企业登记法案》。社会企业的主管单位是社会企业委员会，社会企业是通过商业模式和获得利润来推动实现社会目标的私有企业。[④] 上述定义将没有一定商业活动和商业收入的传统非营利组织与社会企业区别开来。在丹麦，多数社会企业以协会、基金会或股份有限公司的形式运营。该国的社会企业的主要目标在于促进商业增长、提供社会服务和支持儿童与融合领域。跟大多数欧洲国家大力推进社会企业与工作整合型机构的紧密联系不同，丹麦没有硬性要求社会企业必须在雇佣劳工和社会融合方面做贡献，也不把社区公益服务和社会创新作为

---

① 李健. 社会企业政策：国际经验与中国选择. 北京：社会科学文献出版社，2018：113－144.
② 李健. 政策统计与社会企业发展：基于 30 个国家案例的定性比较分析、理论探索，2018（2）.
③ 同①82.
④ 同①83.

标准。这可能与丹麦的高福利社会水平相关。因此，丹麦为社会企业的功能和形态留出了较大的自由发挥空间。

七、芬兰

芬兰的社会企业具有国家层面的立法。20 世纪 90 年代，芬兰早期的高失业水平导致了新型"社会企业"的产生，其成为帮助失业者协会和劳动合作社解决大规模失业问题的方案。1993 年，赫尔辛基出现了第一家劳动合作社，随后第一家残疾人合作社也宣告成立。2004 年 1 月 1 日，芬兰宣布实施特定的整体社会企业法，将社会企业作为应对芬兰失业问题的一种替代性方案。2013 年，《社会企业法》颁布，并于 2014 年正式实施。芬兰《社会企业法》规定，社会企业必须满足下列条件：为残疾人和长期失业者创造就业机会；以市场为导向，有自己的产品和（或者）服务；在劳动部下属的社会企业登记处登记；至少 30％的员工是残疾人和长期失业者，或者至少 30％的员工是残疾人；不管这些员工的生产能力如何，支付给他们的工资都要与完全劳动能力者所处的行业领域适用的集体协议标准相同。①

芬兰将社会企业限定在工作整合领域，社会企业被认为仅仅是工作整合型企业。该国社会企业的主管部门是社会企业登记处，监管部门是贸易登记处。

八、美国

美国社会企业的发展与 20 世纪 60 年代后"福利国家"危机导致的福利支出困境有关。1970—1980 年美国出现经济危机，非营利组织的社会福利亏损严重，鉴于企业有助于提高非营利组织的财务自主权、为弱势群体创造就业机会，非营利组织认识到社会企业是替代政府的重要支持来源。随后，美国社会越来越关注社会企业的作用。2008 年美国政府开始为社会企业的发展提供政策支持。②

美国缺少国家层面的社会企业立法，一般是有意愿的州政府在公司法中

---

① 李健. 社会企业政策：国际经验与中国选择. 北京：社会科学文献出版社，2018：59－61.
② 同①141.

为社会企业进行相应的调整，如增加《利益公司法》《公共利益公司法》《社会目的的公司法》等等，对社会企业具体的法律组织形式进行规定。① 美国企业联盟、哈佛商学院等实业协会和研究机构对社会企业也有各自的定义。在州政府的定义中，社会企业通常包括所有非营利机构、公营机构及其他基于社会使命而运作的机构。美国企业联盟的定义为：任何采用赚取收入的营运策略，以支持其慈善或社会目标的企业都可被称为社会企业。哈佛商学院的定义为：只要该私人或社会组织可以为社会做出贡献，那么无论其法定形式（如非营利、私营或公营部门）如何，都可将其视为社会企业。② 可见，美国社会企业的概念最为宽泛。

美国各州的社会企业法案充分利用了多种法律结构，包括非营利组织、免税组织、营利公司和有限责任公司等形式。社会企业的实践者既可以选择其中的一种形式，也可以选择几种形式相结合。③ 美国各州的立法机构对原有的企业结构进行扩展补充，先后创立了新型的企业形式：低利润有限责任公司（low-profit limited liability company）、共益公司（benefit corporation）、灵活目的公司（flexible purpose corporation）和社会目的公司（social purpose corporation）。④ 它们的社会目的包括减贫、教育、医疗保健、社区发展等方面。

美国政府主要为社会企业设立管理架构，直接的支援较少。社会层面主要由私人组织为社会企业提供金融支持、教育、培训、研究和咨询服务。⑤ 地方政府、州政府及联邦政府也为社会企业提供一些间接、有限但必要的支持。比如，有的州创立社会创新与公民参与办公室、社会企业家办公室等进行管理和监督。

九、韩国

韩国社会企业的发展源于 1997 年金融危机爆发后出现的严重社会就业和

---

① 李健. 社会企业政策：国际经验与中国选择. 北京：社会科学文献出版社，2018：141 - 142.
② 同①145 - 146.
③ 徐君. 社会企业组织形式的多元化安排：美国的实践及启示. 中国行政管理，2012（10）.
④ 姚瑶. 公司型体系企业的中国化：法律定位与监管逻辑. 河北法学，2019（7）.
⑤ 徐君. 社会企业组织形式的多元化安排：美国的实践及启示. 中国行政管理，2012（10）.

社会服务问题。1998 年，韩国政府为应对高失业率积极发展公共劳动事业；2000 年，韩国政府根据《国民基本生活保障法》实施"自主事业"计划；2003 年，韩国劳动部开展"社会就业岗位创业"项目。① 在上述政府举措中，韩国社会企业发挥了重要的作用，并得到了民众与社会的认可。韩国社会企业得到了快速发展。

韩国有明确的社会企业立法。韩国国会在 2007 年制定了《社会企业育成法》，它使韩国社会企业的成立与发展具备了法律依据，也促使社会责任的实施主体从大型企业转向整个社会体系。② 韩国社会企业振兴院有关社会企业的规定包括：为弱势社会群体（主要包括低收入者、老年人、残疾人、卖淫的受害者、长期失业者、失业的女性等）提供工作或社会服务；促进当地社区和公共利益的发展；利益相关者（包括服务的接受者、工人和当地居民）的参与促进民主决策过程；再投资利润用于实现社会目的。韩国社会企业的服务领域则主要集中在教育、保健、社会福祉、环境、清洁、文化艺术、观光体育等领域。③ 韩国的社会企业类型分为：就业机会提供型（针对找不到稳定工作的劳动者或弱势群体）、社会服务提供型（为弱势群体提供公益服务）、区域社会贡献型（以实现固定区域的经济良性循环为目标）；就业和服务混合型。韩国的社会企业发展以"政府主导、制度促进"为特征，韩国劳动部和韩国社会企业振兴院是社会企业的主管部门和监管部门。④

十、日本

日本尚未出台有关社会企业的立法或认证制度。日本社会企业的实践与发展先后经历了民间社会推动、政府以经济产业省为核心出台并实施一系列直接或间接的政策支持。在民间社会方面，21 世纪以来，日本民间机构纷纷成立有关社会企业的研究会并组建相关支持机构。在政府方面，日本经济产业省牵头成立"社会化商业研究会""社会化商业推进研究会"，委托专业咨询公司进行调查，并于 2011 年发布《社会化商业推进研究会报告书》。2015

① 金仁仙. 韩国社会企业发展现状、评价及其经验借鉴. 北京社会科学，2015（5）.
② 同①.
③ 李健. 社会企业政策：国际经验与中国选择. 北京：社会科学文献出版社，2018：201.
④ 同①.

年，日本内阁府发布《关于我国社会企业活动规模的调查报告书》，改变"社会化商业"的提法，转而采用"社会企业"一词并提出社会企业所需满足的七大要件：（1）通过商业手段改善或解决社会问题；（2）以解决社会问题为主要目的；（3）利润主要用于事业的再投资，而非将之全部分配给出资人或股东；（4）分配给出资人或股东的利润低于全部利润的50％；（5）事业性收入占组织整体收入的50％以上；（6）事业性收入中来自公共保险（医疗或护理保险等）的收入低于50％；（7）事业性收入中来自政府委托事业的收入低于50％。①

日本社会企业法人制度包括：中小企业法人制度、非营利组织法人制度、一般社团（财团）法人制度、公益社团（财团）法人制度。② 社会企业的社会目的包括的领域为：（1）为激发城市活力，在城市建设、旅游观光、农业体验等领域进行人才培养和相关组织建设；（2）为地方市民提供育儿支持和老龄化问题的应对措施；（3）为环境、健康及劳动就业等领域建设社会组织机构；（4）为企业家培养、创业及经营提供相关支持。③

日本社会企业主要致力于解决社区发展领域的问题，推动区域振兴及城市建设，促进地区发展，推动少子化、老龄化等问题的解决，属于区域课题解决类企业。

日本政府对社会企业的扶持主要由内阁府和经济产业省推进。内阁府以实现"新公共"政策为目标，通过"新公共"支持项目与区域社会就业促进项目这两大项目来倡导社会企业法人制度的建立。经济产业省委托日本社会企业发展研究会牵头，致力于推进社会企业规模的扩大与经营环境的改善，提供多样化的社会企业支持项目，确保"新公共"政策目标的实现。

十一、新加坡

新加坡政府没有将社会企业纳入立法体系，社会企业支持政策分散在政府各个部门的碎片化法规和规范性文件中。新加坡政府只在《合作社法》第62章和《合作社条例》中对合作社形式的社会企业有所规定，其他类型或以

---

①　金仁仙 . 日本社会企业的发展及其经验借鉴 . 上海经济研究，2016（6）.
②　俞祖战 . 日本社会企业：起源动因，内涵嬗变与行动框架 . 中国行政管理，2017（5）.
③　同①.

其他名字存在的社会企业适用更加放松的规制。① 新加坡社会企业以合作社这一组织形式居多，总体上呈现组织多元形态的特征，大体形成了工作整合模式、利润回流模式、补贴服务模式和社会需求模式。

新加坡通过放松自上而下的控制，鼓励对社会问题创新解决方案。早在20世纪90年代，新加坡政府就针对贫困问题出台了一个"多方援手"战略计划，鼓励政府和社区组织积极去帮助弱势和贫困群体。许多草根组织、宗教团体、志愿福利组织、独立法人组织、有限责任公司、私人有限公司以及担保有限公司等不同形态的组织陆续参与到这一行动之中。②

十二、中国

目前，关于社会企业我国还没有统一的法律规定，但在成都、北京和顺德等地出台了社会企业的认证标准。中国的社会企业从民间组织的社会企业认证活动开始，到2015年由中国公益慈善项目交流展示会制定的中国首个社会企业认证办法《中国慈展会社会企业认证办法（试行）》出台，再到2018年北京社会企业发展促进会的《北京市社会企业认证办法（试行）》发布，社会企业认证工作陆续开展起来。随后，地方政府层面开始对社会企业给予关注，在政策法律规定方面多以"意见""办法"的形式出现，如2018年的《成都市人民政府办公厅关于培育社会企业促进社区发展治理的意见》、2021年的《成都市社会企业培育发展管理办法》和2022年北京市的《关于促进社会企业发展的意见》等。

《成都市社会企业培育发展管理办法》将社会企业定义为经企业登记机关登记注册，以协助解决社会问题、改善社会治理、服务于弱势和特殊群体或社区利益为宗旨和首要目标，以创新商业模式、市场化运作为主要手段，所得盈利按照其社会目标再投入自身业务、所在社区或公益事业，且社会目标持续稳定的特定企业类型。成都市明确认证规定的社会企业包括公司制企业、农民专业合作社两种市场主体类型，其他地方的社会企业还包括社会机构和民办非企业单位。社会企业的行业领域或服务项目包括：就业、扶贫、养老

---

① 李健.政府如何促进社会企业发展？：来自新加坡的经验.经济体制改革，2016，200（05）：19-24.

② 同①.

助残、医疗救助、妇女儿童保护发展等基本民生服务项目；村庄建设、社区环境保护、垃圾分类、物业服务等社区居民生活服务项目；公益小额信贷、农业经济合作、污水处理、土地修复、社会创新支持；等等。

一般来说，地方政府的领导小组或地方政府社会治理委员会、市委社会工作委员会、社会建设委员会为社会企业的领导管理机构。按照职能职责，相关行政监管部门、行业主管部门遵从"谁审批、谁监管，谁主管、谁监管"的原则，依法依规开展社会企业监管执法工作。社会企业既可以在企业登记机关登记注册，也可以在所在地区依法登记注册。

第二节 社会企业法律形式规定的多样性

社会企业具有国家立法或相关立法规定的社会企业法律形式。对社会企业法律形式的规定存在不同层次的主体：既有国家立法规定的社会企业法律形式，也有地方法规规章对社会企业法人资格的规定；既有政府相关部门的规章对社会企业的认定，也有非政府部门用行业标准对社会企业进行的认证。不同层次的规定表明，各个国家关于社会企业的法律法规政策的出台都是在不同形态的社会企业实践基础上，在各个国家的历史文化传统的承袭下，在社会企业倡导组织的推动下，在各个国家不同时期不同公共问题和社会问题的解决需要下产生的。社会企业在具体的法律形式和名称上是多种多样的，通过以上介绍，我们可以看到，社会企业既可以在一国政府规定的非营利组织管理部门进行登记，也可以在企业管理部门进行登记，还可以以认证的方式进行登记。

在世界各国中，社会企业发展最早的是欧洲国家，美国和亚洲各国的社会企业发展则较晚。有的国家的社会企业的工作领域非常明确，比如芬兰；有的国家的则比较宽泛，比如美国、新加坡和波兰。社会企业的形成历史同各个国家在发展过程中急需解决的社会问题、福利政策和历史传统相关。

在法律规定上，各国对社会企业的法律性质的认定存在一致性，都指出社会企业是具有社会目的和社会利益的有市场经济收入的组织。在法律形式上，几乎各国对社会企业的组织形式都有明确、具体的法律规定。尽管各国对社会企业的社会目的和涉及的具体领域的界定千差万别，社会企业的称谓多样、形式不一，但它们都是根据各个国家对社会企业的需求进行的具体法律名称的清晰界定以及内容的明确规定。从各个国家社会企业发展的过程来看，弱势群体就业、各种合作社代表了社会企业的传统领域和组织类型，社区改变和社区营造代表了传统和现代的混合治理类型，环保、技术创新和网络组织代表了社会企业发展的新兴领域。

各个国家对社会企业的法律法规政策规定包含法律、行政法规、部门和地方性法规规章、规范性文件等政策层次。一是国家层面的单独立法，如英国的《2005年社区利益公司条例》，法国的《合作社法》《社会雇佣法》等国家层面的政策规定形式。二是政府各个相关部门的政策法案法规。如日本经济产业省牵头成立"社会化商业研究会""社会化商业推进研究会"，委托专业咨询公司进行调查，并于2011年发布《社会化商业推进研究会报告书》。三是地方政府对社会企业的立法、规定和方案。涉及这个层次的法律规章政策最多，如我国的《成都市社会企业培育发展管理办法》，这是到目前为止我国对社会企业进行政策规定的最高行政级别的合法条文。四是对社会企业进行认证。一般来说，社会企业认证由地方政府部门和相关行业协会或指定的某个组织联合进行，也有授权专门机构进行认证的，还有由企业自己认证的。这些组织根据法律法规制定社会企业认证评估标准，开展社会认证活动。在法律法规缺失的地方，常常采取以认证代规制的方法。如我国的社会企业服务平台（CSESC）作为民间机构，不仅独立开展社会企业认证，还与成都市政府部门合作开展社会企业认证；北京市社会企业发展促进会作为行业组织，对本地区的社会企业出台认证标准，开展认证活动。不过这些认证是得到地方政府相关部门支持的。

各国社会企业的主管部门和监管部门呈现碎片化分布。在政府中，对社会企业的法律法规政策制定呈现部门分立的特点，其组织法律身份和形式分别体现在不同门类的具体法律规定中，如商业部门的《公司法》《合作社法》，第三部门的《公共利益和志愿工作法》等相关门类的法律规定。对社会企业的支持政策分散在各国各部门碎片化的法规和政策文件之中。与此相对应，行政监管部门、行业主管部门也呈现出"谁审批、谁监管，谁主管、谁监管"的分管特点。另外，行业主管部门和行政监管部门既有合一的，也有分开的。也有的监管负责部门是行业协会而非政府部门，从中可以看到社会企业在政策管理方面是可以灵活处置的。

　　从各国对社会企业的法律法规政策规定和监管部门规定来看，社会企业的外延是被不断扩大的，有传统的非营利型社会企业、企业型社会企业和共益性社会企业，它们体现出了社会企业在实现社会价值目标方面的不同宽度与深度。这不免使社会企业有定义泛滥之嫌，也混淆了企业的社会责任与社会企业之间的边界，使得社会企业的模糊程度增加，在政策实践中难以把握。

　　虽然各国对社会企业的定义并不统一，但是从欧洲对社会企业定义的变化趋势来看，对社会企业的定义已经将重心从组织机构形式转移到共同的社会目标，不再处于纠结哪一类别的组织形式的争论之中，组织形式呈现多样态。可见，对社会企业的理解应更多地聚焦在组织使命和目标性质上——这是社会企业的共同性和统一性所在，避免陷入喋喋不休的就具体组织形式和服务领域的互怼之中。

第三章　社会企业的理论基础

承认经济与社会之间的嵌入性关系是理解社会企业理论基础的前提。"经济嵌入社会"理论对社会企业何以存在做出了合理解释。除此之外，社会理论对社会企业的指导包括价值基础、组织结构基础、组织功能理论和体制机制理论。道德经济理论关涉社会企业价值取向，发展理论为应用价值取向，社会福利理论关涉社会政策转型、福利供给体制及其社会企业创新，社会整合理论关涉社会企业的治理功能，组织协同理论关涉社会企业的组织结构与运行机制，社会资本理论关涉社会企业的资源支撑。

第一节　道德经济理论

道德经济理论是关涉社会企业价值取向的理论。道德经济是指实现商业利益与社会利益相统一的社会经济。它强调道德和经济合一论，反对道德和经济天然对立论，坚持义利并举的社会发展观，认为道德和经济是可以和谐一致的。在人类经济发展的过程中，面对不断涌现的社会问题，道德价值观在经济运行中的作用越来越受到重视。

经济伦理学研究认为，道德经济建立在经济主体是"经济人"与"道德人"的统一体的理论假设之上，认为任何经济的发展都要与一定的道德伦理相结合，经济必须内含道德。英国历史学家爱德华·汤普森在研究英国民众关于粮食的连续不断的抗议行为，并发现道德与经济生活相互作用的现象时提出道德经济学概念，进一步将道德和日常经济行为结合在一起。"早在1971年，爱德华·汤普森便在英国的《过去与现在》杂志上发表了题为《18世纪英国民众的道德经济学》一文，在分析18世纪粮食骚动时提出了'道德经济学'概念"，"英国地方当局与民众在经济社会关系深层存在着一种共同维系社会秩序的灵活态度"①。18世纪的英国社会深层存在道德自我调节经济和社会关系的现象。汤普森以道德经济学对话亚当·斯密的主张市场自由秩序的政治经济学，从社会史的经验视角质疑经济学自由市场假设的局限。同情、习俗、互惠、合作等传统道德是一切社会运行的基础，商品经济市场也毫不例外。维维安娜·泽利泽通过对文化、经济与社会的交互研究，更加深刻地指出文化道德观念是嵌入经济行为的过程中的，新经济需要道德基础，道德及道德观念变化对经济行为的正常化和制度化产生深刻的影响②。因此，道德而不仅仅是利润，是经济决策的基础。

道德经济这一概念被广泛应用于社会转型的理论解释之中。道德经济在理论上是反对资本主义经济学的单一"经济人"假设的，因为单一"经济人"假设造成的"经济决定论"抛弃了人还是"道德人"和"社会人"的本性，割裂了经济与社会之间的正常联系。道德经济重点研究道德能否将企业、消费者、投资者、员工及其他利益相关者的目标转移到超越利润的社会目标上，并使这种转变成为新型"社会契约"的基础，从而实现商业利益与社会利益相统一的道德经济③。

道德经济理论认为，从资本的角度看，商品经济社会存在多种资本，道德资本、金融资本、物质资本、社会资本、智力资本等不同资本类型共同形成多元价值体系。在这一多元价值体系中，道德资本与其他资本一样是独特的生产资源。在现实社会中，市场经济的发展离不开伦理道德的要求，由贫富差距过大和社会严重不平等引发的冲突表明，实现文明与发展必须解决效率与公平、经济与社会协调问题。效率分为生产效率、资源配置效率和道德效率三种类型，相应地，效率的调节也应该分为三种力量，即市场调节、政府调节和道德调节④。以良知为核心的知识三元论为经济管理的三种调节方式提供了有效的理论分析框架⑤。该理论认为，无论处于何种文化群体的人

①　沈汉．评爱德华·汤普森的新作《民众的习惯》．史学理论研究，1992（2）．

②　泽利泽．道德与市场：美国人寿保险的发展．上海：华东师范大学出版社，2019：69－102．

③　彼得森，阿维森．道德经济：后危机时代的价值重塑．北京：中信出版社，2014：Ⅷ－Ⅸ．

④　刘焕性．厉以宁讲道德经济学．（2021－08－17）［2023－02－02］．http：//www. rmzxb. com. cn/c/2021－08－17/2933333. shtml．

⑤　杨百寅，单许昌．定力：中国社会变革的思想基础．北京：北京大学出版社，2018：33－36．

都面临来自自然、社会和自身三个领域的挑战，因此要处理好人与自然、人与社会、人与自身的关系。同时，人类的观念与文化体系也分为三个范畴，既有作为理性知识基本前提的信仰假定范畴，也有反映感性知识的行为意向范畴，同时还有活性的价值导向范畴。人类的行为受到现实、自由及理性三种力量的驱使，因复杂性和不确定性而生发迷茫。价值观应当是开放、包容和多元的，但主导的价值导向应当是清晰和明确的。所以，道德调节是对效率和公平关系的保护力量。

社会发展的核心主题是公正与发展，在经济治理方面，应当综合运用道德、政府和市场这三种力量。共享理念和共同富裕观更加强调多种价值观的整合关系，忽视任何一种力量，经济发展都会遇到重大问题。道德经济可以在以下方向上有所作为：第一，道德经济扩展了价值序列，有助于新市场的开发和扩张，成为经济发展的新的引擎。第二，道德资本是道德经济的核心资产，它的投入同物质资产的投入一样是合乎理性的。第三，道德投资提供了一个保持稳定的新途径，使得长期投资变得很重要，有效避免了短期投机等道德伦理陷阱，有效利用了公共资源促进社会可持续发展。第四，道德经济将重新定义民主制度。第五，道德经济将集体性和公共性重新纳入商品经济市场中。[①]

总之，道德经济理论在观念上倡导经济和社会目标一体化，追求经济和社会协调公正地发展，这无疑会在实践上促使非营利组织与企业不再对立，而是通过合作行动获得更加有力的支撑。可见，无论是从非营利组织演化而来还是从商业企业演化而来，社会企业的发展都是道德经济的现实表现，它推翻了把经济和道德作为天然对立体的假设，促进了经济部门、社会部门和政府部门之间的合作。社会企业家是道德经济的产物，道德经济是培育社会企业家精神的土壤。

第二节　新发展观和福利社会学理论

20世纪90年代，随着经济全球化的加速，发展理论的内涵率先发生了

---

① 彼得森，阿维森. 道德经济：后危机时代的价值重塑. 北京：中信出版社，2014：155－157.

本质变化。人们反思过去把经济增长视为社会发展的发展观，批判单纯追求经济增长的认识观念提出协同发展和可持续发展的新发展观。

一、新发展观及其发展型社会福利思想

对"发展"的理解其实是对发展观的内涵与实现方式的讨论，其中包含着经济发展与社会发展之间关系的变迁。新自由主义盛行下的传统发展观将工业化程度和经济数字的增长当作反映社会发展的指标。将发展等同于"总人口人均产出的增长"[①]，这种观点代表了当时经济学界的主流看法，即认为经济的绝对增长将带来民生的改善与生活水平的提高。当时的经济学家尚未将"发展"与"增长"两个概念区别开来，由此导致将发展理解为经济发展，又将经济发展等同于经济增长。但是，在发展中国家出现的"拉美化陷阱"表明，先增长后分配的经济改革，带来了严重的收入分配不公、城乡发展失衡、突出的社会犯罪和自然生态环境恶化等社会问题。由此可以说明，经济增长的过程并不会自动实现分配公正，反而导致了改革发展的预期目标与结果背离的现象。同时，发达国家也同样遭受忽视社会发展的危害。片面追求经济增长的发展经济学观点越来越受到质疑和批判，"'增长'和'发展'是两个不同的范畴，增长仅仅是物质的扩大。增长本身是不够的，事实上也许对社会有害：一个国家除非在经济增长之外，同时在不平等、失业和贫困方面趋于减少，否则不可能享有'发展'"[②]。于是，经济增长不等同于经济发展[③]的观点被明确提了出来。新发展观认为，社会发展的特点包括整体性、综合性与内生性，主张摒弃无发展的增长论，转向以人为中心的发展，同时关注文化价值的作用，促进包括阶层平等、贫困消除等解决社会问题在内的社会发展[④]。衡量社会发展需要建立包括经济、社会、环境、生活、文化等各项指标在内的全新的社会发展价值体系[⑤]。总之，社会可持续的全面协调

① 刘易斯.经济增长理论.北京：商务印书馆，1983：6.

② 西尔斯.发展的含义//亨廷顿，等.现代化：理论与历史经验的再探讨.上海：上海译文出版社，1993：68.

③ MYRDAL G. Against the stream：critical essays on economics. London：Palgrave Macmillan，2014：189-190.（1973年为第一版，此处为2014年再版电子书版。）

④ 佩鲁.新发展观.北京：华夏出版社，1987：2-3（前言），15.

⑤ BAUER R A. Social indicators. Cambridge：The MIT Press，1966.

发展才是社会发展的真正内涵，也是经济发展的主要目的。

新发展观摒弃了把发展单纯定义为经济增长的狭隘偏见，使发展理论的内涵变得丰富起来。尽管长期以来"经济增长即发展"的观点仍然占据主流地位，但是，发展型社会福利思想不断受到重视，发展型社会政策也应运而生。社会发展理论主张从社会发展与经济增长的互动关系的视角去发现社会福利的功能，在发展中解决社会不平等和贫富差距扩大等各种社会问题。从社会发展的角度论及发展的内涵和发展型福利体制，受到广泛认可。为了实现经济和社会政策的整合，社会福利必须投资具有促进人力资本、就业竞争力、社会资本、劳动技能作用的低成本高效益的社会项目[①]。这一发展型社会福利思想标志着在社会政策领域积极社会政策即发展型社会政策的形成。

二、社会投资理论

以社会投资方法实现经济与社会可持续发展是发展型社会政策的一剂良药。社会投资理念最早可以追溯到 20 世纪 30 年代，早期的社会福利思想家 R. H. 托尼在 1937 年[②]、T. H. 马歇尔在 1950 年就已经提出了生产型社会政策的理念[③]，康纳于 1973 年也曾提出政府的支出可以分为社会投资、社会消费和社会支出[④]的观点，布赖恩·诺兰讨论了这三种类型，指出这些分类在实践中难以区分[⑤]。而社会投资作为政策理论和主张源于西方社会福利思想三大流派之一——"第三条道路"思想，该思想为回应欧洲福利国家的福利紧缩、经济和财务危机、贫穷、失业率高和年轻人市场参与率低等问题，以及人口变迁的危机，包括老龄化、劳动者的技能与劳动力市场需求配置失当的情况，提出超越左与右的社会投资国家福利思想。20 世纪 90 年代，安东

---

① MIDGLEY J. Industrialization and welfare：the case of the four little tigers. Social policy & administration，1986，20（3）. MIDGLEY J. Social development：the developmental perspective in social welfare. London：Sage Publications，1995：16.

② WATKINS P. Regional boards of education：mediating links between social investment and social consumption. British journal of sociology of education，1988，9（4）.

③ MARSHALL T H. Citizenship and social class and other essays. Cambridge：Cambridge University Press，1950：128 - 148.

④ O'CONNOR J. The fiscal crisis of the welfare state. New York：St Martin's Press，1973：97，124，150.

⑤ NOLAN B. What use is "social investment"？. Journal of European social policy，2013，23（5）.

尼·吉登斯提出了超越社会民主主义和新自由主义左右对立思维的包容左与右的新能动社会思想。在他看来，现代福利国家将发展等同于经济增长是错误的，认为不应当将福利与工作相分离，主张用能动性政治解决国家与社会、市场之间的对立关系，认为这是解决贫困和社会排斥的有效手段。积极的福利是具有能动性的福利，即追求发展的福利①。这为第三条道路思潮的兴起奠定了思想基础。第三条道路更加明确了能动性福利政策主张——建立合作的具有共同意识的包容型社会关系和"混合经济"这一新经济秩序，特别提出以混合经济实现经济生活与非经济生活之间的平衡。第三条道路的社会福利观提出，要改变现有"福利国家福利模式"，建立后传统社会的"积极的福利国家"，具体为以"社会投资国家"取代"福利国家"，社会投资国家要给予弱势群体培训，帮助其增强进入市场的能力②。

社会投资理论是后来发展型社会政策的理论基础，它的提出和欧洲许多国家提倡的新公共管理相呼应，使得社会投资理论的影响大增，并在政府政策实践上得到推动。这期间，社会投资理论在社会发展理论中得到了极大的发展。以詹姆斯·米奇利为代表的新社会发展理论家最先提出发展型社会福利模式，反对从资源再分配的角度去界定福利问题，反对将社会福利仅仅看成经济资源消耗这一传统看法，主张应该从社会发展与经济增长互动关系的视角去发现社会福利的功能。米奇利认为，要在强调经济政策和社会政策融合的基础上，制订利用福利资源的以投资为导向的社会计划，提高社会成员的经济参与能力，进而促进社会发展。③ 他的社会发展理论强调：第一，社会投资以社会福利与经济发展之间的相互融合为前提，倡导积极的社会福利能够促进经济增长和社会发展。第二，突出强调了社会福利应该以社会投资为导向，即通过人们对生产性的经济活动的参与，对经济的回报率有所追求，促进经济发展。第三，如前所述，为了实现经济和社会政策的整合，社会福利必须投资具有促进人力资本、就业竞争力、社会资本、劳动技能作用的低

　① 吉登斯. 超越左与右：激进政治的未来. 北京：社会科学文献出版社，2009：213-218.
　② 吉登斯. 第三条道路：社会民主主义的复兴. 北京：北京大学出版社，2000：121-122.
　③ MIDGLEY J. Social development perspective in social welfare. London：Sage Publications，1995：16-19. MIDGLEY J. Growth，redistribution，and welfare：toward social investment. Social service review，1999，73 (1).

成本高效益的社会项目。埃斯平-安德森、加利、赫梅尔赖克和米勒斯进一步完善了社会投资理论，其中心思想是欧洲如何能够既维持对社会正义的深刻认同，又创立有竞争力的、以知识为基础的社会市场经济，认为社会投资应该具有三个功能，即促进劳动力市场流动、发展人力资本储备和充当社会缓冲器①。以泰勒-古比为代表的社会投资福利主义更是强调这一点。泰勒-古比指出，经济全球化造成了社会结构的变化，像劳动力高流动性、家庭生活复杂化等变化使得充分就业、再就业以及提供费用较高的普遍福利成为不可能的选择，福利支出只有用于投资人力资本或增加个人参与经济的机会才具有可行性。福利投资于人力资本，致力于消除社会成员参与经济的障碍，提高社会成员参与经济活动的能力②。第四，在社会投资中，要强调个人的责任、非营利组织的参与以及国家和市场的共同作用③。社会投资有三个重要原则：一是强调将学习作为未来经济与社会的重要支柱，因此原则导向重视人力投资政策；二是着眼于未来，打破贫穷的世代循环；三是成功的个人会对未来群体、社区或社群有益④。从以上论述可以看出，社会投资理论直接促进了经济政策与社会政策之间的融合。

社会投资理论秉持积极的福利政策价值取向，在兜底保障的"底线公平"基础上，强调福利的造血功能。把福利投入变为社会投资明确了以下几点：第一，核心价值是"赋能"。对贫困的个人赋能、对社区赋能，政府、个人、企业、社会组织和市场活动都围绕参与社会经济活动展开。赋能使得个体、家庭、所在群体和社区提升自主工作和改变的能力，预防贫困风险，摆脱一贯被动依赖福利救济的心理。第二，进行社会投资，使福利与工作联系在一起，创造各种就业机会并提供工作报酬，增强失业者对劳动力市场有效需求的反应能力，从而解决贫困群体因失业导致的生活贫困和服务保障不足。第三，通过获取工作的能力，激发个人的自尊心和成就感，提高福利对象的主体性，使之形成内在动力去获取资源和公平竞争机会。第四，追求社会可持

---

① 李姿姿. 社会投资：欧洲福利国家改革的新趋势. 国外理论动态，2016（12）.

② TAYLOR-GOOBY P，HASTIE C，BROMLEY C. Querulous citizens：welfare knowledge and the limits to welfare reform. Social policy & administration，2003，37（1）.

③ 范斌. 福利社会学. 北京：社会科学文献出版社，2006：94.

④ 林昭吟，刘宜君. 社会投资观点之政策理念及运用. 社区发展季刊，2017（160）.

续发展。社会投资取向的福利政策追求人力资本和社会资本的产出与回报。作为社会投资要有投入有产出，其产出不仅仅是对经济收益有所贡献，更重要的是，对教育等的人力资本投资有助于劳动力再生产和社会资本产出，如促进互助支持、合作信任、分享，维护社会成员的关系。"可以这么说，社会投资机制使得社会获得自我更新和提高的再生机制，促进社会的协调和可持续发展。如果说社会福利的国家干预再分配方式具有社会稳定的功能，那么社会福利的社会投资形式具有社会可持续发展的功能。"[①] 以社会投资理论为基础，逐渐形成了被广泛认可的发展型社会政策。社会投资理论尽管在理论上还有模糊不清的地方和争议，但在政策实践上却取得了显著的效果。

需要强调的是，这里所说的社会投资不同于经济学常说的面向广大市场的社会投资，而是指向福利投入群体和事项的社会福利运作机制和手段，是福利性社会投资。从福利与经济之间的关系角度来看，社会福利分为消极的社会福利和积极的社会福利，即输血式福利输送和造血式福利输送：前者一般持有福利与经济发展冲突对立的价值取向，后者则秉持福利与经济协调融合的价值取向。从经济角度来看，社会保险、社会救助和公共福利等以国家为主导的社会福利供给都从财政收入中直接给付现金或物质，注重对结果进行财富与资源的再分配。这种福利不仅不会增加经济财富，还会造成福利依赖，因此被视为消极的社会福利。以社会投资为导向的社会福利追求效率和公平协调发展的原则，旨在促进福利分配与经济发展的融合，使失业者和有劳动积极性的弱势群体提升技术能力，获得就业岗位，在解决失业带来的贫困问题的同时创造经济价值，通过参与经济生产获得社会福利需要。所以，社会投资具有促进劳动力市场流动、发展人力资本储备和充当社会缓冲器的功能[②]。这样一种新型的社会福利被称为积极的社会福利。这种社会投资福利主义力主对人力资本进行投资，增加个人的参与经济的机会、责任和权利等社会资本，改善社会弱势群体利用资源和自我创造价值的能力，通过社会成员对经济活动的参与，达到发展经济和增进福利的双重目的。这一旨趣成为社会企业的目标选择。

---

① 范斌. 福利社会学. 北京：社会科学文献出版社，2006：231.

② HEMERIJCK A. Social investment as a policy paradigm. Journal of European public policy，2018，25（6）.

在操作转化上，社会企业通过商业之手将弱势群体纳入社会经济活动，以令其获得工作收入解决社会问题。其手段是增强人自身的生存能力，助人自助，调动人的主动性，改善社会状况。社会企业的出现使得社会投资获得了适合的组织载体，它使社会投资的投入和产出的经济效率和社会效益落地生根，具体表现在以下三个方面：第一，社会企业作为社会投资的最佳伙伴，能在市场中提供生产或服务，赚取可支配的收入，或是补充组织财政资源的不足，或是通过工作赚取工资而不是等待福利救济金，以工作满足失业者或弱势群体对福利的需求。第二，社会投资福利机制催生了公益社会投资金融市场、小额公益贷款、资产建设政策和社会影响力投资等等新事物的不断出现。第三，将基金会、协会、服务对象、社区、政府、企业、社会组织、家庭等一切利益相关者整合起来，鼓励和吸纳各种社会主体参与到社会经济活动中，将市场资源与非市场捐赠社会资源、有形资源与无形资源整合起来，集中发力。总之，由社会福利主体变化引发的社会企业创新在促进公益投资和商业投资、社会福利生产组织和输送、资源再分配政策的发展，以及凝聚全体成员的社会资本和增进社会和谐方面有可持续推动能力。

三、发展型社会政策与社会互助体制

发展型社会政策是对发展型社会福利思想和社会投资理论的操作化，而社会企业作为福利供给的新型主体是发展型社会政策的实施载体。与社会保险体制、社会救助体制、公共福利体制相比，社会企业更多地借助社会互助体制输送和传递社会福利。

发展型社会福利概念在 19 世纪 60 年代末就被提了出来①。发展型社会政策是发展型社会福利的政策实现方式，发展型社会政策反思了传统社会政策的弊端，将社会政策视为一种福利性社会投资行为，改变了把社会福利政策作为消极社会支出或社会负担的传统定义，以人力资本和社会资本为投资对象，力主社会政策与经济政策融合。发展型社会政策主张福利供给多元化，在福利实现方式上鼓励社会多元主体参与到社会福利体制中来。

---

① 1968 年联合国第一届国际社会福利部长会议提出了"发展型社会福利"的观点，1979 年联合国经济及社会理事会通过《加强发展性社会福利政策活动方案》。

　　社会福利体制一般由社会保险体制、社会救助体制、公共福利体制和社会互助体制构成，其中，社会互助的社会福利供给体制是社会福利体制的组成内容。与前三种体制相比，社会互助体制是非政府机制，与社会保险体制、社会救助体制、公共福利体制一样发挥着保障公民基本生活的功能。"社会互助是指社会保险、社会救助、公共福利等正式制度之外的，以非政府、自愿化等为特征的各种社会化、市场化的社会福利体制。"① 社会是由人组成的，互助不仅是人的社会性表现，也是人的生存方式。社会保险、社会救助、公共福利体现的是政府的责任，反映的是社会与政府之间的互助关系；而社会互助体现的不是政府的责任，反映的是社会的责任和市场的作用。社会互助体制具有以下几个特征：首先，社会互助的组织者和实施者不是政府机构，而是社会组织和市场组织；其次，社会互助资金不是来源于政府财政的直接拨款，而是来源于社会互助组织的经营收入、捐赠收入和商业缴费；最后，社会互助的运行方式是社会性的、自愿性的助人方式和市场方式，比如物的、人的、集体的、奉献的等传统互助要素。② 需要强调的是，社会互助虽然具有非政府特征，但是需要政府对其合法性进行规定并提供必要的政策支持。

　　以往，在以商品经济为主导的现代工业社会中，社会互助体制常常被视为次要的、落后的、缺乏现代性的体制，整个社会的重心都落在社会保险体制、社会救助体制、公共福利体制之上，对社会互助体制比较轻视。但是，在现实社会生活中，社会互助体制仍然发挥着不可替代的救助和保障作用。社会互助的基本内容也包括家庭互助、社区互助、行业互助、慈善事业、市场互助，这些机制的形成同人类社会不同发展阶段的生产生活方式紧密相关。社会互助体制承袭了不同生产方式下的依靠血缘、地缘和业缘关系形成的社会保护机制，包括家庭机制、社区机制、行业机制和市场机制等互助机制。在多元社会福利体制下，社会福利的供给主体包括政府、家庭、单位、社区、慈善组织、社会机构、公民个人和社会企业，其中社会企业是新生的供给主体，和其他主体一样扮演着福利生产者、输送者、筹集者和分配者的角色。而社会企业的优势在于具有经济和社会双重性，能够满足经济政策和社会政

---

① 景天魁，等．福利社会学．北京：北京师范大学出版社，2010：169.
② 同①173.

策融合的要求。根据社会企业的性质和社会互助的特点，发展型社会政策、福利多元化供给与社会互助体制相匹配，而社会企业更加适合在社会互助体制下运行。

第三节 社会整合理论

社会整合理论关涉社会企业的治理功能，整合的核心是秩序与冲突平衡。社会整合常常与社会冲突及社会矛盾紧密相关。社会整合过程必然伴随着不断的分化，分化必然带来社会矛盾和冲突，反过来要求在更高层次上的规范整合、组织整合与价值整合，形成新的秩序。

一、社会分化与整合功能

社会整合是维护社会秩序范畴的概念，是使不断分化的社会系统中的各个部分维持整体性的功能表达。社会整合"指社会将无数单个的人组织起来，形成一股合力，调整种种矛盾、冲突与对立，并将其控制在一定范围内，维护统一的局面"[①]。社会变迁本质上是社会分化与整合的过程。社会分化分为系统分割、社会结构分层和功能分化。分化不仅能促进社会进步，也会带来社会失衡和矛盾。

讨论社会整合首先涉及社会分化。社会的发展必然会带来分化，现代社会的结构分化与整合相伴随。分化的最一般含义是事物从同质性向异质性的变化。"群体、组织和社会设置进一步专门化的过程，即社会分化。"[②] 社会分化涉及个人角色分化、社会组织分化、社会地位分化三个方面：个人角色分化指随着劳动分工的发展，个人在不同的活动场合所扮演或承担的多种社会角色逐步向单一角色分离的趋势；社会组织分化指承担多种功能的单一组织向承担单一功能的多种组织转化；社会地位分化指依据某种社会属性或特征，将社会成员在水平方向和垂直方向上分为不同类型的地位群体，即社会分层，其中，处于垂直分化中的各个地位群体在根本利益、基本态度、行为

---

① 郑杭生．社会学概论新修．5 版．北京：中国人民大学出版社，2019：58．
② 波普诺．社会学．北京：中国人民大学出版社，2007：678．

倾向、社会表现诸多方面差别较大，容易产生矛盾和冲突。[①] 总之，由垂直分化产生的各个地位群体从公认的社会价值序列来看存在高低差别，特别是垂直分化形成的社会差别即为社会不平等。虽然社会分化有助于提高社会自身发展的整体功效，但有些社会分化会造成冲突，产生社会失范问题，降低社会整合性。因此，社会分化对整个社会系统的协调提出了更高的要求。

社会整合的对象是社会失范问题。社会失范也可以被看作社会秩序出现的问题。因此，社会整合也与社会矛盾、社会冲突紧密相关，常常指向社会问题。涂尔干从社会分工角度出发，认为分工和专业化的增长引起社会有机体各个部分之间的隔离，导致各个部分之间不能协作和衔接，共同的规范不能延续或不能形成新的规范，社会无法形成可以看得清的整体；或者虽然快速的社会变革造就了一套社会规范，但社会结构跟不上社会变革，致使社会调节发生故障，导致不同社会领域之间和人们之间的利益冲突，社会分工不能产生团结，各个机构间的关系还没有得到规定，就会陷入"失范状态"[②]。社会失范问题指的是"在体制变革的特殊阶段，旧的体制失去效能，新的体制又没有建立起来，因而社会失去规范"[③]。实际上，社会发展过程中出现的社会分化蕴含着社会冲突，每个社会都以其内部一部分成员压制其他成员为基础。凡有社会生活的地方就存在着冲突，冲突无法彻底被消除。因此，社会整合也被定义为协调社会中不同主体的矛盾和冲突并使之一体化的过程或格局，成为维护系统稳定和解释社会变迁的基本动力。

社会整合形成宏观的系统整合理论和微观的个体整合理论，早期的研究偏重宏观整合研究，后期则逐渐有偏重微观整合研究的取向。宏观结构取向的研究视角关注组成社会系统的各社会单元之间的"系统整合"，关注的是社会各系统之间的协调，强调社会规范、社会利益和社会价值等在应对社会矛盾方面的整合作用；微观结构取向的研究视角关注社会行动主体、社会行动者的协同和规范认同，力图解决个体融入社会的问题。

在高度现代化的社会中，社会企业在协调社会矛盾、解决个体融入社会的问题方面，发挥着微观整合作用。在微观层面，社会企业试图通过生产、

---

① 郑杭生. 社会学概论新修. 4 版. 北京：中国人民大学出版社，2013：278.
② 涂尔干. 社会分工论. 北京：生活·读书·新知三联书店，2000：324－332.
③ 郑杭生. 社会学概论新修. 5 版. 北京：中国人民大学出版社，2019：58.

服务和福利输送特别是发挥工作整合作用，将低技能群体纳入社会，促进经济与福利衔接，进而在民生经济领域改善贫穷问题、失业和社会保障缺失状况，调节贫富社会差距，维护社会公平原则。总之，社会企业把在社会快速发展和变化中遭受社会排斥的群体、基本社会公共服务不足问题纳入组织行动中，从而使社会规范合理延续和更新。所以，社会企业被具体看作社会整合促进者，在经济（经济领域）和福利（社会领域和政府职能领域）交叉系统中，维护团结，起到规范整合、组织整合与价值整合的作用。

二、社会合作理论

社会合作既是通过交往达成整合的社会互动的一种形式，也是社会企业的合作治理机制。社会合作理论从协调社会群体的利益关系出发，对社会成员进行群体关系整合研究。

在社会生活中，个人之间、个人与群体之间以及群体之间发生的相互沟通、相互作用和相互了解的社会交往活动就是社会互动。交往是人们在经济、政治、文化和心理等方面产生相互影响和相互依赖的社会行动过程。合作是团结性社会互动。在社会转型过程中，新旧社会关系交替存在，新旧社会群体重新分层，也逐步形成新的社会结构关系。从社会学视角看，社会合作是在社会事务方面开展的群体性合作，是在一个或多个主导力量的指引下，依据群体共同认定的原则，采取合作行动以促进人的全面发展和社会全面进步的行为取向和社会状态；作为一种对不同群体和阶级阶层的利益关系和价值关系进行调整和再均衡的过程，通过提升生活质量、维护社会秩序来实现社会关系的和谐与社会结构的优化，从而最终实现秩序与活力的高水平均衡[1]。首先，社会合作功能基于社会公正价值观，强调具有直接利益互动关系的社会各群体之间的互惠互利，即社会各群体在利益增进方面的协同并行。"处在较高位置的阶层的利益增进不能以损伤处在较低位置的阶层的利益为必要的前提条件，相反，在较高位置的阶层的利益增进的同时，较低位置阶层的处境应当随之得到改善。"[2] 这样做，能够有效化解大量的社会矛盾纠纷，蓄积

---

① 王道勇. 社会合作推进社会治理现代化. 社会治理，2020（11）.
② 吴忠民. 社会公正论. 北京：商务印书馆，2019：215.

社会群体之间的"合力"势能，促成正和利益博弈。其次，当代社会的合作关系也是针对科层制人为分割关系的一场治理革命，因为几乎所有的社会问题都与这一被分割了的关系形成了意义或价值上的对立。客观的社会问题原本是一个整体性的反映，却被人为分割成单独的问题来区别对待和碎片式解决，比如福利救济既是社会问题又是经济问题，但却被长期分割在社会领域，一旦福利金短缺就导致社会问题尖锐化。社会合作就是要缓和人为分割所造成的社会现实矛盾，实际上就是按照公共利益的法则来构建社会治理主体合作的结构，改变由于隔离而缺少的合作关系①。所以，合作是社会治理的一种整合机制。合作意味着组织之间为了达到某种目标而产生互动关系，以一种组织网络关系达成多元主体与利益相关者之间的资源组合方式，这就是合作治理机制。新兴的社会企业有效地回应了现代社会对发展型社会福利供给主体的治理诉求。在价值目标上，社会企业奉行义利并举价值观，打造了以企业方式实现社会目标的内化一体的文化和原则。社会企业实践本身就是打破经济领域与社会领域、非营利组织与企业、贫富不同群体之间的界限分割的跨界合作行动。

第四节　组织协同理论

组织协同理论从组织类型与组织层次之间的目标和利益关系出发，进行组织整合研究。协同关系为社会企业的混合性提供了组织理论解释。跨领域协同理论包括跨组织或跨部门的互动合作。这些合作既可以发生在组织内部各个部分之间，也可以发生在组织与其外部同类组织或不同类组织之间。

组织协同理论及其"协同型组织"概念来源于社会系统学派创始人切斯特·巴纳德的"组织就是协同系统"的思想。社会系统学派最早从社会学的角度来研究管理，认为社会的各级组织都是一个协同的系统，进而把企业组织中人们的相互关系看成一种协同系统，分析经济组织的结构、经理人员的职能和工作过程，得出协同产生效率的管理方法。而赫尔曼·哈肯提出的协同论，进一步说明了各个系统间的相互影响及其整体性协同效应。他从自然

① 卡蓝默. 破碎的民主：试论治理的革命. 北京：生活·读书·新知三联书店，2005：9-153.

与社会系统的相似性属性出发，阐述了系统从旧结构转变为新结构的机理，从理论上解释了子系统协同能够产生系统整体性效益大于各个子系统效益之和的协同效应。协同论认为，整个环境中的各个系统间存在着相互影响而又相互合作的关系，社会现象亦如此。协同导致有序，有序产生了子系统之间从无序到有序的自组织过程，经过整合形成新的结构。协同效应是指两种或两种以上的组分相加或调配在一起，所产生的作用大于各种组分单独应用时作用的总和。协同效应包含经营协同效应、管理协同效应和财务协同效应。对组织而言，协同关系和协同效应是普遍存在的，无论是组织内部协同还是组织外部协同，都是为了实现资源互补，优化资源配置，放大组织效应。面对不确定性、复杂性、流动性不断增强的趋势，跨部门合作越来越受到青睐。协同是经营者有效利用资源的一种方式，可以说，协同就是增效。协同必然涉及不同领域、不同主体、不同组织和不同要素之间的交叉互动、优劣互补。

作为管理方法，跨部门合作是实现现代社会治理的重要途径。跨部门合作机制作为传统合作理论和整体主义思维方式的一种复兴，强调整合与协调。跨部门协同是多元行动主体超越组织边界的制度化的合作行为，跨部门协同机制的目标就是打破分割，促进组织之间的合作与网络化协作，从而整合配置资源，降低交易费用，提高整体效能。首先，跨部门合作理论认为，当代社会新问题的边界是模糊的、复杂的，常常跨越了各个部门的边界。处理复杂多变的社会事务，需要不同的知识与技术等异质性资源，而每个部门只能掌握一种或几种资源，并不能满足对所有资源的需要，每个部门都存在资源依赖问题，因此，跨领域跨部门协同是必要的，由此形成了多元主体间的协同关系和协同机制。特别是社会问题的复杂程度一般都比较高，常常形成矛盾共同体，必须通过协同治理才能加以解决。其次，协同过程只有通过强化才会对凝聚力和集体行动产生影响，只有达到一定的强度和密度后，合作及其效果才可以达成。但是，如果合作处于弱关系网络状态，跨部门合作就没有力度。最后，多元主体在协调行动中需要在组织完善的基础上形成长期的、规范的、正式的跨部门协同运作机制。

如果把社会企业视为部门协作的产物，非营利组织和企业组织合作产生的效应就会超出原有两个组织各自的能量之和。比如，非营利组织吸纳了商业手段，企业组织吸纳了社会价值目标，形成了不同于原组织特征的新的组织结构和秩序，即社会企业形态。从组织连续统意义上看，社会企业就是在混合状态下的协同，也可以说是直接跨组织、跨领域的协同与合作，将原本不同性质、不同领域的组织以目的-手段相交叉于一个组织形式之中，即社会企业的协同不仅对经济价值和社会价值进行协同、对社会使命和商业手段进行协同，还把这些在传统上对立和分割的要素协同在一个主体控制下的光谱之中。这突破了传统跨组织和跨部门协同是不同主体之间的互动关系的定义，构成了对传统定义的冲击。正因如此，社会企业总是与创新创业联系在一起，是对经济-社会长期分割的突破。它既吸引了传统社会领域的非营利组织又吸引了传统经济领域的企业的目光，把二者之间的模糊性和交叉地带展现出来。社会企业的出现把跨领域、跨部门、跨机构的协作和合作问题，内化在社会企业结构关系之中，将协作的意愿、共同的目标和信息联系统领在一个主体范畴，这无疑增强了协同者之间关系网络的强度和密度，重新配置了社会和经济领域的资源，补齐了各自的短板，有效地提高了整体效能。组织协同理论为处于光谱区域的社会企业组织结构关系提供了理论说明，社会企业的混合性恰恰是对已有组织类型的超越，而任何突破传统领域、组织和部门界限的协同关系都会形成有序的新结构。

第五节　社会资本理论

以社会资本视角看社会企业，不仅可以看到社会企业非经济、非政府的资源构成，还能够了解社会企业组织运作的社会动员机制。社会资本理论观点涉及三个方面——社会资本、社会参与和社会动员，其中社会资本是核心概念。

社会资本是隐藏在社会网络结构关系中的社会资源，包括个人社会资本、组织社会资本和整体社会的社会资本。社会资本也是关系资本。"社会资本是社会结构中产生的一种特性，可以促进更多的合作行为并带来资源"[1]，"社会结构资源作为个人拥有的资本财产，即社会资本。其共同特征有两个：它们由构成社会结构的各个要素所组成；它们为结构内部的个人行动提供便

---

[1]　罗家德. 社会网分析讲义. 北京：社会科学文献出版社，2005：14.

利"，"社会资本是生产性的，是否拥有社会资本决定了人们是否可能实现某些既定目标"①。简而言之，社会资本是区别于人力资本和物质资本的资源之一，是"行动者在行动中获取和使用的嵌入在社会网络中的资源"②。社会资本有三个范式——社会关系网络和网络中的资源、社会团体和民间参与、普遍的信任或不信任，建立组织网络平台、创造信任、互助共享、建立社会交往和规范等会构成社会资本。社会资本的作用是经济资本（货币资本）所不能替代的。

从社会组织与社会资本之间的关系来看，社会资本最初是由家庭和社区等原始性社会组织提供的，在现代社会更多地建立了外援性社会组织，这些社会组织本身及其交往互动、互惠互助，产生了社会资本。罗伯特·帕特南认为，社会资本是社会组织的一种特征，这种特征包括信任、规范和网络，社会资本通过人们之间的"互惠"行为长期积累形成，能够通过推动、协调作用来提高组织的效率③。"社会组织构成社会资本，社会资本为人们实现特定目标提供便利。如果没有社会资本，目标就难以实现或必得付出极高的代价。"④ 可见，社会组织对生产、维护和积累社会资本并发挥社会资本的作用具有重要作用。

与物质资本和人力资本相比，社会资本具有公共物品的属性。"与社会结构具有的特征一样，社会资本对其受益人而言，不是一种私有财产。"⑤ 这是因为社会结构资源中的规范是超越个人的，任何结构规范中的受益人都不是特定的人，而是这个规范体系内的所有人。即便是积极投入更多行动的人也不能独享回报，比如可信任的规则和社会风气，惠及所有利益相关人。作为公共物品，社会资本的重要功能之一就是社会保障和社会支持。"如果人们具有较多的社会资本，就可能获得较多的社会支持。对于寻求社会保障的人们来说，丰富的社会资本可以转化为对他们的帮助，他们就获得了某种程度的

---

① 科尔曼. 社会理论的基础. 北京：社会科学文献出版社，1999：354.
② 林南. 社会资本：关于社会结构与行动的理论. 上海：上海人民出版社，2005：24.
③ 帕特南. 独自打保龄：美国社区的衰落与复兴. 北京：北京大学出版社，2011：7.
④ 同①356.
⑤ 同①369.

保障。"① 因此，社会资本在经济社会发展中有助于增强社会团结，促进社会整合。

格雷戈里·迪斯、杰德·埃默森、彼得·伊柯诺米指出：社会企业资源不仅仅意味着金钱，金钱与技巧、人际关系、知识、诚实和名誉等都只是创造社会价值的工具，而组织资源的关键在于将金钱与无形资源进行转化，资源运用成功的关键在于细心管理和培养社会资本、信用和承诺分享这三个无形资源②。社区资源对社会企业家来说可以看作一种关系网络，"这些关系网络中包含着交流能力和各种各样的才能及知识，这些都可能是促进社会进步的资产"③。可见，培育社会资本、形成社会公信力是社会企业最大的功绩。社会企业不仅在社会资本的产生、维系和积累上扮演了重要的角色，还充分发挥了社会资本的保护性功能。在传统家庭和社区社会资本衰败的情境中，新型的社会企业可被视为一种替代性组织，因为现代社会多元组织治理结构可以为此提供实践场域。

新型的社会企业治理结构有利于创造社会信任、成员互惠和社会团结。第一，社会企业建立了经济为社会价值服务的价值观，激发了社会成员的社会参与意识，对社会价值优先的义利观有一致性认同。第二，社会企业增进、积累和传递了信任。多元利益相关人之间的自愿合作，催生了信任规范，传递信任也培育了广泛的社会信任，获得的组织声望和公信力都是社会资本产出。第三，社会企业建立了组织，搭建了公共交往平台，扩大了社会网络关系，以制度化塑造了"社会之心，商业之手"的组织规范。"整体而言，社会企业提供了社会联结的基础，社会企业家不仅可通过社会网络收获社会资源，弥补资源短缺问题；进一步而言，公共领域也提供了社会企业的发展空间，在满足地方社区需求之余，亦能针对公共议题进行对话，成为部门间重要桥梁。"④ 第四，社会企业倡导不同领域之间合作互惠，形成了含有捐赠、志愿者和市场收入在内的互惠混合资源结构。此外，社会企业超越了非营利组织，

---

① 王思斌. 混合福利制度与弱势群体社会资本的发展//王思斌. 中国社会工作研究：第1辑. 北京：社会科学文献出版社，2002：5.

② 迪斯，埃默森，伊柯诺米. 企业型非营利组织. 北京：北京大学出版社，2008：55.

③ 迪斯，埃默森，伊柯诺米. 社会企业家的战略工具. 北京：社会科学文献出版社，2011：152.

④ 黄德舜，郑胜分，陈淑娟，吴佳霖. 社会企业管理. 台北：指南书局有限公司，2014：116.

形成了新的社会企业组织团体。因为社会价值目标，社会企业涉及许多公共利益议题，特别是在公共福利政策领域，这有可能引起经济与政治领域之间的合作及政策规定的变化。第五，社会企业也是一个社会治理概念。发展治理是社会企业参与社会治理的核心理念。我们说发展治理就是需要打破行政部门分割、社会领域隔离的局面，建立多元主体参与的混合资源结构体系。社会企业的混合治理结构为社会动员和社会参与提供了空间。它本身也因此具有了促进公民参与、诱发民间社会向善和推动社会弱势群体自助的社会资本，推动了基层社区建设。

第四章 光谱视域下的社会企业

社会企业的社会性使命是唯一的，目标是双重的，实现生产和服务的组织形式和工具手段是多样的。尽管因为各种视角和社会企业的区域根植性，人们对社会企业的定义并没有达成一致，但在实践中，很多社会企业相关理论却日益得到应用。

第一节 社会企业光谱理论

在社会企业研究领域，定义、资格认定标准、社会企业组织管理、政策倡导总是围绕着社会企业光谱理论来进行，社会企业光谱理论奠定了研究的概念基础。

一、关于社会企业光谱理论

从组织连续统视角出发定义社会企业，我们称它为社会企业光谱分析。

（一）格雷戈里·迪斯的社会企业光谱理论

格雷戈里·迪斯的社会企业光谱理论最早站在第三部门发展的立场，帮助人们了解从慈善事业到商业企业的连续统中社会部门的经济多样性。他认为，在现代社会中，慈善事业与商业之间的界限变得模糊，有必要为非营利组织管理人和社会企业家提供一个框架，用于创造性地思考社会部门的结构性选择。他提出"社会企业光谱"这一混合领域概念，这一概念对后来关于社会企业的定义产生了巨大影响，研究者们总是围绕这一概念来定义什么是社会企业。

1. 社会企业光谱的内容

格雷戈里·迪斯著名的社会企业光谱概念，描绘了社会企业的范围，即描绘了组织的二元结构区间——纯慈善式和纯营利式，其他组织可能居于两者之间（见表4-1）。

表4-1 社会企业光谱

	选择		
	纯慈善式	混合式	纯营利式
一般动机、方法及目标	诉诸信誉	混合动机	诉诸自利
	使命驱使	使命与市场平衡	市场驱使
	创造社会价值	创造社会和经济价值	创造经济价值
关键性的股东	/	/	/
受益者	无报酬	补助金/全额与无报酬混合	按市场行情支付全额
资本	捐款和补助	低于市场行情的资本/全额与无报酬混合	市场行情的资本
人力	志愿者	低于市场行情的薪资/志愿者与全薪职员混合	市场行情的薪资
供应者	非现金方式的捐赠	特定的折扣/非现金方式的捐赠与市场行情的价格混合	市场行情的价格
管理	自我代理董事会；组织使命约束	委托代理人与自我代理董事混合；董事选区平衡	董事会由企业所有者与产权委员会选举产生；受托责任

资料来源：DEES J G. The social enterprise spectrum: philanthropy to commerce. Harvard Business Review, 1996, 76 (1).

社会企业光谱旨在通过考虑关键利益相关者的性质，为思考社会部门的战略和结构提供一个起点。这个光谱被两个理论极端锚定。

迪斯对光谱进行了如下解释说明。一是在纯慈善式一端，纯慈善机构的运营费用和资金完全依赖捐赠，只使用志愿者劳动，接受实物捐赠，并将产品或者服务捐赠出去。因此，它们可以被认为是一种捐赠-自愿-慈善的机构。在获取投入和分配产出时，这种形式的机构利用了非金钱动机，可以用善意、利他主义或从属关系来描述。货币既不是交换的主要媒介，也不是价值创造的主要衡量标准。一个纯慈善机构的例子是在教堂地下室经营的当地食品分发处，储备着当地超市捐赠给穷人的食品，其工作人员是志愿者。二是在纯营利式一端，纯商业企业通过商品经济市场调节其所有交易。资本是从资本市场筹集的；员工是通过劳动力市场招聘的；供应品是从产品市场购买的，商品是在产品市场上销售的。纯粹的商业交易是在独立的情况下进行的，主要依赖于双方理性的利己利益。货币既是交易的中心媒介，也是价值创造最常用的衡量标准。这种组织形式通常与追求自我目标（为所有者创造财富或为客户创造消费价值）有关。三是位于中间的混合式。在混合式中，与频谱排列时，社会部门包括广泛的混合结构。混合企业的核心运作方式是慈善与营利相结合。大多数社会企业处于这一光谱的中间，表现出不同程度和不同类型的慈善和商业行为。许多社会企业以全价购买物资，收取部分服务费用，雇用带薪员工和专业人员，从银行或通过发行债券筹集资金。混合结构的理念不仅适用于非营利组织，也适用于营利性公司。①

迪斯的社会企业光谱以连续统的方式对社会企业的领域进行了描绘，对动机、方法和目标、受益者、资金投入来源、人员角色组成、定价规则等进行了定义，为社会企业研究提供了理论研究基础。该光谱指出，社会企业位于混合式地带，并且既可以形成非营利型社会企业，也可以形成公司型社会企业。

2. 对社会企业光谱的完善

社会企业光谱概念被提出后，不断得到充实与完善。迪斯从"组织根植于情景"理念出发，进一步区分和完善了非营利组织、商业组织和社会企业的特点（见表4-2）。

表 4-2　　　　　　　　　　社会企业连续光谱

	非营利组织	商业组织	社会企业
特点	纯慈善：非逻辑性给予、不附加条件	纯营利：理性提供服务	介于纯营利与纯慈善之间的连续体
组织目标	创造社会价值	创造经济价值	创造社会和经济价值

---

① DEES J G. The social enterprise spectrum: philanthropy to commerce. Harvard Business Review，1996，76（1）. 迪斯，埃默森，伊科诺米. 企业型非营利组织. 北京：北京大学出版社，2008：13. 社会企业光谱图解释来源于这两个文献。

续前表

	非营利组织	商业组织	社会企业
资金来源	捐赠、政府支持	外部市场	自愿捐赠、公共资金、社会投资、企业自身收入、私人融资、政府补贴
组织文化	慈善文化：自发的博爱、牺牲、捐赠、缓解痛苦、关心人们	解决问题的文化：理性、投资、市场、解决问题、赋权给人们	慈善文化与解决问题的文化兼具
组织基础	非营利组织的相关法律	从事教育和研究的商学院，以及许多为商业组织提供支持的协会	需要类似于服务商业组织的协会
服务性质	不收取费用，将服务当作纯粹的礼物	收取费用，以营利为目的	混合非营利性和营利性的元素
不足之处	缺乏理性；增加节俭压力；缺少价值能力建设导致难以吸引和留住人才；危及受助者自尊	缺少社会效益	缺乏支持；将社会目标和经济目标协调有困难；很难扩大规模

资料来源：DEES J G. Enterprising nonprofits. Harvard business review, 1998, 76 (1). DEES J G. Taking social entrepreneurship seriously. Society, 2007, 44 (3). DEES J G. A tale of two cultures: charity, problem solving, and the future of social entrepreneurship. Journal of business ethics, 2012, 111 (3).

社会企业连续光谱分析更加明确了根植于环境中的三种组织形式的组织目标、资金来源、组织文化、组织基础、服务性质和不足之处。处于混合区域的社会企业，以创造社会和经济价值为组织目标，在服务性质上，非营利性和营利性元素混合。比如，传统的感性慈善文化与现代的理性管理效率文化相结合，捐赠与市场服务收费相结合，"只不过慈善是一种美德，关注的是行动者的关心动机和牺牲自己利益的意愿。它没有提及行为的后果，只是说行为出于爱或同情。相比之下，解决问题是一种技能，而不是一种美德。它是工具，既可以用于好的方面，也可以用于坏的方面。它的价值在于用来实现什么。它的道德美德是通过结果来判断的"[①]。所以，社会企业兼具双重性

---

① DEES J G. A tale of two cultures: charity, problem solving, and the future of social entrepreneurship. Journal of business ethics, 2012, 111 (3).

的文化价值观是具有选择性的。但是，社会企业存在缺少支持、规模难以扩大等问题。社会企业也需要像行业协会一样的组织作为自己的组织基础，为社会企业争取资源、制定共同认定的规范和准则，监管和扩大公信力。社会企业家们也在通过不断地探索广泛的合作联盟、劳动收入策略、新的商业模式、私人融资市场创新等扩大内部资金来源，并向政府提出参与调动资源扩大外源性资金支持的政策要求。

（二）李·戴维斯和妮科尔·埃查特混合光谱中的社会企业

李·戴维斯和妮科尔·埃查特是社会企业的先驱者，是成立于 1997 年的新兴社会企业市场 NESsT 的联合创始人，致力于改善社区脆弱人群的生活。他们认为，社会企业是一项事业，它的创建是以财务上可持续的方式，促进社会目标的实现。从单纯慈善到完全商业化的区隔之间存在四种非营利和营利组织的混合组织（见图 4-1）。混合组织重视强调社会企业混合逻辑的功能。社会企业的跨部门特性能有效提高混合逻辑的贯通性，将过去分化的各种资源重新聚拢到一个中心，形成组织向心力，从而提升混合价值的作用。

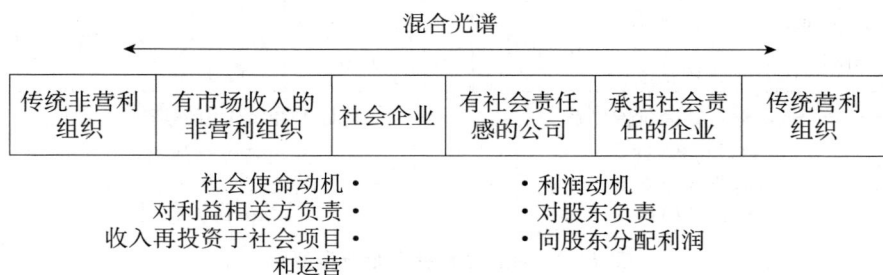

混合光谱

传统非营利组织	有市场收入的非营利组织	社会企业	有社会责任感的公司	承担社会责任的企业	传统营利组织

社会使命动机·　　　　　　　·利润动机
对利益相关方负责·　　　　　·对股东负责
收入再投资于社会项目·　　　·向股东分配利润
和运营

图 4-1　混合光谱模型

李·戴维斯和妮科尔·埃查特认为，所有混合组织都能产生社会和经济价值，并且与以下因素的程度相关，包括动机、责任和收入的使用。

混合光谱从传统营利组织和传统非营利组织两种纯粹组织形态出发，划分了包含四种类型的混合实践者，分别是有市场收入的非营利组织、社会企业、有社会责任感的公司和承担社会责任的企业。谱系中倾向于传统营利组织一端的混合组织类型更多地体现出营利组织的特征，虽然它们也创造社会价值，但是它们以利润为动机，对股东负责，将利润分配给股东。谱系中倾向于传统非营利组织一端的混合组织类型更多地体现出非营利组织的特征，它们以社会使命为动机，对利益相关方负责，收入再投入组织发展本身。重要的是，混合光谱对非营利组织和营利组织做出了更为细致的社会与经济介入程度的分类，既展示出非营利组织在市场方面的递进，又展示出营利组织在社会性方面的递进，同时呈现出二者趋于社会企业的进路。

（三）金·奥尔特可持续战略中的社会企业类型

金·奥尔特的可持续性社会企业类型图^①（见图 4 - 2）描述的是站在可持续发展价值观的角度对商业公司未来的发展做出的期待，在高度现代化的社会发展中，保持经济、社会和环境的可持续发展变得极为重要，其语境中的"社会"更倾向于公司要创造更多的社会价值，也能够创造更多的社会价值。该类型划分对后来的研究者产生了较大的影响，研究者根据此社会企业类型描述，不断地修正和阐释社会企业相关观念，特别是站在公司的角度进行的修正和阐释。

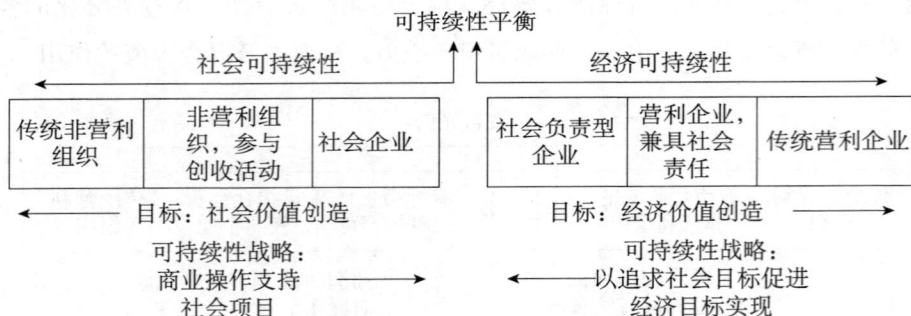

图 4 - 2　可持续性社会企业类型图

图 4 - 2 中的可持续发展是指社会可持续性和经济可持续性的可持续性平衡关系，其中的"社会"包括环境保护等社会公共利益在内。作为三元社会结构分类下的社会部门和经济部门的组织载体，传统非营利组织和传统营利企业都要在人类社会可持续性平衡关系上做出改变。传统非营利组织的可持续战略转变为发生了商业操作支持社会项目的创新改变，而不是仅仅依赖捐赠。变化的重要特征是从以前只接受捐赠到参与创收活动再到转变为进行市场营收的社会企业。传统营利组织的重大变化是从原来的血汗工厂逐渐发展

---

① ALTER K. Social enterprise typology. Virtue Ventures LLC，2007：14.

为被动承担社会责任的营利公司、保护社会利益从而维护经济的可持续发展的商业公司，直到发展为以社会目标为使命的社会负责型企业。在传统的市场失灵论中，非营利组织和营利企业在目标方向上各执一端，而在可持续性平衡光谱中，二者在社会价值创造和经济价值创造目标上逐渐聚拢。非营利组织逐渐采用商业操作手段增强自身能力，营利企业也被要求考虑追求长远的社会目标与实现经济目标的效益一致性。

金·奥尔特指出："社会企业被定义为任何为实现社会目的——缓解、减少社会问题或市场失灵问题——而创建的企业，并在具有私营部门企业的财务纪律、创新和决心的情况下运营，以产生社会价值。社会企业利用企业家精神、创新和市场方法来创造社会价值和改变，通常具有以下特点。第一，社会目的：通过解决社会问题或市场失灵问题而产生社会影响和改变。第二，企业方法：利用商业工具、企业家精神、创新、市场方法、战略导向、规章和营利企业的决策。第三，社会所有权：以公共产品和管理为重点，虽然不一定体现在法律结构上。在组织结构上，社会企业既可以是一个组织中的一部分，也可以是一个独立的法律实体，既可以是非营利的子公司，也可以是营利的子公司。社会企业的目标是：第一，为组织的社会项目或运营成本提供额外的资助机制；第二，支持组织使命的可持续规划机制。无论目标为何，商业成功和社会影响都是相互依存的。"[1] 社会企业既是真正在组织内部贯通混合结构的组织，也是回应可持续发展创新的组织。

（四）弗洛伦蒂·玛丽埃尔·罗思和英戈·温克勒的二维利润——社会混合组织

弗洛伦蒂·玛丽埃尔·罗思和英戈·温克勒继承了金·奥尔特的公司向社会价值目标的持续改进立场，从可持续发展理念的视角提出混合组织图谱，并进行了创新发展（见图 4-3）[2]。

在罗思和温克勒的坐标图中，纵坐标是传统非营利组织，代表着社会使命动机；横坐标是传统营利组织，代表着利润动机。混合企业把利润-社会理解为相互独立的组织维度，在一个组织里，二者之间是缺一不可的功能性维

---

① ALTER K. Social enterprise typology. Virtue Ventures LLC，2007：18.
② 罗思，温克勒．共益企业家．北京：经济管理出版社，2018：19-20.

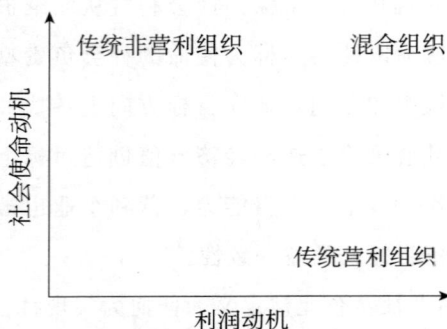

利润－社会图谱中的混合组织

图 4 - 3　利润-社会混合组织坐标图

度关系，而不是非此即彼、相互排斥的关系。新兴的混合组织被表示为能够超越把二者截然分开的情形，因而，社会企业的概念也超越了把利润-社会截然分开的做法。二维利润-社会混合是一种组织结构性的混合，而不是以往光谱的程度分离的混合描述。这个创意以"融合的价值理念"[①] 为核心思想，认为所有的投资行为都同时发生在社会、经济和环境领域，三者并非交替换位关系，而是共同追求一个价值取向——社会目标、经济目标和环境目标的融合，三者不能分离。因此，在一个资本市场中创造的价值可以说是一种混合的价值。他们批评了李·戴维斯和妮科尔·埃查特的非营利-营利两分的方法，继承了混合组织图谱的概念，绘制了利润-社会图谱中的混合组织[②]，提升了对混合式的解释，力图给予社会企业一种创新性解释，将受到争议的共益企业作为结构性混合的社会企业进行定义，从公司的社会价值和经济价值融合的维度将社会企业扩大为共益企业。共益企业形态的提出是对企业社会责任的迭代升级，并进一步引出社会创新型公司的形态。

　　由此，可持续发展理念下的社会企业被定义为价值融合企业，其内在动力受社会创新、社会企业家精神和企业式解决方案驱使，是利润、社会和环境三位一体的组织，具有高尚的企业伦理和道德情操。它不仅对企业社会责任进行了超越，同时也扩大了社会企业的范围。

---

①　EMERSON J. The blended value proposition：integrating social and financial returns. California management review，2003，45（4）.

②　ROTH F M S, WINKLER I. B corp entrepreneurs：analysing the motivations and values behind runing a social business. London：Palgrave Macmillan，2018：13.

二、基于光谱理论的社会企业定义和标准

欧洲社会企业研究网络（EMES）关于社会企业的定义和标准具有较大的影响。该定义兼顾了美国社会企业赚取收入派和社会创新派双方的视角[①]，依据理论和数据结果，比较了欧陆各国的历史传统和对社会企业实践的认知，结合了经济学、社会学与管理学等不同学科的对话得出研究结果，为社会企业制定了一套清晰的指标和指南。

（一）EMES 的定义描述及其标准

EMES 是联盟性质的学术团体，提出"社会企业可被视为一种有着多重目标、多元利害关系人以及多样资源来源的组织"。该组织还提出了衡量社会企业经济方面和创业精神的三项原则（见表 4-3）、社会企业在社会层面的标准（见表 4-4）和社会企业治理特殊性的四个指标（见表 4-5）[②]。这一定义及其后续的相关原则和标准，强调了首要的社会使命、可持续的生产与服务对社会使命的作用、经济风险、组织治理结构和社会创新，以及需要通过公共政策推动的路径。根据这一定义，EMES 给出如下具体的原则和衡量标准。

EMES 提出了衡量社会企业经济方面和创业精神的三项原则：在生产财货和销售服务上是一种持续性的活动、需要承担显著的市场风险、需要聘用有最低数量的付薪员工。

表 4-3　　　　EMES 衡量社会企业经济方面和创业精神的三项原则

在生产财货和销售服务上是一种持续性的活动	社会企业直接涉足财货的生产或给人们提供服务。财货或服务的提供是社会企业存在的一项重要理由。
需要承担显著的市场风险	建立社会企业组织需要全部或部分承担输送这些相关活动而面临的风险。不像多数的公共部门或机构，社会企业的财务健全能力依靠其会员或职工的努力，以获取适当的资源来维系组织的生存。
需要聘用有最低数量的付薪员工	社会企业组织也结合了货币与非货币的资源、支援性工作人员与付薪员工。其活动业务的推动需要聘用最低限度的付薪员工才有可能。

---

① 徐君. 美国社会企业家界定的双重向度及其启示. 中国第三部门研究，2013（5）.

② DEFOURNY J，NYSSENS M. Conceptions of social enterprise and social entrepreneurship in Europe and the United States：convergences and divergences. Journal of social entrepreneurship，2010，1（1）.

在社会层面上，社会企业要具有一个明确的有益于社区的目标以实践社会使命，并且社会企业是由一群公民倡议发起的组织，维护集体的利益。

表 4-4   社会企业在社会层面的标准

具有一个明确的有益于社区的目标	社会企业的其中一个非常重要的目标即服务社区或服务一个特定群体，因此，社会企业的一个特色在于其意图在地方社区去宣导并实践社会责任的理念。
由一群公民倡议发起的组织	社会企业组织的存在是集体能动的结果，亦即是由社区民众或共享某种需求或目标的团体所发起的组织，因而社会企业必须运用某种方式来维系这种集体能动的存在。

EMES 还提出了社会企业治理特殊性的四个指标，包括：高度的自主性；决策权的分配非基于持股的多少；民主参与的本质，即受活动影响的各类不同行动者都有参与的权利；有限度的利润分配。

表 4-5   社会企业治理特殊性的四个指标

高度的自主性	由有共通的理念的人志愿性地组成，且在一个自主地方业务架构下，由这些成立该组织的人治理。据此，社会企业也许依赖公共部门的辅助款，但其并未直接或间接地由政府机关或其他公司（如营利的私人企业公司）予以经营管理；同时，其也有退出的权利。
决策权的分配非基于持股的多少	社会企业决策投票权的分配并非依据出资多寡。资本的拥有显然对社会企业的运作是很重要的，但是在社会企业里，治理体制的决策制定权是与其他利益关系人共享的，即需遵守"一人一票，一票等值"的民主定律。
民主参与的本质	受活动影响的各类不同行动者都有参与的权利。消费者的代表与参与、利益关系人取向，以及民主的管理风格是社会企业重要的特质。
有限度的利润分配	社会企业组织不仅包括那些严格遵守利润不得分配原则的组织，也包括在有些欧陆国家的合作社这类组织，这类组织在有限程度里分配利润，同时也要避免产生利润极大化的行为。

（二）一般社会企业的官方认定标准

从社会企业的认定标准能够更加具体地认识社会企业的普遍特征，以区别于商业企业和社会组织。社会企业的官方认定标准是社会企业登记的必要条件，它与官方定义和法律定位相一致，是官方定义的操作化和具体化。一般来说，社会企业的官方认定标准主要包括组织目标、收入来源、利润分配、资产处置、治理结构等五个维度（见表 4 - 6）。

表 4 - 6　　　　　　　　　　　社会企业的官方认定标准

五个维度	具体内容	认定
组织目标维度	以为弱势群体创造工作机会为目标 以广泛的社会利益为目标	强调社会价值目标优先性
收入来源维度	规定收入中来自商业活动的比例 规定社会企业应进行商业活动	强调来自市场的商业性
利润分配维度	不允许利润分配 限定利润分配的最高比例 利润分配不受限制	利润性质中有非营利性
资产处置维度	资产归社会所有 可以分配一定比例的资产 资产自由处置	财产所有权中有非营利性
治理结构维度	利益相关方参与决策（多方利益相关者参与，员工和成员参与，规定个人的投票权） 公司式的治理结构，由股东进行决策	不同治理结构权的社会性

资料来源：王世强. 社会企业的官方定义及其认定标准. 社团管理研究, 2012 (6).

（三）中国关于社会企业的认证标准

中国的社会企业具有中国的成长和发展环境，经过近十年的发展，形成了由行业组织主办的比较完善的认证指标体系。

1. 中国社会企业行业认证标准体系

中国社会企业行业认证标准体系给社会企业的定义为：以解决社会问题为首要目标且有制度确保社会目标不漂移；其管理团队具有明显的社会企业家精神，能通过可持续发展的方式解决社会问题，同时其社会价值和经济价值是清晰的、可测量的。据此，社会企业行业认证标准提出了一个注册前提、四维认定标准。四维指标包括社会使命、社企利益相关方、价值创造与利润分配、环境与可持续发展（见表 4 - 7）[①]。

---

① 2012 年，民政部、国务院国资委、全国工商联、广东省政府、深圳市政府等主办单位联合创设中国公益慈善项目交流展示会（简称中国慈展会，英文名称 China Charity Fair，简称 CCF）。中国慈展会最早推出对社会企业的认定。社会企业行业认定脱胎于 2015 年开始的中国慈展会社会企业认定，也是中国第一个民间性、行业性的社会企业认定办法，具体认定执行工作由社会企业认定平台负责。2015 年，社会企业认定平台推出了中国社会企业行业认证标准体系。

表 4－7　　　　　　　　　社会企业行业认定标准

认证条件	具体规定	涉及方面
社会使命	社会企业识别，创始人特质，使命声明与公开，使命锁定与优先，利润分配，资产锁定	使命和社会公共利益优先性、分红限制
社企利益相关方	选择利益相关方，员工、客户、供应商参与，社区、政府、股东、行业参与	治理结构
价值创造与利润分配	商业模式，核心竞争力，公司治理，发展能力，创新能力，盈利能力	商业实践能力
环境与可持续发展	特定行业与非特定行业的组织生态，环境管理与影响，办公与设备，能源、资源保护等	可持续利用造福社会和后代

社会企业认定平台（CSECC）对于社会企业认定的注册范围和组织法律形式规定为：依照《中华人民共和国公司法》及其有关规定发起设立的有限责任公司；经依法登记注册的社会团体、民办非企业单位；按照《中华人民共和国农民专业合作社法》依法设立的互助性经济组织。上述机构应登记注册成立并运营满一年及以上，认同社会企业理念，具有健全财务制度，实行独立核算。

社会使命和社企利益相关方综合指标反映了社会企业家精神，体现为创新性、整合性和变革性程度；社企利益相关方指标反映了治理结构的分类；价值创造与利润分配指标反映了社会企业有效率的商业实践模式；环境与可持续发展指标表现了对环境问题的注意力和对企业社会责任的关注度。四个指标的评价落实在对社会企业的经济价值、社会价值和环境价值三方面的追求上，可以看出社会企业认定平台采取的是广义的社会企业定义。

2. 地方社会企业认证

成都市社会企业认证在不断借鉴其他国家和地区的认证指标的基础上，立足成都市社区建设和发展需要，制定出细致、完善的认证指标[①]。成都市社会企业是"指经企业登记机关登记注册，以协助解决社会问题、改善社会治理、服务于弱势和特殊群体或社区利益为宗旨和首要目标，以创新商业模

---

① 成都市社会企业评审认定工作由成都市市场监督管理局委托社会第三方机构依托成都市社会企业综合服务平台进行。社会第三方机构根据《成都市人民政府办公厅关于培育社会企业促进社区发展治理的意见》（成办函〔2018〕61号，已废止）、《成都市工商行政管理局关于发挥工商行政管理职能培育社会企业发展的实施意见》（成工商发〔2018〕25号）、《成都市社会企业评审管理办法》（成市监党组〔2019〕72号），并结合成都市实际需要制定了《成都市社会企业培育发展管理办法》。社会第三方机构负责评审认定工作的技术支持和具体执行。

式、市场化运作为主要手段，所得盈利按照其社会目标再投入自身业务、所在社区或公益事业，且社会目标持续稳定的特定企业类型"。基于此，《2021年成都市社会企业评审认定手册》设定了包含基本信息、信用状况、合规经营、目标任务、经营管理、社会参与、社会效益、财务与可持续发展能力、创新性等指标的全面指标认定体系（见表4-8）。这个体系是目前我国地方政府主导下的最为完善的具有地方需求偏好的认定标准。

表4-8 《2021年成都市社会企业评审认定手册》核心内容

条件	涉及内容	具体规定
基本信息	考察认定企业的注册年限和全职人数	法定登记机关 主体形式为有限责任公司、股份有限公司、农民专业合作社、社会组织转型企业 注册时间规定和连续运营时间规定 全职受薪人数
信用状况	考察认定企业的信用	良好的信用记录 无法院强制执行信息及各类违法失信行为
合规经营	考察认定企业的规范治理	按时缴纳社会保险 依法按时纳税
目标任务	考察所在地区认定企业的社会目标明确性、社会目标优先性和社会目标不漂移	弱势群体帮扶基本民生服务、社区服务和公共项目、农民普惠性小额信贷、碳中和等环境保护、社会创新技术支持等 有明确的社会目标，明确承担其相关社会责任，包括但不限于对利益相关方负责、对环境友好、对社会有益 章程中有特别保障企业社会目标的制度设计
经营管理	机制完善	管理机制完善，企业架构清晰，相关利益方清晰，企业控制人结构清晰
	治理透明	相关公司治理结构、产品信息等对外公示。主动向社会公开企业所承担的社会责任、开展的公益活动、业绩、利润分配情况等信息 股东会增加未出资员工和公共利益代表
	团队状况	有稳定的、高效的、有经验的团队成员
社会参与	各类社会力量参与	跨界资源整合共同解决社会问题。有效配置政府、企业、志愿者、媒体等社会资源，共同参与解决社会问题

续前表

条件	涉及内容	具体规定
社会效益	有明确的社会问题解决成果	有可测量的证据显示其创造的社会价值，内容包括企业投入情况、企业产出情况、社会问题改善数据、年度受益人数、资源节约、环境友好、员工保障、社会影响等
	针对社会目标的分红条款	对章程中与企业社会目标相关的利润分红条款、分红承诺等有明确注明 全年利润的部分用于支持其社会目标等
	资产锁定	企业在清算或解散时，在满足偿还所有的债务和责任（包括但不限于员工薪酬、供应商欠款等）后，尚有剩余资产的，建议成员或股东按自愿原则将剩余资产赠予或转让给其他与本公司目标相似的社会企业、社区基金会、慈善组织
财务与可持续发展能力	清晰的、有价值的产品或服务	有清晰的、任何第三方都能理解的、符合市场与需求逻辑的、有价值的产品或服务
	市场竞争能力	有清晰的商业模式或运营模式能证明机构的可持续运营能力。包括但不限于产品或服务说明、价格体系、收入证明、市场占有率、客户反馈等，证明机构拥有一定的市场竞争能力和核心能力
	财务资料合规性	能提供财务报表 成立不满两年的企业可提供自成立至今的资产负债表、利润表及现金流量表 能提供第三方审计机构提供的上一年度审计报告
	财务可持续性	收入来源比例：提供近一年内的企业财务报表、项目信息、销售合同、回款证明等，说明企业收入来源于商业或经营性收入（包括竞争性政府采购部分）的比例（一般不低于60%）及财务可持续性
	外部资源获取能力	资源获取包括获得捐赠、资助、投资、借款、志愿服务、物业、空间、技术、授权等
创新性	模式创新	创业支持、市场中介、雇佣、服务收费、低收入人群导向、合作社、市场链接、交叉补贴、组织支持等

第二节　社会企业的概念和特征

　　国内学者关于社会企业概念的一项定义研究（2005—2016 年）表明，人们对社会企业的直接定义和引用国外定义共有 71 条之多[①]。尽管对社会企业的定义在国际、国内都没有达到学术上的一致，但社会企业概念仍然流行开来，尤其是社会企业光谱理论为学术界提供了概念认同基础。在实践上，穆罕默德·尤努斯创立的孟加拉国格莱珉银行是社会企业实践的典范。在现实中，许多国家会根据本国情况在政策法律上给出关于社会企业具体组织形态的定义。因此，我们有理由相信社会企业是存在共同性的。世界著名的社会企业家、经济学家、诺贝尔奖获得者穆罕默德·尤努斯指出，经济学家所构建的"人在经济生活中只会追求私人利益"的企业理论假设是错误的，"从人性上看，社会需要两类企业，一类为了私利，另一类则致力于帮助他人"，"我把基于人性无私这种特质的第二类企业称为社会企业"，"社会企业可以被描述成完全致力于实现某一社会目标的'无亏损、无红利'的公司……视为一个以解决某一社会问题为目标的无私企业。在此类企业中，公司创造利润，但无人瓜分这笔利润"，"企业所有者经过一段时间能收回的只是投资"[②]。需要强调的是，社会企业不同于非营利组织，社会企业有投资者和所有者，其投资者和所有者不赚取利润或利润分流或从事低利润服务，但投资者可以在恰当的时候收回投资本金[③]。社会企业也不同于商业机构，社会企业的目标是利用企业模式——包括生产和销售产品或服务——来解决社会问题或为公共利益服务。

一、社会企业的概念

　　基于对社会企业的共性描述，社会企业是指在现代市场经济中，以追求

---

　　① 周红云，宋学增.透视社会创新与社会企业：探索中国社会发展路径.北京：中国社会出版社，2016：15－30.

　　② 尤努斯，韦伯.企业的未来：构建社会企业的创想.北京：中信出版社，2011：XV－XVI，3－5.

　　③ 同②3－5.（本章在此处增加了"利润可分流或从事低利润服务"的观点。）

社会价值为目的的运用商业手段解决社会问题的社会经济组织。社会企业具有社会性与经济性双重属性，是提供特定社会问题的市场化解决方案的组织实体。社会企业具有广义和狭义之分。广义的社会企业一般指针对广泛的公共利益开展的社会责任目标和经济目标结合在一起的市场化程度较高的社会融合组织，诸如公益组织、绿色组织、公益创业、社会创新、社会影响力投资等议题。狭义的社会企业是指为解决民生经济领域中因社会保障不足而产生的特定群体或特定社会问题而组织生产经营或服务的社会经济实体，包括针对特定弱势群体、低收入家庭和不发达社区开展的就业支持、反贫困、生产自救、社区服务、养老、子女教育、家庭生计维护等等行动。其中，工作整合性社会企业和合作社经济是社会企业的典型代表。

社会企业的概念界定虽然比较抽象，但都基于对组织所处光谱的一致性认同。造成社会企业定义繁多的核心问题是在较宽阈值范围内如何定义"社会性"。因为"社会"一词本身包含丰富而宽泛的内容，在不同制度环境和资源环境下，"社会性"呈现出来的面向也不同，所以，在各个国家的法律法规政策或认定标准的具体条文中，社会企业的具体定义各具姿态。

所有的组织都根植在其社会环境中，社会环境中的"现有的认知模式、关系模式和文化规范为组织行动提供了潜在机会来源以及约束"[1]。从社会企业的定义中，不仅可以反映出多种多样受环境根植性约束的社会问题，如就业问题、减贫问题、环境问题、福利生产问题、社区福利问题、弱势群体照护问题、健康问题、教育问题等等，也可以反映出重心各不相同的具体定义和认证标准。但是，无论具体定义是怎样的，它们都能够统一在社会企业光谱理论的区域认同之中。除此之外，在社会企业光谱阈值之间，"社会性"和"经济性"程度呈现区域间流动状态，而区域中的具体组织定位是由区位决策主体根据所占有的区位因素和支持组织运行的文化、认知、网络和政治制度等资源情况选择的。因此，社会企业的操作化定义也因在组织区域之间的区位选择的差异而呈现出多样化情形。

社会企业的概念包含了价值理性和工具理性以及二者之间的关系。在社

---

① KISTRUCK G M, BEAMISH P W. The interplay of form, structure, and embeddedness in social intrapreneurship. Entrepreneurship theory and practice, 2010, 34 (4).

会企业的双重性特征中，"以解决社会问题为使命和宗旨"反映了社会企业的价值理性追求，即价值理性解决社会企业"为什么"和"做什么"的问题，而"如何做"的问题离不开工具理性的支撑。通过商业经营手段和市场机制获得利润的经济目标是对社会企业工具理性的表达。从工具理性为价值理性服务的原则出发，实现社会企业的经济目标是实现其社会价值目标的手段。因此，社会价值优先规定了社会企业与社会性目标的关系，商业运作决定了可获得资财的组织形式。

二、社会企业的特征

社会企业的共同特点是追求社会和经济双重价值的可持续性平衡、所在空间的特定性关系和多元主体互惠性，强调社会合作、互助共享、可持续发展的意义体系。

（一）社会目的和企业化运作

社会目的指在商品经济市场中，社会企业以解决社会问题而非私人利润最大化为价值取向的特点。社会价值取向表明社会企业的本质属性，社会性和经济性的双重性体现了社会企业的战略目标和行动策略。

社会性来源于社会企业的使命和文化价值观。社会企业不同于一般的商业利润企业，它是在主观意愿上锁定社会价值目标优先性的经济行为，以企业方式推动实现社区利益和社会利益，而不考量分配利润，盈余用于自身事业发展。正因为其社会性体现的社会公平价值观和增进社会团结的意义，社会企业得到了政府的政策或财政支持。社会企业的价值理性具体体现在社会企业使命、社会企业家精神和公民社会责任三个方面。

经济性来源于社会企业的生产性特征。有生产和服务，就必然要在市场经济中进行企业式管理和运作，要付薪水给员工，要承担经济风险，要有能力在市场竞争的环境下获得利润。反观慈善组织，其虽有社会使命，但没有从市场中获取可支配收入的经济模式，因此，慈善组织不属于社会企业。经济性还体现在社会企业创造了收入，从而增加了经济总量和减少了国家财政福利支出方面。

（二）区间社会企业区域性组织空间特征

区间区域性是社会企业的组织区位属性。从组织环境的角度来看，社会企业的核心特征在于其作为区域组织而存在。组织社会学认为，区域组织是指"一组在共同领域内运行的组织，这一领域有组织间的联系及共同拥有的文化准则和意义体系"①。与以往不同，社会企业反对把本质上连片成带的组织粗暴地一分为二的做法，而选择以光谱进行定义。就像光谱概念描述的那样，社会企业的区域位于纯慈善式与纯营利式、传统非营利组织与传统营利组织之间。作为区域组织结构，它的灵活性、柔韧性较强，可以适应来自利润动机和社会使命动机不同面向的资源竞争情况，从而使区域中各利益中心得到适应性发展。正是因为社会企业位于社会领域与经济领域的交互地带，所以，它才能够借助混合区位优势把市场利益与社会利益、社会价值与企业化手段协调在一起。可见，混合区位为社会利益的市场化提供了可行性、现实性和可操作性。社会企业作为区域组织的属性，也决定了社会企业的多重目标、多元参与、多种资源整合等诸多特点。

（三）互惠性特征

区位特征使社会企业成为可以拥有多种资源的组织，从主体间社会网络关系来看，社会企业与企业、非营利组织和政府存在交叉关系，异质性组织间相互依赖的资源关系比较多元。在多种资源混合使用的情形下，互惠性仍然反映了社会企业的特性。互惠性本意是指"自然赠予和互换赠予"，"是指适当回应，而非数学意义上的等量"，"倾向于物物交换"②。首先，社会企业的互惠性存在于经济交换多元化的形式之中，"经济交换原则多样性，即它不仅限于市场原则或是再分配的原则，而且包括家庭经济以及互惠性原则"③。现代市场经济中混合了市场资源、非市场资源和非货币型资源，对应了销售服务、公共补贴再分配、赠予和志愿服务资源分配类型。互惠资源的使用是社会企业保持内部经济平衡的杠杆。其次，社会企业可以混合使用市场销售资源、政府财政再分配资源、投资收入、赠予、志愿者人力资源、实物等多种互惠资源，上述各类资源来自个人、私营部门、公共部门和第三部门，而不仅仅来自市场。最后，在社会企业的多种混合资源组合中，互惠资源还包括社会关系网络资源、非货币薪资。社会关系网络资源主要表现为，人们在

①　斯格特. 组织理论：理性、自然和开放系统. 北京：华夏出版社，2002：116.
②　尼森. 社会企业的岔路选择：市场、公共政策与市民社会. 北京：法律出版社，2014：124.
③　同②.

购买社会企业的产品和服务时，因为对社会政治目标的支持而进行"庇护性购买"、行政动员等。诱因理论就非货币薪资互惠资源解释了社会企业的内在吸引力。社会企业的薪资也分为货币薪资和非货币薪资两种，货币薪资一般低于市场行情，但是社会企业独有的非货币薪资（如弹性工作时间、能够提供实现社会目标的机会和促使利益相关者持续参与运行），可以吸引员工加入[①]。具有多种不同资源禀赋可以算作社会企业的经营优势。

（四）多元利益相关者治理

社会企业一般由公民个人、企业公民而非国家和政府创办。营利企业遵循"投资者即为所有者"原则实行股东制治理，非投资者不能参与决策。与营利企业不同，社会企业遵循"利益相关者参与"治理原则，允许和接纳各个利益相关者而不仅仅是股东或投资人参与组织内部治理，讨论组织的战略发展及决策问题。社会企业的多元利益相关者包括受惠者、支持者、合作者、资金提供者、创办人、社区和家庭等。此种治理结构的形成与社会企业所处的环境有关。利益相关者参与社会企业治理不仅是一种组织资源动员策略，也是增强组织合法正当性的需要[②]。总之，追求社会价值的多元力量和实现目标的组织资源共同形塑了多元利益相关者参与社会企业治理的结构。

三、社会企业的外延和分类

根据社会企业概念的内涵、属性和特点，社会企业的外延呈现为连续的区间整体。

（一）社会企业光谱表明社会企业是一类组织集

社会企业光谱是一个区间概念，它的主体类型吸纳了两大类组织集合：一类是非营利型社会企业集合，另一类是企业型社会企业集合。在实践中体现为：无论是哪种形式，社会企业既有在工商部门注册的，也有在第三部门或者政府委托或专属部门登记注册的，还有许多国家对社会企业根据制定的标准给予认定，而不是注册。企业型社会企业一般采取个人、私营、合伙制、

---

① 黄德舜，郑胜分，陈淑娟，等．社会企业管理．台北：指南书局有限公司，2014：116.

② 官有垣，陈锦堂，王仕图．社会企业的治理：台湾与香港的比较．台北：巨流图书公司，2016：40－48.

股份有限公司形式，非营利型社会企业既有采取公司类型组织形式的，也有采取合作社、协会、社会组织、民办非企业单位组织形式的。总之，多种组织形式反映了社会企业组织集的特点。

（二）从主体类型上，社会企业可具体分为非营利型社会企业、公司型社会企业和混合社会企业

非营利型社会企业引入了企业精神，对其的划分根据的是社会企业的市场经济行为特点，即经济属性中具有商业活动的能力和能够获取利润盈余，以经济收益支持社会目标。由社会组织、非营利机构、协会、互助组织等转型而成的非营利型社会企业，一般比较依赖公共采购、定向捐赠、公众筹款、服务收费等偏向传统的筹资方式，与政府和公共基金会的关系比较密切。

公司型社会企业引入非营利组织的使命和公共精神，对其的划分根据的是社会企业的社会属性，即保护社会利益的领域和贡献程度，比如利润中分配给社会利益的比例、雇佣就业困难群体、组织社会保障不足的贫困群体生产、经营含有公益性的回报率低的业务等。工作整合型社会企业、合作社和公平贸易组织一般具有较强的市场运营能力，偏向从商业活动中获取较多的利润，支持民生社会问题的解决。

混合社会企业是从社会性和经济性双重属性融合角度产生的社会创新企业，是一种新经济公司，比如公益公司。混合社会企业反映了社会企业家对未来社会改变的追求。秉持着财富使社会更美好的价值观和尊崇"共享价值"的理念，社会企业家认为企业更有能力改变社会，而不是造成社会矛盾和贫富两极分化。所以，他们力图以社会创新将社会、环境和经济三重价值融合在企业的使命和行动之中。混合社会企业"这类企业追求三重底线：企业要同时创造经济、社会和环境价值，它有可能提出解决当今最为紧迫的社会和环境问题的具体的、可持续的方案"[①]。但是，人们认为，混合企业与企业社会责任不相区分，对此仍然存在不同的看法。

（三）从组织形态上，社会企业可呈现为单个社会企业单位、社会企业联营和社会企业联合体形式

社会企业既可以是独立单位的形式，也可以为了吸纳不同类型的资源，

---

① ROTH F M S, WINKLER I. B corp entrepreneurs: analysing the motivations and values behind running a social business. London: Palgrave Macmillan, 2018: 20.

与其他组织建立平行对等的组织联结关系，形成联营，还可以发展出多元主体共治的跨组织联盟，形成多元利益相关者参与的以某个主体为核心的联合体。社会企业联营或联合体多呈现松散型联合结构，组织形态同社会企业的"利益相关者参与"治理结构相互照应。联营形态是组织各方依据合同或协议，在一定时间内建立比较稳定的委托协作关系，各自独立经营，各自独立承担市场风险和责任，权利和义务由合同或协议约定。联营各方没有共同出资，没有组成新的经济实体。此外，社会企业在经营形式上与其他公司一样也会采取实体组织和网络组织形式。

（四）从福利与经济的交叉上，社会企业的发展路径可分为社会经济和社会创新

社会经济和社会创新都是由于市场力量越来越强大，因此借助市场力量发展社会企业的路径。社会经济主要面向福利经济市场，强调社会企业反对社会排斥，创造工作机会，培养工作技能，吸纳弱势劳动力进入或重新进入劳动力市场的经济保护措施。其重点强调帮助受商品经济市场排斥的低技术群体重新获得工作机会，解决失业及贫穷等社会问题，同时，发展社会经济也必然会减少福利开支，增加经济贡献。一般来说，社会经济被视为社会企业的传统领域。

社会创新更多地倡导新发展理念，更多地面向公共利益领域，强调社会企业家作为变迁的推动者的关键作用。社会创新注重通过新思维、新理念和新设计推动社会改变，重心不在社会企业本身，而在新社会价值的活动和社会创新设计，引导一种商业向善的模式。具有社会创新的社会企业家精神融合了慈善家特质、企业家创新精神和公民社会责任感，他们善于发现解决社会问题的新的市场机会，是实现新发展理念的推动力。在实践中，社会创新备受商学院追捧，常常受到基金会的大力支持，如创新的服务、创新的服务品质、创新的生产要素、创新的生产方法、创新形式的组织或新市场[1]。社会企业通过创新转化经营模式转化的思路能够突破传统的修补方式，满足公益市场的需求。

---

① 官有垣，陈锦棠，陆宛苹，等. 社会企业：台湾与香港的比较. 台北：巨流图书公司，2013：42.

（五）从功能上，社会企业包含支持服务型、生产型和互惠型经济

支持服务型经济的作用在于提供孵化平台，发挥支持作用，如培训、技术和行政、知识和信息传播、政策和指导等。生产型经济体现为工作整合社会化商业、直接提供岗位、产品生产、服务和市场交换。互惠型经济体现为融合经济、集体互助、平等协商和决策、共同参与、风险共担、权责对等、利益共享，各种类型的合作社是互惠型经济的典型代表。

第三节　社会企业的边界

国内外的已有研究成果为认识、理解和把握社会企业的本质规律和发展方向提供了重要的基础。通过已有研究，社会企业的边界逐渐清晰起来。尽管在理论上可以讨论组织无边界的问题，但是，在实践行动中，仍然需要边界去把握不确定性，搞清楚组织资源定位问题。只有这样，才能充分发挥社会企业的作用。社会企业的"社会性"是把握社会企业边界的核心依据。

一、社会企业是民生经济领域的生产性保障主体

社会企业是民生经济领域，特别是弱势群体和相对贫困地区民生经济领域的生产性保障主体。弱势群体的民生保障问题常常变为社会问题，这些社会问题普遍存在于社会福利保障领域。过去，人们认为这些问题只能由政府和非营利组织通过福利保障来解决，但是，实践证明，新兴的社会企业也能富有效率地解决这些问题。因此，推动社会企业发展非常有意义，这也是社会企业在全世界各国兴起的一个重要原因。社会企业三维一体的硬核特征规定了社会企业的边界：一是关涉民生生计的某类社会问题；二是虽然针对这些问题有社会保障制度规定，但现实中却因保障不足不能得到落实和有效支持；三是通过私人解决有一定的市场运作空间。简而言之，即社会的痛点与市场盈利点并存。所以，社会企业的核心始终都离不开民生领域中存在的社会问题，社会问题指向集中体现了社会企业的社会性，无论是传统议题的社会企业，还是现代议题的社会企业，其内核精神都在于此。

我们在社会生活中感知到的社会企业是非常具体的，如针对下岗再就业、

社区就业、特殊群体培训、残疾人就业、弱势群体市场谋生、合作社互助经济、家庭生计扶植、公益投资贷款、教育支持、为弱势群体（失业者、老人、儿童、妇女、残障人士和贫困家庭等等）服务的经济行动，其社会性目标非常清晰，且与商业企业的确不同。可见，一旦回到实践场域，这些社会问题就变得鲜活、具体、清晰起来，再也不是抽象的推理，而是实践中在一定的社会环境条件和特定场域下的"生产自救"权变。以这个社会企业领域为焦点，政府看到的是可将福利投入变为福利投资的空间，如吉登斯在《第三条道路：社会民主主义的复兴》中强调的发展社会企业的意图——从社会政策角度建议发展社会经济，将国家的福利投入变为对社会经济的投资，并明确指出社会企业是社会经济的载体。社会企业看到的是能够"生产自救"的市场盈利点，如法国经济学家蒂埃里·让泰强调指出的社会经济场域，可以实现将社会效果与间接的经济效益结合在一起的商业生存空间。非营利组织看到的是市场机制带来的财源活力，如莱斯特·M.萨拉蒙等在《全球公民社会》中计算的非营利组织对 GDP 的贡献。

总之，在商品经济市场中，那些出于社会福利目的的投资行为、那些出于满足基本需求保障的积极生产自救市场行为、那些促进弱势群体就业谋生的集体行动，都是发生在社会经济领域的情景-行为模式。这就是社会企业活动的民生经济边界。

二、社会企业的领袖边界

社会企业的领导者必然是具有社会责任感和社会创新精神的社会企业家，社会企业家精神是社会企业发展的火车头，是引领社会企业的内在领导力源泉。社会企业家精神就是通过改变追求美好社会生活的精神，如果缺少这一精神，就不会有为社会企业奋斗的决心。社会企业的运行只有通过管理的作用对社会目标与经济行动进行优化组合，才能达致社会目标。这个过程不仅充满冲破现状的勇气、强大的抗逆力，还要有社会创新精神和管理艺术。社会企业通过社会企业家的创新性思维，形成社会企业的文化图景，以社会使命驱动生产管理经济行动。作为对企业家精神的升华，社会企业家精神或企业家的社会创新性思维则是将"社会"嵌入以"创新"为核心的企业家精神之中，在这里，"社会性"边界的核心在于社会目标的优先性。

研究者们普遍认为，具有社会企业家精神是社会企业家区别于一般企业家的最大特点。社会企业家是抱有改造社会的理想的群体。他们采用新模式，找寻能够改善某一社会问题的新产品、新服务或新途径，优化其财务价值，能够独立或合作经营社会企业。这些特征体现了社会企业家独特的精神。社会企业家精神构成了社会企业事业的支柱，因为商业利益与社会利益的平衡状况成为社会企业家管理成败的度量衡。社会企业家根据获取的资源进行合理的运作管理，使社会价值诉求以不同程度、不同焦点、不同组合、不同方式耦合于各个生产要素之中，如雇用弱势群体就业、为公益投资、保护社区利益、进行项目的社会设计等等。他们向社会价值倾斜的实际行动促成生产管理过程中传统的资本、劳动力、土地、技术等生产要素的社会性变革。

只有具有社会企业家精神的企业家，才能积极促使社会要素同生产要素的结合，通过管理的作用对社会目标与经济行动进行优化组合，这个过程充满了思维创新、观念更新、方法创新和模式创新，创新又开辟出了解决社会问题的途径。社会企业家精神是社会企业的领导力，预示着社会企业未来的发展。在现实中，那些不具备社会企业家精神的社会企业要么不能平衡商业利益与社会利益，要么意图在福利投资上大捞一把，这必然会损害社会企业。这里强调社会企业家精神并不是说社会企业经营不能失败，而是说社会企业家的精神特质对把握社会企业的本质和发展方向而言，是重要的约束条件。

三、社会企业的生产要素边界

社会企业包含各种各样的实体组织，也必然运用商业手段开展生产和服务，因此，社会企业同商业企业一样面对市场竞争、市场风险和破产的压力。同商业企业一样，社会企业必须具备企业家才能、土地、资本、劳动力和技术要素，才能参与到市场经济系统中进行资源配置。只是社会企业关注的是生产要素的非商品化属性、意义及其渗透程度、边界和作用，即各个生产要素中都可以体现的社会庇护性。这样的非利润最大化的生产要素在商品市场竞争体制中体现了不完全市场要素的特点：在劳动力要素中的社会庇护性，体现为社会企业关注陷入失业困境的劳动力群体，社会企业为他们创造岗位、培训技能，通过组织就业使陷入失业困境的劳动力重返劳动力市场，融入社会经济生活，获得社会支持；在货币金融资本要素中的社会庇护性，体现为资本投资或利润流向的改变，形式有利润分红限制、公益扶贫贷款和进行公益投资；在土地要素中的社会庇护性，体现为保护基于新"土地"价值的整体社区的经济、社会、文化和环境利益，包括社区资源的保护性开发、社区环境维护和社区营造等，它们创造性地将社区人口、自然、文化和各种经济资源重组，使得社区公共利益得到保护、缺失的公共服务得到补充，创造社区经济发展的共享环境；在技术要素中的社会庇护性，体现在社会设计、公益网络平台服务、成熟的现代管理方法和教育提升技术能力等方面，以技术的智慧，为某些社会问题的解决提供富有效率的方案。这些都在强调社会性改进问题。

总之，传统生产要素的变革，使得就业型社会企业、金融投资型社会企业、社区利益保护型社会企业和技术创新型社会企业得以形成。鉴于社会企业的社会性在各个不同的生产要素中的体现形式不一样，社会企业达成社会目标的内容也不一样，所以，对社会企业的认定不能仅看利润分配，以免影响各种类型的社会企业的发展。因此，从生产要素理论出发来研究社会企业，更有助于对社会企业认证进行反思，我们的认证标准必须有助于社会企业在现实中的生存和发展。

四、社会企业的市场空间

社会创业需要有市场空间，社会投资需要有市场空间，社会企业资源配置更需要有市场空间。因为只有通过市场运行机制进行调节，才能使物质资本、金融资本、人力资本、社会资本和政策庇护逐步进入社会经济市场，实现市场对资源的优化配置。以市场机制改善和解决社会问题是社会企业的优势，社会企业的市场空间就是欧洲所言的特定社会经济市场空间。尽管"社会企业的市场空间"还不是一个统一的说法，但是这个词组还是清楚地表达了社会企业混合性的含义。正是因为利用市场机制才带来社会企业的自我造血功能，所以，在这个意义上，社会企业在公益市场里具有竞争优势。社会企业市场运行机制要求社会企业参与市场竞争，提高竞争意识、产品质量意识、品牌意识、责任意识和经营管理能力，优化企业绩效，提高市场竞争能力和管理水平。同时，以社会企业市场运行为核心，也可能结合政府、商业企业、基金会、社会组织和公众等社会力量，在社会公益投资、产品设计开发、市场营销、专家志愿者人力资源投入方面展开合作对接。

在社会企业的市场空间中，社会企业拥有的资金市场空间应该包括各类公益投资、政府购买服务、社会捐赠、国际组织援助贷款、履行企业社会责任的企业捐赠或公益创投；社会企业拥有的人才市场空间包括志愿者、专业志愿者、富有社会责任感和社会创新精神的各类人才及社会企业管理人才；社会企业拥有的资源市场空间包括闲置物资、循环经济、村庄生态、社区资源、信用等无形资源；社会企业拥有的技术服务空间包括社会设计方案、社会创新方案、公益网络平台、资产专用等等。目前，这样的市场空间正在兴起但还没有完全形成，社会企业的市场空间还需要很长的培育过程。只有培育一个成熟的社会企业市场，才能吸引来自个人、企业、基金会、社会组织、商业金融公司、政府和国际组织等的各种力量。所以，作为市场主体的各类社会企业还需要我们耐心培育，切不可炒作概念，只盯着公益资本狂轰滥炸，揠苗助长，使刚刚发育起来的社会企业的成长环境遭到破坏。

第五章　社会企业的组织结构与功能

　　任何组织都是与社会结构变迁相伴而生的，是适应社会结构的分化的结果。社会企业的出现是组织多样性的表现。组织的多样性是"社会对不确定性的未来变化做出反应的能力。任何活动领域……的组织多样性，都为解决集体性产出的难题提供了可选方案"，"每当未来表现为不确定性时，大量可供选择的组织形式就会显示出其价值"①。可见，社会企业的出现是社会变革的产物，社会企业担负着自己的使命和责任。

第一节　社会企业的使命

　　使命是组织存在的理由，使命指导组织的经营管理战略。使命陈述，即企业对自身价值观、宗旨、定位和任务目标的正式书面表达，是企业存在的根本理由和行为的依据②。使命的内涵包括九要素："顾客；产品或服务；市场；技术；对生存、增长、盈利的关切；观念；自我认知；对公众形象的关切；对员工的关心。"③ 使命为社会企业的发展指明方向，不仅是战略目标、制定战略和实施战略的依据，也是能够激励组织成员、凝聚团队文化的重要载体。不仅如此，通过使命还可以明确组织资源依赖的领域和市场细分，以及为社会企业的认证和评估制定依据和标准。

　　社会企业的使命是其存在的根本理由和行为的依据，作为理念先行组织，社会企业在使命上更加注重社会服务的提供和社会问题的解决，其社会使命

---

① 斯格特．组织理论：理性、自然和开放系统．北京：华夏出版社，2002：139.
② 德鲁克．管理：任务、责任和实践（第一部）．北京：华夏出版社，2012：87.
③ 戴维．战略管理（第9版）．北京：经济科学出版社，2001：82.

的导向比其他组织更为关键。社会企业的使命和目标不是为了获得私人利润最大化收益，而是为了追求社会价值，即为特定社会问题提供市场化解决方案。社会企业的使命表述的核心是社会价值目的，其社会价值性体现在社会企业目标、社会企业家精神和社会资本建设三个方面。

一是社会企业目的。社会企业的"明确目标是能够赋予社区利益或创造社会价值，而不是利润分配，这才是社会企业精神或社会企业的核心使命"①。社会企业存在的理由来源于保护社会利益的需要。社会企业必须首先体现为组织价值观导向的主观公益精神（即经营目的）而不是客观公益精神。解决现实社会问题需要制定战略目标，那些具备客观公益性的商业企业也具有社会功能性，如提供就业岗位、缴纳社会保险、提供员工福利和推动经济发展等，但它们的社会性只是从属于经济目的，体现为受法律规制的企业社会责任或是经济组织的客观社会性效能。所以，商业企业是以赚取利润为目的、对股东负责的社会经济实体，这在使命目标上与社会企业有根本的不同。因此，即使有客观社会性效能，它们也不属于社会企业范畴。社会企业具有社会性和经济性双重属性，但其具有的经济性并未把获取个人利润最大化作为组织目标。

二是社会企业家精神。混合区域组织特点决定了社会企业拥有社会价值优先的特殊立场和文化准则，社会企业家精神集中体现了社会企业的组织文化观念。社会企业家以承担社会公共事业和社会福利任务为己任，而不是搞形象公关。社会企业家精神是社会企业社会性要素介入市场的驱动力。无论商业化程度如何，社会企业家精神都追求体现经济与社会之间价值融合的意义体系。在实践中，要搭建经济可持续与社会可持续之间的可持续平衡链条，立足长远发展，而不是将经济凌驾于社会之上。相比传统营利企业，社会企业模式将被动履行责任转化为主动效率责任，不仅仅解决了社会贫困等问题，更提供了企业直接解决社会问题的新方案。不仅如此，社会企业家还在社会企业发展中扮演着推动社会创新的重要角色。社会企业家精神推动了传统企

---

① 官有垣，陈锦棠，陆宛苹，等．社会企业：台湾与香港的比较．台北：巨流图书公司，2013. DEFOURNY J, NYSSENS M. Conceptions of social enterprise and social entrepreneurship in Europe and the United States: convergences and divergences. Journal of social entrepreneurship, 2021, 1 (1).

业使命再造，强调商业力量不只是为了营利，财富的意义是更有能力建设美
好社会。这种财富观推翻了企业利润唯一性的刻板印象，将社会利益也纳入
企业目标之中，加入了对所有利益相关者和生存环境负责的理念。这些社会
性因素不仅稀释了私人利润和利益，也改变或降低了商业企业的唯利润属性，
改变了利润的股东分配取向，促进了新经济组织的出现。

三是社会资本建设。公民参与既是积极福利价值取向，也是公民承担社
会责任、共同建设社会资本的要求。现代社会发展观强调，经济社会发展的
推动力不仅包括物质资本，还包括社会资本。公民参与是社会资本积累的基
石，社会企业动员民间力量和资源，尤其是为弱势群体增权赋能，建立信任、
互惠、品格、认同等社会资本，提升了社会成员的主动性、责任意识和社会
参与行动能力。2006 年，穆罕默德·尤努斯由于创办了格莱珉银行而获得诺
贝尔和平奖，格莱珉银行认为"信用"并不取决于抵押物或资本，而是有赖
于正直的品格与积极的努力。① 正是基于对"信用"这一社会因素在传统商
业银行模式中的创新应用，尤努斯的"社会化商业"理念创造了惠及多个国
家数以亿计的贫困妇女的社会企业。

解析社会企业的使命要素，可以了解社会企业是什么，社会企业要做什
么以及社会企业将来能够成为什么。我们可以把社会企业的使命要素具体化
为服务对象、需求领域和程度、何种服务、服务的技术水平、关注生存和增
长、观念、自我认识、公共形象、对员工的关心九个指标（见表5－1）。②
需要指出的是，使命陈述可以涉及这九个要素，但并不是必须包含这九个
要素。

表 5 - 1　　　　　　　　　　　　社会企业的使命要素

使命九要素	回答的问题
服务对象	存在社会企业服务的特殊群体、事务或议题，社会企业以创新的方式，可持续地解决特殊群体所面临的社会问题
需求领域和程度	把握市场机会，能够满足哪些需求和参加哪些方面的活动与竞争

① 夏露萍. 真正的问题解决者：社会企业如何用创新改变世界. 北京：中国人民大学出版社，2014：187－190.

② 时立荣. 社会工作行政. 北京：中国人民大学出版社，2015：32.

续前表

使命九要素	回答的问题
何种服务	提供哪种类型的生产或服务，提供哪些能够帮助自我生存和发展的资源
服务的技术水平	具备何种"授人以渔"的专业能力、专用资产和服务技巧
关注生存和增长	财务稳定性、可持续获得利润的市场能力和获得多种资源支撑的能力
观念	基本信念、价值观、志向和道德准则，推动社会团结和融合
自我认识	主要的竞争优势和核心能力是什么
公共形象	社会向善、公信力、互助互惠、社会企业家精神
对员工的关心	尊重人才，尊重利益相关者，把员工当作宝贵的人才

第二节　社会企业的组织结构

环境决定结构包括决定组织目标、性质和具体结构关系。社会企业的结构形态与社会企业的目标密不可分，社会企业的经济性是社会企业持续产生利润的基础，社会企业的社会性是其存在的宗旨和目标。因而，社会企业的组织结构从本质上是为了完成经济性、社会性双重目标而采用的管理框架和协同运转机制。

组织结构形态与社会企业的自身跨界属性相连。社会企业在有些国家具有可识别的法律身份，能够根据其法律从属确定其运营结构，如英国的社区利益公司可以选择担保有限公司或股份有限公司形式注册，采取相应的组织结构形态。中国社会企业的发展起步相对晚，官方对"社会企业"还没有明确的定义。近些年才逐渐有企业提出自己是社会企业或有创立者主动创立社会企业，现存具有社会企业性质的企业更多是在具有社会企业家精神的创始人的领导下，由非营利组织或商业企业在发展过程中演变而成的。所以，对社会企业组织结构的探讨自然绕不开非营利组织和商业企业。总体上，社会企业的组织结构呈现为商业企业加非营利组织的机械式组合，或商业企业与非营利组织的有机式组合。

一、形式化的组织结构类型

在一般形态下组织之间的结构关系表现如何，具体更偏向非营利组织还是更偏向社会企业，都是由社会企业自身所依赖的环境条件决定的，大致可划分为分离式结构关系、包含式结构关系、独立式结构关系和联合体结构关系（见图 5-1）。

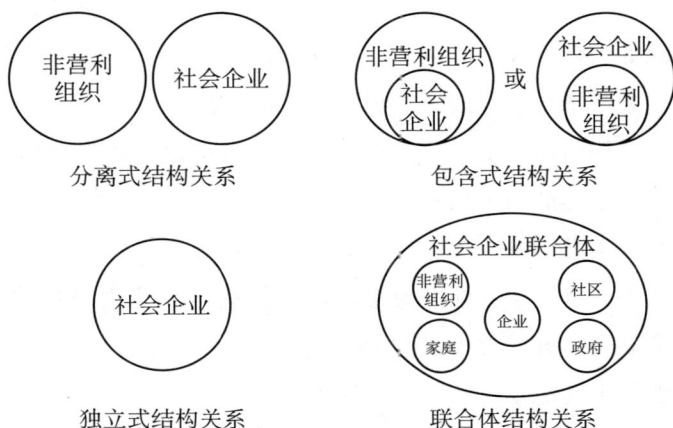

图 5-1　社会企业的一般组织形态结构关系

第一，分离式结构关系。独立的社会企业与非营利组织机械相加形成的社会企业，具有一种外部松散的结构关系。两者分别是独立的法人形式，具体目标不共有且不存在必然的联系，社会企业与非营利组织分别具有独立属性。这种松散的社会企业可能表现为公司，但营利公司的一部分利润要支持非营利组织完成任务。其多由具有社会企业家精神的创始人协调二者之间的关系，除此之外，二者并无实质交叉业务联系。如北京国际彩虹教育中心（彩虹书吧），创始人用高档餐馆的利润支持开展传播积极情绪的彩虹书吧活动。

第二，包含式结构关系。在组织结构内部，社会企业和非营利组织互有部分包含关系，二者之间是共享目标、共享资源的紧密结构关系。这种结构中的非营利组织多与商业市场连接紧密。这种结构既可以是非营利组织包含社会企业，也可以是非营利组织被包含在社会企业之中，二者之间是包含关系。很多企业的内部基金会与社会企业的关系为这种结构。如台湾地区喜憨儿社会福利基金会,最初起步于喜憨儿烘焙餐厅,秉承着终身教育、终身照顾的理念,在台湾四个地区先后成立事务所,形成了有品牌效应的社会企业,采取的就是基金会组织结构内包含社会企业的形式。

第三,独立式结构关系。有的社会企业的发展不与非营利组织相关,由许多针对经济欠发达地区的贫困问题或需要生产自救的群体自发创立,这种由社会企业家创办的"天生"的社会企业在逐渐增多。它们直接成立公司和主题经济合作社,迅速找到了解决各自面临的社会问题的方式,成长为社会企业。如西藏的诺乐(Norlha),生产高端牦牛绒制品,在成立之初即致力于解决高原牧区经济增长、社区发展和环境保护问题。

第四,联合体结构关系。社会企业联合体结构由上述三种结构形式变化发展而来,是综合性的治理结构。事实上,多个主体在不同的发展阶段的主导性和发挥的作用是不一样的,但是,多个主体之间有实质性的关系,都围绕着一个核心主体(一般以社区为中心),以集体经济为主线开展市场经营活动。社会企业联合体有望成为扩大社会企业规模的途径,如在脱贫攻坚与乡村振兴的实践中出现的乡村社区、新集体经济组织等。

以上四种结构形态均是社会企业结构的不同表现形式,从发展过程来看:分离式结构稳定性较弱,因非营利组织自身没有造血功能,强烈依靠创始人的公益心和使命感,这种松散的结构难以实现社会企业与非营利组织各自的目标和财务共享。包含式结构体现了社会企业和非营利组织在发展过程中的转变和进步,两者有一致的目标,社会企业的经济性支持着非营利组织的社会性需求,并且资源共享,由于组织能够提供生产或服务产品,因此能够在支持社会性目标的道路上走得长远。独立式结构享有组织独立决策权,一般自我造血能力较强,交往成本较低,组织比较有效率。联合体结构需要在资助者、中介组织、生产者、受益群体和组织、行政管理者、市场经营者等不同参与主体之间沟通、协调,内部治理结构关系较为复杂,既有直接关系也有间接关系,既有委托方又有中介方和经营方,一般适合超大规模项目组织结构。联合体结构的社会企业创始人受社会目标驱动,组织成立初期就兼具了经济性和社会性,体现了社会企业特点和基因,往往成为社会问题的解决者,相对而言,有更强的生命力,但是,需要注意使命漂移问题。

二、社会企业的治理结构

依据商业化资金来源、组织法定地位、各利益相关者之间的权力地位和依赖关系等环境条件，以董事会或理事会制度为中心的社会企业内部治理结构形态，呈现为政府监督型、股东控制型、会员自治型三种结构形式（见图5－2）[①]。

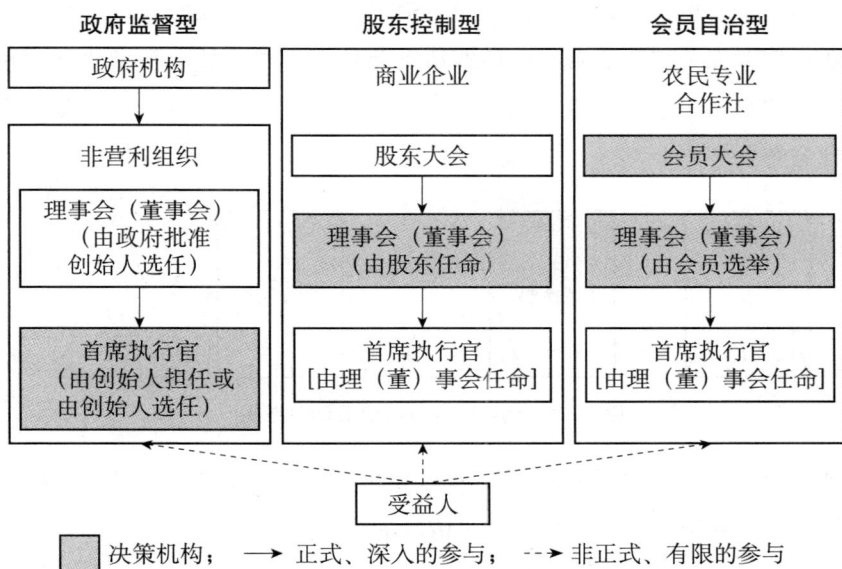

政府监督型	股东控制型	会员自治型
政府机构	商业企业	农民专业合作社
非营利组织	股东大会	会员大会
理事会（董事会）（由政府批准创始人选任）	理事会（董事会）（由股东任命）	理事会（董事会）（由会员选举）
首席执行官（由创始人担任或由创始人选任）	首席执行官[由理（董）事会任命]	首席执行官[由理（董）事会任命]

受益人

▢ 决策机构； ⟶ 正式、深入的参与； ⇢ 非正式、有限的参与

图5－2 社会企业治理结构的类型

在政府监督型治理结构中，社会企业一般注册为非营利组织，运营过程受政府监督，决策由创始人担任或创始人选任的首席执行官负责；在股东控制型治理结构中，社会企业多注册为商业企业，运营过程由股东和经理层掌控，决策由股东任命的理事会或董事会负责；在会员自治型治理结构中，社会企业注册为各类合作社制组织，运营以会员自我管理为主要机制，决策由会员选举出来的理事会或董事会及其上位的会员大会负责。社会企业治理结构的类型主要依据政府机构、商业企业和社会组织三个主体的权力地位，以及它们在组织中的重要性、参与形式、参与程度来划分。受益人在这三种治

---

① 余晓敏. 社会企业的治理研究：国际比较与中国模式. 经济社会体制比较，2012（6）.

理结构中均为非正式、有限的参与。

三、社会企业的使命关系结构

根据商业活动与使命的关联程度，可以将社会企业分为使命中心型、使命相关型和使命无关型三种类型（见图 5-3）。使命中心型社会企业，商业活动嵌入社会项目当中，通常被称为嵌入式社会企业；使命相关型社会企业，商业活动与社会项目交叉，为社会项目提供相关资金，通常被称为整合型社会企业；使命无关型社会企业，商业活动与使命无关，商业活动收入仅用于支付社会项目的成本和运营费用，商业活动与社会项目分离，通常被称为外部式社会企业。[①]

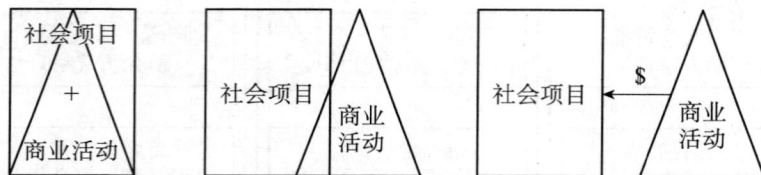

图 5-3　社会项目与商业活动关系图

这个分类更多是从商业化资金来源和用途上对组织结构类型加以划分，给筹资、财务和利润分配管理提供了清晰的参考。

总之，社会企业组织结构的形成，是社会企业对所依赖的历史传统、文化观念、政策支持和社会基础等环境资源的结构性反映。结构的变化也离不开其赖以生存的环境，各个具体的社会企业的组织结构会呈现出更为丰富的结构关系。

第三节　社会企业的功能

在市场经济中，社会企业是对社会的一种保护。如果说它是一种经济行动的话，那么它就是一种反抗商品经济至上的经济行动。社会企业在政治、经济和社会文明中寻求社会新的增长点，反对商品经济市场对公民权利和公

---

① ALTER K. Social enterprise typology. Virtue Ventures LLC，2007.

共利益的社会排斥，试图将经济拉到社会关系的交换之中，努力证明以社会为主的经济行为能够调和商品经济与社会之间的内在矛盾。

一、社会企业的多样化功能

（一）社会保护功能

社会企业以社会保护原则为基础，抵制劳动力、土地、货币的商品化和资本化进程，其本质是对商品经济侵蚀社会利益的矫正。民生经济领域的过度资本化将导致民生服务供给的社会性被逐利性排斥，贫困、低收入、失业、疾病、环境污染等问题会使弱势群体陷入生活困境，造成民生社会问题。只有发展民生、保护民生，才能使市场经济服务于人类社会生活的本性，真正实现社会发展。保护社会利益是社会企业的功能，主要表现在：一是社会保护机制的作用不仅可作为福利保证性因素，还可作为生产性因素[1]。社会企业可视为这样一种发挥双重功能的社会保护机制。劳动者需要稳定的工作、收入和公共服务以保障生活所需；同时，劳动者稳定的收入保障对于经济也是非常有益的[2]。二是社会企业主要在民生经济领域组织生产、服务和就业，对企业绩效的评价不是考察利润多少，而是考察是否保证社会效益的有效达成。三是针对社会问题，特别是针对社会弱势群体开展的生产性社会保障服务，维护了他们基本的社会福利权利、公民尊严和生计生活质量。四是面对社会转型，链接不同经济发展水平下接续性、过渡性的生产方式，容纳阶梯式发展，从而维护现代经济社会的协调发展。如合作社式的互惠经济虽然不是现代先进的生产方式，但却是一种包容性的社会保护机制。

（二）资源配置功能

现代经济学理论认为，企业本质上是"一种资源配置的机制"，其能够实现整个社会经济资源的优化配置，降低整个社会的"交易成本"。那么，社会企业在本质上也是"一种资源配置的机制"，它既是商品市场资源向公共资源转移配置的机制之一，也是盘活社会福利资源、使社会资本增值的机制之一。

社会企业发挥着优化配置社会福利资源的功能。首先，社会企业突破了

---

① 唐钧. 社会保护的历史演进. 社会科学，2015（8）.
② 同①。

传统的社会福利来源的限制，开辟了社会公益与商品经济之间的交叉市场，使福利资源投入由一维向多维转化，开启了公益与市场之间的双向互动关系。其次，社会企业提供了一种新的多元福利供给模式，更新了社会福利的类型。传统的社会福利一般包括现金援助和直接福利服务，如通过社会保险、社会救助、收入补贴和兴办各类社会福利机构等形式实现，而社会企业则直接通过提供商品生产服务的报酬或产生利润的方式去实现。最后，社会企业实践推动了社会企业家精神，推动了社会创业，也推动了公益创投、第三次分配和社会影响力投资的兴起与发展。

（三）自我造血功能

自我造血功能是社会企业的突出特点。自我造血功能的实现首先来源于新发展观对社会福利思想的指引。与传统的消极社会福利观相反，发展型社会福利观认为，社会福利与经济发展之间不是此消彼长的对立关系，而是相互融合的关系，因此，强调在经济政策和社会政策融合的基础上，制订将福利资源用于以投资为导向的社会计划，就是变福利消费为投资或者是"生产性"取向，提高社会成员的经济参与能力，通过经济参与对经济的回报率产生积极影响，进而为社会发展做出贡献，变过去消极的"输血"方式为积极的"造血"方式。除此之外，社会企业的造血功能还来源于组织本身的商业化运营模式，即能够以商业手段、企业化管理机制获得可支配收入，从而提供组织发展内在动力。社会企业不仅可以维持组织的可持续运转，还可以降低整个社会福利开支，从而保有或促进经济增量。

在政策实践上，社会企业创新也能促进由输血式社会福利政策向造血式社会福利政策改进。在商品经济与公共产品交叉的市场空间，改变由国家单独控制的供给政策，变社会福利投入为社会福利投资。无论是来自政府的还是来自社会的福利投资，都注重产业、人力、教育、健康等方面的生产性和能力提升，重在激发内生动力和公民的社会责任感以及可持续行动。

（四）组织结构更新功能

社会企业的创新功能来源于对组织领域的边界扩展，边界的扩展也可以被视为组织环境的改变，组织环境的改变必然引起新结构的变化。在开放系统中，边界问题一向具有模糊性特点：边界都是"被划定的"，边界具有弥散性，边界的封闭和开放总是与外部环境的需求相适应。边界的扩展必然带来资源要素的变化和新的资源组合，由此带来新型组织的出现。在组织连续统中，社会企业分别向传统非营利组织和传统营利组织两端的边界扩张，将其一部分纳入自己的领地，形成光谱区域。虽然它的组织功能是混合的，但它适应了福利市场化、产业化减贫、工作整合、生产方式包容性衔接的可持续发展需求。因此，社会企业本身就是组织创新，既克服了营利组织不关注社会问题或把负外部性推向社会的问题，也克服了非营利组织资源动力不足的痼疾，创新了资源组合方式。对传统非营利组织和慈善组织而言，社会企业促进了其组织结构的升级再造，将市场资源内生能力注入组织之中，改变了组织生产或服务的要素构成，形成了新的组织制度和运作模式，即非营利性社会企业这一新社会组织类型。

（五）社会整合功能

整合性是对政治、经济与社会之间的相关要素、部分和环节进行有机协调，形成均衡状态的能力。社会企业的整合性首先来源于社会企业光谱，即社会与经济的关系的嵌入性。在这里，不同种类的具有功能性的资源有机渗透在一个组织区域之中。不仅光谱中的经济功能和社会功能是互相渗透的，经济价值和社会价值也是趋于融合的，只是在区域中的价值偏好程度不同。社会企业的整合性还来源于要解决的社会问题。社会治理中亟待解决的各种问题具有多面向、多成因，促成社会企业必须跨界治理、跨界整合，才能均衡社会权利、经济互惠和社会公平各部分之间的关系。从社会创新中寻找解决社会问题的有效方案，是社会企业跨界发展的推动力，也促使社会企业成为参与社会治理的有力主体。

社会企业的社会整合功能体现在：一是搭建多元主体协同共治的桥梁。通过释放社会公共空间和社会力量，在公民个人与国家、社会和政府之间，强调公民个人、企业公民作为社会参与主体的社会责任，尊重、激发人们创造美好生活的主体意识和行动改变能力，建立多元化主体进行社会参与的机制。二是培育社会资本。促进社会群体之间的交往合作，通过增进个人福祉，提高个人生活质量，维护特定群体的权益或某类公共利益，减少社会摩擦和社会矛盾，协调失衡的社会关系，增进社会团结和社会公平。三是以公共利益为导向，促进政府部门、经济部门和社会部门协同解决社会问题。社会企业由于分担了解决社会问题的重担，也能够赢得政府的认可。它又将经济与社会之间的关系在市场中重新定位，以市场生产性和服务性福利供给引发了经济与社会部门之间合作关系的调整，不仅改变了以往福利提供主体的规定、资源来源的规定、交换规则的规定，也将三个部门的力量整合在一个组织之中。

二、社会企业的突出作用

（一）改变旧的慈善观念，创新社会治理新范式

对社会企业现象的理论解释，集中在对规则的变革这一主题上，社会企业的出现在实质上是规则变革。社会企业被看作关于财富与社会的新观念，即在市场中寻找有效的社会问题解决方式、创新社会问题治理的新慈善和新公益。新公益之说是以市场为基础的创新，倡导为全球弱势群体服务，而公益事业不再限定为非营利，也可以通过营利的事业去做，通过主动调查社会需求，有的放矢，通过多方合作，形成系统工程，重视结果[1]。这样的认识不仅仅改变了人们旧的慈善观，更有可能颠覆人们对传统企业的认知模式，即引发社会治理创新。社会企业可视为新型公益模式的一种，而社会企业家将改变社会的新观念与实际行动统一了起来，尽管这会带来激烈的思想争论。

社会企业的实践逻辑具有冲破以往分割范式的能力。跨部门的连接能有效提高混合逻辑的连通性，进而带来混合价值创造的提升；混合治理是一个灵活多变的治理体系，强调的是多重目标的治理和混合优势的获得，这些都与传统治理有很大的区别。因此，组织混合治理将带来管理的新范式[2]。

（二）促进社会公平

社会公平问题也是经济问题。贫困、失业、犯罪、养老等都有其经济成本和非经济成本，而且高社会成本必然对经济产生重大的影响，一旦陷入社会问题，人力资源和经济耗费是惊人的[3]。不仅如此，更重要的是社会信任、认同和社会成员关系等宝贵的社会资本不断地流失。贫困、失业和福利保障

---

① 资中筠. 财富的责任与资本主义演变. 上海：上海三联书店，2015：402 - 403.

② 刘志阳. 社会创业：新理念、新组织和新管理范式.（2021 - 12 - 25）［2023 - 02 - 02］. https://ccse.sufe.edu.cn/c3/ad/c9810a181165/page.htm.

③ 夏普，雷吉斯特，格兰姆斯. 社会问题经济学（第15版）. 北京：中国人民大学出版社，2003：2.

缺失等导致的失序、失范和越轨行为需要政府投入大量的社会控制成本。提高社会治理能力现代化要遵循公平与效率平衡的原则，就需要社会企业这样的平衡力量，协调个人利益与公共利益、平衡经济效率与社会效益之间的关系，改善不公平的社会生态环境，促进社会良性运行。

社会企业在解决社会问题领域寻找新的生长点。由市场经济到共享经济，社会领域也存在着商业化运作空间。在营利与非营利结合的新型公益领域，"以市场的模式做公益，使公益不仅是无偿的捐赠，也可以是一种可营利的事业"①。从私人捐赠模式到政府购买服务契约模式再到直接解决社会问题的社会企业模式，经济与社会之间的关系越来越融洽，彼此之间的边界越来越开放。"非营利组织和企业家都从社会部门寻找商业的机会，赢得利润，而要在这个部门中赢得商机，必须承担直接为社会利益服务的责任。"② 营利的社会企业家和非营利的社会企业家们都须审时度势，首先寻找到共享价值结合点，即寻找到政府和非营利组织不能解决而又迫切需要解决的社会痛点问题和市场盈利点，使社会利益和商业利润能够同时获得，并在二者之间建立起共享经济链，而社会部门在供给价值链中起特殊的延展作用③，形成从免费端到付费端的有效产业链布局。

总之，社会企业的出现，创新了参与社会治理的组织形式和资源组合运作模式，其与众不同的造血功能，克服了传统营利组织不关注社会问题和传统非营利组织效率低下的痼疾。社会企业使企业社会责任升级为社会企业家精神，提供了由企业直接解决社会问题的一种新方案；推动了公益项目创新、公益创业和社会影响力投资，具有推动公民参与、促进社会融合的作用；改变了旧的慈善观，更有可能颠覆人们对传统企业的认知，引发组织创新。从作用角度上看，社会企业是"社会＋市场＝政治"的组合。

---

① 资中筠. 财富的责任与资本主义演变. 上海：上海三联书店，2015：1.
② 里夫金. 零边际成本社会. 北京：中信出版社，2014：277.
③ 何继新，陈真真. 公共物品供给复合主体"复合型"协同机制研究：基于"价值链"理论视角. 吉首大学学报（社会科学版），2016，37（2）.

第六章　社会诉求介入企业经济行为

　　社会因素在企业经济行动中的建构与演变对社会企业具有重要的影响。对企业的认识，尤其是人们对企业与社会价值诉求之间的观念及其行动的正确认识，为我们理解以社会价值为目的的经济行动提供了历史逻辑。通过考察社会因素在企业经济行动中的建构与演变，可以发现文化-观念嵌入的规制形式和决定作用。社会的文化系统以文化-观念嵌入的方式，塑造着人们的认知和行为动机，对企业观念转变具有直接推动意义。从认为"企业只是追求利润最大化"到了解"企业社会责任"，人们的企业观也发生了重大变化。当我们重新审视企业和财富对社会的意义时，对公平的认知、对发展观念和资源分配的政治规制就会推动经济行动做出有益于社会的改变。

　　社会因素在企业经济行动中的演变也是人们关于商品经济中企业与社会利益之间关系的观念认识过程。在这个发展过程中，关于公共物品提供的市场失灵论一直占据主导地位，而嵌入理论有力地批判了长期以来市场失灵论导致的经济与社会之间的脱嵌问题，为全面分析经济行动与社会问题之间的协同关系提供了有力的理论支撑。只有打破传统的市场失灵论主导下的观念束缚，创建关于企业位于社会结构和网络关系之中的文化新图式，把经济行为归嵌于社会，在经济行动中关注社会因素，才能创建非营利组织与企业之间的共享价值链条，才能使社会价值诉求在跨界经济行动中得到实现。

第一节　企业的发展与社会因素的介入过程

　　考察企业的发展过程，分析来自社会的非经济要求由外在强制到内在自觉行动的规制过程是非常必要的，这是因为它能够让我们看到观念改变经济行动的力量。经过第一次工业革命和第二次工业革命后，人类社会的发展已经突破了传统资本主义市场经济。杰里米·里夫金指出，随着以现代技术为主导的第三次工业革命的到来，社会正在向着"共享经济"而不是"市场经济"的方向发展。约翰·埃尔金顿于 1997 年最早提出了关于企业的"三重底线"的概念。他认为，企业要得到生存和发展，必须遵守经济底线、环境底线和社会底线。经济底线也就是传统的企业责任，主要体现为提高利润、纳税和对股东投资者分红；环境底线就是环境保护；社会底线就是对于社会其他利益相关方的责任。① 经济与社会之间的关系在企业发展历史中的演变，使我们更加理解新的社会企业组织出现的革命性意义。

如表 6-1 所示，企业的发展历程通常被划分为三个阶段，即手工业生产时期（古代企业组织的萌芽阶段）、工厂生产时期（近代企业的产生和发展阶段）和企业生产时期（现代企业的产生和发展阶段，包括现代企业发展阶段）。目前通用的"企业"是现代工业社会阶段发展较为成熟的经济组织概念。分别从企业的三个历史阶段来看，企业内部的社会因素对决策的影响逐渐增大，并在现代企业发展阶段成为企业生存和经济竞争必不可少的内容。

手工业生产时期主要是指 16 世纪至 17 世纪从封建社会的家庭手工业到资本主义社会初期，主要表现为资本主义原始积累加快，家庭手工业急剧瓦解，资本主义工场手工业登场。工厂生产时期是从工业革命开始的，这一时期成为当代企业组织的起源。到 19 世纪 30 年代，工厂制度普遍建立，标志着企业的真正形成。在企业生产时期，建立了现代企业制度和现代科学管理制度。

表 6-1　　　　　　　　　　企业形态及其责任的发展

	手工业生产时期	工厂生产时期	企业生产时期
类型描述	（工场——企业的雏形）资本主义发展萌芽阶段的大型手工作坊	（工厂）泛指资本主义机器大生产，即使用机械化劳动代替手工劳动的资本主义工业场所	（企业）从事生产、流通或服务等经济活动，以产品或服务满足社会需要并获取利润，自主经营、自负盈亏、依法设立的经济组织

① 埃尔金顿.茧经济：通向"企业公民"模式的企业转型.上海：上海人民出版社，2005：4.

续前表

	手工业生产时期	工厂生产时期	企业生产时期
性质	资本雇用劳动者的生产形式	生产行为的厂商	为了节约交易费用而通过资源交易实现资源最优配置的社会组织
结构特征	规模扩大；产业结构变化；开始使用机器；产生内部分工	资本雄厚；机器生产节省人力，提高效率；形成产业队伍；分工深化，生产社会化	生产规模空前扩大，产生了垄断企业组织；不断进行技术革命；建立了一系列科学管理制度，并产生了一系列科学管理理论；管理权与所有权分离；竞争日益激烈，企业兼并加速，跨国公司开始出现并不断发展
具体形态	以家庭为主体的手工业和冶炼、制陶等手工工场；家族经营团体；贸易团体；东印度公司；合伙制度	工厂；股份公司	个体企业、合伙制企业、合作制企业、无限责任公司、有限责任公司、股份制有限公司
企业责任	资本积累	追逐利益最大化	提高利润、纳税、对股东投资者分红；健康经营、良性发展
社会责任	不考虑	盘剥工人；推卸社会责任；劳工运动；消费者运动	企业家个人捐赠；对利益相关方负责；解决社会问题
环境责任	不考虑	破坏环境；引发环保运动	绿色生产方式；可持续发展理念

资料来源：吴承明．论工场手工业．中国经济史研究，1993（4）．张伯伦．垄断竞争理论．北京：生活·读书·新知三联书店，1958．威廉姆森，温特．企业的性质．北京：商务印书馆，2010．刘秋华．现代企业管理．北京：中国社会科学出版社，2003．任荣明，朱晓明．企业社会责任多视角透视．北京：北京大学出版社，2009．

　　手工业生产时期主要是指 16 世纪到 17 世纪从封建社会的家庭手工业到资本主义社会初期，西方一些国家的封建社会制度开始向资本主义制度转变，主要表现为资本主义原始积累加快，向海外的殖民扩张，大规模剥削农民土地，这些行为使家庭手工业急剧瓦解，转而向资本主义工场手工业过渡。手工工场阶段处于资本主义萌发发展时期，这一时期，大型手工作坊和工场日益兴起。工场只要拥有雄厚的资本、扩大生产规模，就能获得更大的市场份额、赢得更多的利润。资本家们专心于通过掠夺资源等手段为自己积累财富，完全不顾及生产活动对环境和社会所造成的影响。

工厂生产时期是从工业革命开始的，这一时期成为当代企业组织的起源。18 世纪，英国阿克莱特创立第一家棉纱工厂，从此，集中生产的工厂在英国迅速增加；到 19 世纪 30 年代，机器棉纺织代替手工棉纺织的过程在英国基本完成，工厂制度普遍建立。18 世纪，德国手工业有了初步发展，到 19 世纪三四十年代，工厂制度建立。到 19 世纪五六十年代，由于资产阶级革命完成，各国出现了工业化的高潮，工厂大工业迅速发展，工厂制度在采掘、煤炭、机器制造、运输、冶金等行业相继建立。工厂制度的建立是工场手工业发展的质的飞跃，它标志着企业的真正形成。这一时期的主要特征是：工厂资本雄厚，小型生产者很难与之竞争；机器生产节省人力，生产效率显著提高；形成了一批掌握生产技术和生产工艺的产业队伍；工厂内部分工深化，生产走向社会化。在工厂生产阶段，机器生产基本取代了手工生产，生产动力的改进和机械化大规模生产极大地增加了自然资源的消耗，粗糙的生产方式开始对自然环境造成污染。而且，由于受"社会达尔文主义"思潮的影响，许多企业为了在激烈的竞争中获胜，对与企业有密切关系的供应商和员工等极尽盘剥，不顾公共利益地追逐自身利益，这种不择手段的逐利行为给社会造成了很多负面影响，并产生了一系列社会不公现象，比如贫富两极分化、种族主义、工伤、职业病、环境污染、产品质量不合格、消费者利益受损等。于是，世界多地爆发大规模的劳工运动，工人通过罢工、建立工会等形式向资本家提出诸如提高最低工资、规定休息日、改善工作环境等诉求；消费者为了维护自身权益而进行消费者运动，通过成立消费者协会、确立消费者法律准则，督促企业保证自己的产品质量，比如 1891 年成立的纽约消费者协会是世界上第一个以保护消费者权益为宗旨的组织。劳工运动、消费者运动和环保运动成为推动企业社会责任发展的三股主要力量。

在企业生产时期，企业已经成为从事生产、流通或服务等经济活动，以产品或服务满足社会需要并获取利润，自主经营、自负盈亏、依法设立的经济组织。企业生产时期的主要特征是：生产规模空前扩大，产生了垄断企业组织；不断采用新技术、新设备，不断进行技术革命，使生产技术迅速发展；建立了一系列科学管理制度，并产生了一系列科学管理理论；管理权与所有权分离，企业形成了专门的工程技术队伍和管理队伍；企业之间的竞争日益激烈，加速了企业之间的兼并，同时，企业向国外发展，跨国公司开始出现并不断发展。

当企业生产时期发展到现代企业阶段，企业的规模空前扩大，企业的生产和管理被置于社会环境之中，这就意味着企业不仅仅应该关注其具有的经济属性和经济功能，更应该关注作为一个开放的社会组织所具有的社会属性和社会功能。因此，企业不仅仅需要营利并获得生存空间以自负盈亏，更需要注重企业相关者的利益以"满足社会需求"，这些利益相关者在不同程度上与企业产生联系，对企业的生存和发展产生不同的影响。创新产品内容、主动完善售后服务以满足消费者的需求逐渐成为企业的核心竞争力；提高员工的福利水平和建设人性化的办公环境成为企业吸引和留住人才的主要手段；企业在健康经营的同时解决诸如残疾人就业等社会问题能够提高企业知名度，树立企业形象；严格执行环保标准、自觉改善生产方式则是企业可持续发展的必由之路；甚至有些企业的产品可以直接解决环境、就业、教育以及医疗等领域的社会问题。这些都成为企业发展的创新点，也是企业主动承担社会责任的表现。

通过上述企业发展的轨迹，可以看到在不同的发展阶段，人们对企业内涵和外延的认识不断地发生变化。当代社会对企业的判定已经从"血汗工厂""盘剥压榨""污染、破坏环境"向坚守"经济底线、环境底线和社会底线"三重底线的方向变迁，不断强调"企业向善"的发展理念。在企业与社会之间的关系问题上，企业经历了传统的经济观、社会观和环境观阶段，即企业经历了从只具有单一的经济责任向经济责任和社会责任兼具转变的过程，其间企业经济行为中社会责任要素的卷入程度逐步加深。从内部来看，在现代企业发展阶段，企业社会责任的升级主要缘于企业文化塑造良好社会形象的需求。但是，这种转变更主要是缘于外部的工人阶级的反抗、政府社会保障法的政治压力以及针对上市公司的法律要求。外在的法律约束，对企业的经济行为进行了社会规制。除了公司法、税收法、会计法、物权法等经济合法性规定外，社会内容的约束体现为劳动者权益方面的一系列劳动保护法律法规，包括社会保险法、劳动法、劳动合同法及其配套法规。自工厂制度建立以来，劳动社会保障制度就随着劳工运动的不断反抗和斗争而逐步建立和发展起来。失业、工伤、医疗、生育、住房、劳动权以及劳动时间等非经济生产因素的经济保障性逐步以社会保险和法律的形式介入，强制性地约束着企业唯利是图的商业行为。到了现代，劳动者的权益保障诉求通过法律规定，已经被固定为与企业经济行为同步的一部分了。

第二节　企业社会责任转变与社会诉求的作用

企业社会责任的变化本身就是经济性与社会性嵌入关系的"脱嵌"与"归嵌"过程。企业对社会责任的认识经历了社会责任观从消极到积极的渐变过程。

一、企业对社会责任由消极到积极的转变

20 世纪 70 年代以前，"企业的社会责任就是追求利润最大化"的观点普遍流行；20 世纪 70 年代以后，在经济全球化背景下，企业必须为应对来自全球开放市场和环境的压力做出适应性反应。企业不仅需要营利并获得生存空间，还需要对利益相关方和社会公众负责，这不仅是对企业自身经济行为进行道德约束，也是企业增强内外可控性的管理手段。企业社会责任观念的变迁过程如表 6 - 2 所示。

表 6 - 2　　　　　　　　　　对企业社会责任观念的变迁

社会责任的变迁	时间	对工厂/企业的认识观念	影响因素	社会责任的具体表现
近代消极的企业社会责任观	17 世纪	追求私人最大利润	教会、工场手工业转变为私人企业	只考虑商业利益传统教会对商人的社会责任要求转变为商人职业道德的一部分

续前表

社会责任的变迁	时间	对工厂/企业的认识观念	影响因素	社会责任的具体表现
近代消极的企业社会责任观	18世纪中后期	追求私人最大利润	工业革命、古典经济学、现代意义的企业产生、劳工运动	只考虑商业利益 企业尽可能高效率地使用资源以提供社会需要的产品和服务，并以消费者愿意支付的价格销售
	19世纪	追求私人最大利润	社会达尔文主义、劳工运动、政府保护劳工的一系列法律法规	只考虑商业利益，被社会保障法等法律法规强迫履行的社会责任 消极履行社会责任，认为慈善违背了优胜劣汰的自然法则
现代企业社会责任的多样化	20世纪20年代	追求私人最大利润	社会问题出现、企业体制改变、思想资源丰富	考虑商业利益、社会底线 社会责任的概念被明确提出
	20世纪30—70年代	追求私人最大利润	公民意识觉醒、新社会运动频发、各种权利保护组织增多	被要求遵守商业底线、社会底线、环境底线 现代企业的社会责任观初步形成，开始认为企业的社会责任中含有道德因素，并提出"同心圆"定义
	20世纪80—90年代	不能仅仅追求私人最大利润，必须同时追求利益相关者的利益	工伤事故、环境问题、失业等等社会问题频发	考虑商业底线、社会底线、环境底线 不断提出社会回应、社会企业绩效、利益相关者、企业公民、社会契约、社会投资等概念，现代企业社会责任观深化发展，提出利益相关者理论、社会责任层级理论、企业公民理论和社会责任理论

续前表

社会责任的变迁	时间	对工厂/企业的认识观念	影响因素	社会责任的具体表现
当代企业社会责任的内化	21世纪以来	不能仅仅追求私人最大利润，必须同时保护利益相关者和绿色生态环境利益	政府立法执法、大众舆论、NGO民间组织、社会企业家精神的推动、互联网技术的推动	主动强调公司治理、社会责任层级、企业公民和经济伦理 社会责任从企业的外部约束逐渐发展为内部约束，甚至改变企业利润目标为社会目标，其极致代表为社会企业 必须考虑商业底线、社会底线、环境底线

（一）近代消极的企业社会责任观

17世纪，工场手工业逐渐演化为原始的私人企业，教会对教徒商人的社会道德和责任要求已转化为商人职业道德的一部分。18世纪中后期工业革命的到来，产生了现代意义上的企业，企业成为现代社会生产的主要形式，西方率先进入了工业化时代。古典经济理论家认为，企业唯一的目标就是在法律允许的范围内追求利润最大化。企业如果尽可能高效率地使用资源以提供社会需要的产品和服务，并以消费者愿意支付的价格销售，就尽到了自己的社会责任。19世纪，慈善捐款与企业还不相关，被认为是商人和管理者的个人行为。当时法律对企业管理者如何使用企业资金也有明确规定，企业不得从事其业务范围之外的活动，否则股东有权起诉其"过度自由"。因此，在整个19世纪，人们对企业的社会责任是持消极态度的。正如人们总结的那样，近代以来，伴随着追求利润的欲望和行为在摆脱宗教束缚后的极度膨胀，以及亚当·斯密的古典经济理论和社会达尔文主义的思想的影响，利润最大化成为企业最高乃至唯一的指导原则，并异化成为企业的社会责任。①

（二）多样化的现代企业社会责任

早在1924年，英国学者谢尔顿在提出企业社会责任概念时，就认为企业社会责任含有道德因素。"企业社会责任"概念的提出面对当时凸显的一系列

---

① 本部分整理提炼于：高峰．西方企业社会责任思想的缘起与演变．苏州大学学报（哲学社会科学版），2009（6）．

社会问题，这既与当时整个企业组织结构的变迁有关，又与当时人们思想观念的变化有关。一是社会问题不断涌现。20世纪早期，针对工业发展造成的许多负面影响以及由此引发的不满情绪，批评者们开始指责社会达尔文主义的冷漠与残酷，并意识到企业必须对那些与其有关联的群体承担应有的责任。① 一些社会运动倡导给予劳动者阶层和群体更多的关注，劳工运动强调企业给予社会更多的关注。二是企业体制发生变化。这一时期，企业规模日益扩大，企业体制已经从业主所有制走向股民制，企业管理者中的大部分已经不是原来的企业主，他们只拥有一小部分公司股份。由于将公司财产用于社会行动比较自由了，企业寻找并发现了可避免"过度自由"指控的方法和依据。美国批准了《谢尔曼法》，给大型跨国企业套上了缰绳，以保护社会。② 三是思想资源日益丰富。20世纪20年代出现了三种支持扩大企业社会责任的观点：其一是"受人之托"，认为企业管理者作为受托人，他们的行为必须同时兼顾维护股东的权益与满足顾客、雇员及社会的需要。其二是"利益平衡观"，认为企业管理者有义务平衡那些与企业相关联的集团之间的利益。其三是"服务观"，服务民众是企业应尽的义务，而企业管理者个人也可以通过成功地运营企业来减少社会不公、贫穷、疾病，从而为社会做出贡献。③

按照社会关注的范围和程度，关于企业社会责任概念及内涵的研究，大致可以划分为两个阶段，即20世纪30年代至60年代的个别研究阶段和20世纪70年代以来的广泛关注阶段。20世纪70年代以前，总体而言，企业社会责任作为仁慈的利他行为被视为"外部性"问题。人们对诸如慈善捐赠等社会责任一直持消极态度。随着企业造成的大量社会问题的出现，继早期的劳工运动之后，消费者运动和环保运动等以社会组织为主体的社会运动不断兴起，要求企业的经济行为必须符合主流价值观和社会道德期望。坚决反对主流观点认为的在自由市场经济条件下，企业的责任就是追求利润最大化。④

---

① 陈宏辉．贾生华．企业社会责任观的演进与发展：基于综合性社会契约的理解．中国工业经济，2003（12）.

② 以上内容参考提炼自：高峰．西方企业社会责任思想的缘起与演变．苏州大学学报（哲学社会科学版），2009（6）.

③ 同①.

④ 同②.

1924 年，英国学者谢尔顿在提出企业社会责任概念时，认为企业社会责任含有道德因素。1953 年，鲍恩在其《商人的社会责任》一书中研究了美国大型公司，开创性地提出了企业社会责任内涵。商人（大型企业的管理者和董事）的社会责任是商人有义务在制定政策和做出决策时，遵循对社会目标和价值观有益的行动指南；商人自愿承担社会责任是改善经济问题，并更充分地实现我们所追求的经济目标的一种可行途径——公共责任、社会义务、商业道德和社会责任是同义语。①

自 20 世纪 70 年代开始学术界关于企业社会责任的内涵不断丰富，陆续提出了"三个同心圆""金字塔""三重底线"等比较有代表性的观点。其中，1979 年卡罗尔提出的金字塔理论影响比较广泛。他认为，企业社会责任是一个包括经济责任、法律责任、伦理责任和自行量裁（如慈善等）责任四个层次的金字塔形结构。② 进入 21 世纪，经济全球化趋势深入发展，履行社会责任日益成为全球企业的共同义务、挑战和追求。包括联合国在内的众多国际组织，分别从不同角度对企业社会责任进行了定义。例如，消费者运动从只关心产品质量到关心与产品相关的劳动者权利，消费者拒绝使用和消费不人道、不道德、违背劳动法和工作环境恶劣条件下生产的产品等等。

（三）由外部约束深化到内部约束的当代企业社会责任

20 世纪 70 年代中期之后，企业社会责任概念又不断衍生出社会回应、社会企业绩效、利益相关者、企业公民、社会契约、社会投资等概念，这些概念的提出意味着企业社会责任的关注重点开始转向如何实施并赋予其更多的实践意义的行动阶段。众多的学者和机构从公司治理、社会责任层级、企业公民和经济伦理四个角度，分别提出了利益相关者理论、社会责任层级理论、企业公民理论和社会责任理论。

近年来，由于政府通过立法、执法等行为对企业的社会责任进行约束，民间力量对于企业社会责任产生舆论影响，社会中的社会组织等通过施加影响来督促企业承担社会责任，同时，企业家对社会责任的意识也不断提高，社会责任从对企业的外部约束逐渐发展为内部约束。"社会企业"从 20 世

① 鲍恩. 商人的社会责任. 北京：经济管理出版社，2015：5.

② CARROLL A B. A three-dimensional conceptual model of corporate social performance. Academy of management review，1979，4 (4).

80 年代开始出现于文献中，近年来更是快速发展成为一个新的社会、经济和文化现象。有人认为它等同于企业社会责任，有人不同意这一说法。但无论如何，企业社会责任的理论和思想都深深影响着社会企业的价值观、文化及经济行为。

二、社会诉求介入企业经济行动的作用

在经济与社会、财富与社会责任、利己与利他之间的转变过程中，无论是由于外在法律强制力的约束，还是由于企业家内在意识的改变，社会诉求与企业之间的关联已经呈现出来，融入企业的经济行动之中。

（一）社会价值诉求增强了经济行动的目的混合性

社会价值是不能被经济价值直接体现的，也是以前不被市场承认的价值。传统上，理性人假设只强调在商品经济市场中人们逐利的唯一性，对经济行为的决定因素也只用谋取私利的动机来解释。然而，人的经济行为本身镶嵌在所在的社会关系和制度文化背景之中，社会价值诉求（如内在的互惠信赖的社会关系，外在的社会权利、工作权、健康安全的社会环境，等等）的多样性使人们对经济行动的目的的唯一性观点产生怀疑。诚如格兰诺维特指出的那样："经济行动的目的是混合性的，经济行动者之间的社会关系使他们之间存在着信任与合作、支配和遵从；认知、情感、规范、身份通过社会关系与行动互相影响，并界定着利益或收益本身。"[①] 这就意味着人们经济行动的目的不再单一，而是更加趋于经济利益、社会利益和情感的多重混合。对市场失灵的批判证明，传统的市场观念和私利企业观念正在发生改变，社会价值诉求越来越参与到企业的经济决策和经济行动之中。特别是在共享经济条件下，无论是企业还是社会公共部门都得以打破"失灵"的藩篱，扩展组织边界，寻求跨界合作，这种协同发展的思维取向催生了许多新的组织形式以及商业模式，带来了一股社会创新的浪潮。

（二）对经济行为的社会期待

个人和管理者作为经济行动者的能动性，体现在对经济行动的目的和能力的认识的改变上，观念的变化促使他们对企业经济行动的目的和能力进行

---

① 刘少杰．西方经济社会学史．北京：中国人民大学出版社，2013：240.

反思，对经济行动的社会价值重新进行审视，重新界定什么是有价值的。只有重构头脑中"企业是什么"的文化价值图式，才能决定应当采取什么样的经济行动。

第一，重新审视财富的责任和意义。财富是仅仅为私人服务还是能为公共服务？财富造成社会痛苦还是创造美好社会？"正如革命吞噬掉自己的孩子一样，不加节制的市场原教旨主义能吞噬掉对资本主义的长期活力至关重要的社会资本。"① 这是社会发展对财富的社会功能及其合理分配提出的尖锐问题。决策者和社会大众都必须回答新发展观下的财富观是什么，审视财富对社会公平和社会发展的功能。。

第二，重新审视市场经济中企业为社会做贡献的能力。企业在解决社会问题方面是否无能为力？企业是否有能力建设一个健康的社会？共享经济的到来使人们对企业有了更高的社会期待，企业家们必须对此做出回应。"在数字经济和金融业发达的时代，短期内（能够）积累巨额财富，这些新成功的企业家强调创新，在谋求为治理社会弊病做贡献时不满足于因循守旧，更加雄心勃勃。同时，精英们达成共识不满足于传统的公益方式，需要各方面联手的新公益。"② 商界精英们相信，企业比非营利组织更有能力改变社会，提倡应该用创新的模式解决社会问题。在企业自律方面，强调"好商业是立业为善的，指有道德、负责任，而我们所提倡的立业为善，则是使整个企业和它的业务运营，都致力于解决某一社会问题，而其本身仍旧是逐利的。在新的市场中开发具有这样属性的产品，不仅能使企业从中获益、造福社会，也能回馈股东"③。这将企业的作用推向了更高境界。

（三）企业社会责任并不等同于社会企业

目前，学界和实务界关于企业社会责任与社会企业之间的关系的看法不一，主流观点认为企业社会责任与社会企业不同，主要分为三种取向：

一是绝大多数社会企业研究者赞同企业社会责任不等同于社会企业。他们认为，如果把履行企业社会责任的企业都视为社会企业，那就抹杀了商业

---

① 资中筠. 财富的责任与资本主义演变. 上海：上海三联书店，2015：ⅲ.
② 资中筠. 财富的责任与资本主义演变. 上海：上海三联书店，2015：400.
③ "欧洲社会创新教父"迈克尔·诺顿：当下是"立业为善"的时代.（2016-12-14）［2022-07-15］. http://www. p5w. net/news/cjxw/201612/t20161214_1664951. htm.

企业与社会企业之间的差别。首先，二者的性质不同。商业企业无论怎么履行社会责任，都以获得利润为目标，企业社会责任既能够为企业带来益处，同时也能够对社会有益。社会企业则是为了追求社会价值、解决特定社会问题去创造市场收入的活动，所谓"社会之心，商业之手"。其次，二者的社会功能性具有广义和狭义的社会功能性之分。人类社会的任何组织形式都存在其社会功能，我们必须做一个区分。社会有广义和狭义之分。从广义上来说，社会指人类社会。在人类社会和人类社会不同发展形态的意义上，任何组织的存在都是人类社会的存在，都有其功能所对应的社会需要，商业企业也不例外。现代企业本身就是这样的存在，经济性具有维持人类社会生存与发展的基本功能。比如，推动生产力发展、提供就业岗位、纳税、承担社会保障金等等都是其社会作用的表现。如果商业企业都倒闭了，失业人群就会大量涌现，在这种情形下，我们更能显而易见地看到社会性，这是广义社会概念下的社会功能性，是客观公益（有用性）的反映。但是，我们却不能反过来对商业企业下定义，说它是为了解决就业问题而建立的。狭义上的社会指社会公共领域，公共社会领域又分为设施类的领域和人的领域。其中，专门指向人的民生与福利保障问题是狭义的社会功能性的核心，这个领域面对更多的贫困与公共资源缺乏等社会问题，也是维护社会公平和社会稳定的重点领域。所以，商业企业具有广义的社会功能性，社会企业具有狭义的社会功能性。最后，狭义和广义的社会功能性反映了社会企业与商业企业的主观公益与客观公益之分。商业企业的社会功能性更多反映了客观利他性，因此是客观公益的反映。在民生与福利保障这个狭义的领域中，不管何种主体，都是以解决某类社会问题为目标而存在的，体现的是在组织动机和意愿上主动实现社会价值的实现，可称之为主观公益。因此，为了解决失业、贫困和公共利益供给不足问题而建立的生产性组织，我们恰恰称之为社会企业。社会企业就是以问题为主观旨趣而建立的组织，而使用的工具是商业手段，所谓新、打破规则就体现在这里。在传统的社会公共领域中，提供服务的组织的性质都是非营利性的，而社会企业在各个国家法人类型上有企业注册的，当然也有非营利组织注册的，这也是社会企业在组织形态上打破规则之处。社会企业体现着主观公益，这是它与商业企业在组织使命和性质上的主要差异。

二是认为企业履行了社会责任就是社会企业。许多慈善研究和企业研究

者认为，履行了企业社会责任的企业就是社会企业，因为企业不仅为社会公
益慈善和公共利益改善进行了人财物的投入，企业本身吸纳就业也是有社会
意义的。这显然是泛化社会企业的论调，混淆了商业企业与社会企业之间目
的和性质上的根本差异，也把客观公益与主观公益混为一谈。另外，在类型
上，有人提出：国有企业特别是有公益性质的国有企业，在目标、利税贡献
和企业社会责任方面不就是社会企业吗？这就涉及社会企业的另一个规定。
社会企业的创办主体一般为公民个人或企业公民，所以，社会企业的资源关
系与慈善公益捐赠、福利政策支持和以民间为主体的第三次分配联系紧密。
我国国有企业的创办主体是国家，国有企业的投资来源于国家财政投入，代
表国家的力量，服从政府行政调控和指挥。因此，国有企业虽然具有社会性，
在许多方面对社会公共领域做出贡献，但不是社会企业。

　　三是有研究者从关系延展的角度，认为可以由企业社会责任发展出社会
企业，认为企业社会责任与社会企业之间可以产生涟漪效应。虽然这个角度
确认了企业社会责任与社会企业之间的延展关系，但它并不等于认为企业社
会责任与社会企业是相同的概念，以企业社会责任发展社会企业的做法通常
可以分为企业慈善和企业基金会两种形式①。企业社会责任涟漪效应是指企
业社会责任由市场向公益的延伸效果。企业在履行社会责任的时候，一要由
企业基金会这一非营利性质的组织实行捐赠管理，二要和各类社区组织合作
形成新的组织，这往往会促成以联合体形式出现的社会企业。这样一来，以
企业社会责任为诱因，不仅拓展出企业基金会这样的非营利组织，接续而来
的还有推动与新组织（其中不乏新的社会企业）的实务合作。虽然企业社会
责任与社会企业的概念是不同的，但二者在资源策略上可以形成多元主体社
会企业联盟。

第三节　社会因素的脱嵌与回归发展趋势

　　从企业发展的历程中，我们可以看到社会因素的脱嵌与回归发展趋势。

---

①　黄德舜，郑胜分，陈淑娟，等．社会企业管理．台北：指南书局有限公司，2014：15-16.

一、"市场失灵"与"市场不失灵"

市场失灵论助推了经济行为"脱嵌"。而从市场经济到共享经济的发展趋势却在展示"市场不失灵"的一面。一直以来，在私人利益与公共利益的关系问题上，新自由主义的市场失灵论一直占据霸主地位。经济学的"市场失灵"是指"价格体系中存在的不完美，它阻碍了资源的有效配置"。其中，市场失灵包括公共品的提供、外部性、不完全竞争和不完全信息。市场失灵被分为原始的市场失灵和新的市场失灵。原始的市场失灵是与诸如公共物品、污染的外部性等因素相联系的市场失灵，即市场交易不能提供这样的不划算的公共物品或服务；而新的市场失灵，则是以不完全信息、信息的有偿性以及不完备的市场为基础的市场失灵。市场失灵论认为，企业不能够提供公共物品，因为增加公共投入就会损失私人利益。这其实是为了价格基础上的成本-效益及其外部性模型计算的方便而提出的纯经济人假设，误导了人们对于经济行动目的多元性的认识。许多经济学家和社会学家对市场失灵论进行了反击，波兰尼、格兰诺维特、哈里森·怀特、罗纳德·伯特、泽利泽等分别从社会背景、社会关系、网络关系、文化观念等不同的角度充分论证了经济嵌入社会的种种关系，批判了绝对抽象的市场失灵论的错误。市场失灵论认为，追逐利润的企业由于市场失灵问题不会也不能够去从事公共物品的生产和服务，这在观念上把企业与公共物品的提供主体理所当然地隔离开来，导致长期以来人们认为公共物品只应该由政府和非营利组织提供。市场失灵论将企业与外部社会价值诉求割裂开来，致使人们对企业只有利润的唯一性的认识，导致了社会因素与经济行为在观念上的脱嵌。然而，事实并非如此。我们在企业的发展历史中清楚地看到了经济嵌入社会关系对经济行为的规制，同时，任何经济危机的解决也都在刷新企业社会责任的理念。

二、文化-观念嵌入机制直接作用于企业价值观

通过外部对企业社会责任的规制过程分析可以看到，在认知-行动的互构过程中，在观念（文化图式）、法律制度（社会价值）和社会关系（劳资权益）对企业的经济目的、决策和行动的影响下，对企业是什么和企业应当对社会负有什么责任的认知和观念不断产生有利于社会方面的变化。在从观念

到行动的转化过程中，社会因素的介入情况如图 6 - 1 所示。

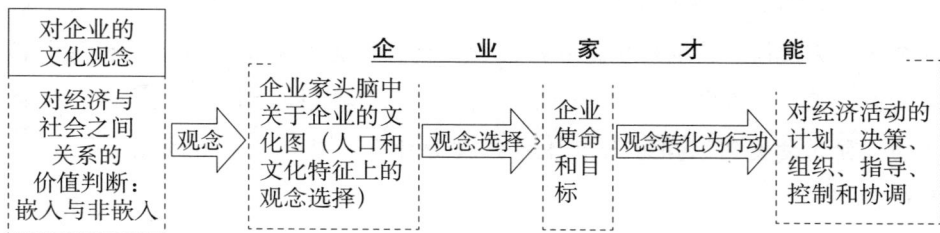

对企业的文化观念			企 业 家 才 能		
对经济与社会之间关系的价值判断：嵌入与非嵌入	观念 →	企业家头脑中关于企业的文化图（人口和文化特征上的观念选择）	观念选择 →	企业使命和目标	观念转化为行动 →	对经济活动的计划、决策、组织、指导、控制和协调

图 6 - 1　由观念到行动的传递图

存在于经济与社会之间的嵌入关系是通过行动主体来转换的。因此，文化-观念变化会成为一种嵌入机制发挥转化作用。社会因素在企业经济行动中的建构与演变是人们对于企业的观念认识过程，管理者们通过对企业意义的认识，在价值观念上形成文化蓝图，从而塑造了企业的行为动机。

第一，从企业的发展过程来看，伴随着自由主义市场经济向共享经济的转化，观念嵌入使企业经历了或正在经历从客观公益到主观公益、从被动承担社会责任到主动承担社会责任、从强制性规制到主动卷入的行为演变过程。从经济行为的目的来看，观念嵌入经历了从企业的唯利润目标、被动承担社会责任到以社会价值优先性为目标的过程，直到以社会责任为己任的社会企业出现，直接采取经济行动为社会目标服务。

第二，观念嵌入不断促进社会因素与经济行动之间的联动关系。社会因素建构是经济与社会之间的关系建构，从社会嵌入理论出发考察社会因素在企业经济行动中的建构与演变，重心是考察企业行为与社会责任之间关系的嵌入性，这个嵌入性经历了脱嵌与归嵌过程。社会因素的嵌入性始终发挥着规制企业的经济行为的作用。这些嵌入具体表现为对一系列劳动保障制度的强制性规定、对企业的社会责任的指标考核和企业对承担社会责任的主观能动性，以及社会企业的最终产生。

第三，社会因素在企业经济行动中的建构与演变是人们对于企业的观念认识过程。在这个认识观念里，社会因素以价值观的方式存在，无论人们认为企业经济行为与社会责任是相关还是不相关，企业文化观念都始终发挥着对企业经济行为的放任或是规制作用。

第四，社会诉求对企业经济行为的规制首先是一个外部强制的手段和过程，随着社会的进步，劳动保护权利被完全纳入企业的经济行为之中，对企业经济行为的负外部性的社会矫正越来越强烈，并不断演化为内容更为丰富的企业社会责任。特别是从企业社会责任到社会企业家精神可以被视为由客观公益、被动公益向主观公益的演变过程。从强制性规制到主动卷入、从企业的唯利润发展到承担社会责任再升级为社会企业，也存在着必然的发展路径。

第五，文化嵌入通过观念创新、思维创造发挥作用。特别是在互联网时代，由于共享经济突破了市场经济的束缚，给人们带来了对财富的社会意义的新思考及对企业解决社会问题能力的新认识，因此，共享模式为社会利益与经济利润的融合提供了社会基础。在共享经济中，社会企业被称为"新公益"的一种组织类型，未来具有广阔的组织创新空间。

三、未来共享经济模式会加速经济和社会因素的混合

共享经济现象来自 1937 年科斯提出的交易成本理论。他认为，共享经济的价值在于，在拥有某项资源（资产或技能）的消费者与需要这种资源的消费者之间，在某一时间以可以接受的交易成本创建一个匹配。共享经济的实质是产权革命，表现为把所有权分裂为支配权和使用权，过去两权合一的产权主要适应产品业态，共享经济的产权更适应服务业态。共享经济的发展不仅给企业带来了新的模式，也为社会企业的发展带来了重大利好。[①]

第一，共享经济改变了人们的私有产权观念，人们能够超越所有权或不经过产权交换就可以获得使用权，从而得到产品和服务。这种产权理念，模糊了私人利益与公共利益之间的传统边界，不仅如此，它还使交换和消费行为建立在个人之间的关系上而不再必须借助市场，因为信息能够做到透明对称，交易便可以依靠人与人之间的互惠、信任，这种观念培育了社会合作和诚信意识。

第二，在共享经济条件下，随着以互联网信息技术为标志的"零边际成本社会"的到来，物联网成为交换和消费的媒介，数字化平台技术使得人们以点对点的方式进行连接，大大降低了搜寻成本、联系成本、签约成本和监

---

① 里夫金. 零边际成本社会. 北京：中信出版社，2014：2.

督成本等交易成本，使等于零或接近于零的边际成本投入也能够换来更大的
收益。所以，价格体系对企业的制约作用发生了巨大变化，这意味着企业的
各种生产资源可以重新配置，企业在市场中的作用被重新认识，新型企业也
可以出现。

第三，在共享经济组织模式下，企业可以借助社会运营机制而非市场交
易机制运营。近些年来，经济学家和历史学家重新把共享看作一种独特的经
济模式。他们认为，市场经济组织模式与共享经济组织模式在交易成本上有
系统性差异。在信息成本方面，市场经济综合地使用价格体系、管理层级报
告以及命令流来管理信息、配置资源；而共享经济则使用对所有参与者都开
放的社会关系来实现上述目的，并不明确指定参与者的行动。在执行成本方
面，市场经济更多地依赖但不限于正式的强制手段，而共享经济所依赖的社
会关系则主要依靠对社会规范的非正式执行机制和互惠机制来解决执行成本
问题。

可见，在共享经济社会中，社会关系、社会规范的非正式行为约束，诚
信互惠等非经济因素归嵌并成为经济交换和消费原则。无论是对于商业企业
还是社会企业，共享经济中的社会因素对经济行为的作用都越来越突出。而
对于社会企业，共享意味着集体公共物品产出和私人利益通过企业运作的可
获得性，它新就新在在解决社会问题上能够做到"营利性共享"，即能够将商
业经济手段与社会目标有效地结合在一起，这在以往"失灵"的市场经济定
义中是非常艰难的事情，因此，只能由非营利组织承担福利供给或仅仅依赖
政府的福利提供。

总之，企业发展的历史也是把社会因素不断地纳入企业经济行为中的历
史。自资本主义自由市场经济出现以来，人们对企业与社会责任之间关系的
认识经历了由传统的经济责任向现代社会责任的观念转变。任何企业都与其
生存环境之间进行着资源交换，全球化的开放环境始终对企业形成压力，迫
使企业在伦理和责任上不断提升，承担社会责任成为企业生存和参与竞争的
战略管理因素。企业通过解决社会问题、树立良好的公众形象来赢得市场，
通过使消费者放心的售后服务来赢得企业的核心竞争力，这些都成为企业发
展的创新点。从外部强制的消极劳动权益保障到主动关注工作福利、社会问
题和可持续发展模式，企业也开始主动承担社会责任并将社会因素更多地同

企业的发展结合起来，企业公民、社会影响力、社会创业、创投公益等有明显社会因素偏好的概念纷纷出现。这意味着社会价值因素在企业行为中的积极建构，以及社会诉求在企业经济行为中的逐步归嵌。特别是在 20 世纪 80 年代出现的创新性的"社会企业"，更是将社会责任直接作为使命，把解决社会问题作为其首要目标。随着信息社会的发展，依据外部性经济模型的市场失灵论的解释力变得越来越弱，因此不仅有必要重新认识企业和企业在市场中的作用，还要沿着历史轨迹，重新认识社会因素建构对新型企业建立和发展的重要作用，理解新的企业类型出现的历史根源。

第七章　经济与社会的嵌入性关系

当提及企业时，通常包含着以下隐性前提：企业就是指商业企业，所有企业都是唯利是图的，企业唯利润至上。据此推论，不会存在不为私利去赚钱的企业。然而，随着社会的发展，社会企业出现了。作为新的组织类型，社会企业为何能够出现？经济社会学的嵌入理论，深刻地分析了经济行为与社会因素之间无法断离的嵌入性关系，为解释社会企业何以存在提供了坚实的理论基础，为深刻理解"为社会利益去赚钱"的社会企业的性质提供了一把关键的钥匙，是社会企业生产要素社会性变革的理论基础。

第一节　生产要素中的嵌入性关系

经济社会学的产生源于对经济学的批判，与经济学过于强调自私自利的"理性人"假设不同，经济社会学家们认为，人作为经济行为的主体生活于社会之中，必然与其他人发生联结而产生各种社会关系并被卷入各种社会制度之中，故需要用社会学的传统来分析经济现象，不能在摒除社会因素的前提下研究经济问题。在经济与社会的关系研究中，"嵌入"是经济社会学的核心分析概念。"嵌入"（embeddedness）一词，最早由卡尔·波兰尼在其著作《大转型：我们时代的政治与经济起源》中提出，以波兰尼为代表的经济社会学家运用嵌入作为分析概念，反思人类社会发展过程中的经济生产方式和社会关系，开辟了经济与社会关系分析的新的视野。

波兰尼对商品经济市场中的"经济人"假设把企业生产要素作为抽象商品来看待的谬误进行了批判。资本主义社会中被抽象为商品的所有生产要素在本质上都具有社会价值属性。波兰尼指出，一切经济行动都是嵌入社会结构之中的，商品经济社会把货币、劳动力、土地抽象为商品而抽离了其社会属性的"经济人"假设是错误的，经济要素和社会关系本身便包含着社会价值和经济价值。

一、对人类行动以获取最大货币所得为目标的市场假定的批判

波兰尼指出，资本主义商品经济市场的建立，犹如圈地运动，凡是被划归商品经济市场的要素都被抽象为单一的商品经济功能，与社会生活隔离。经济学认为"自发调节的市场经济仅仅是一种只受市场独自控制、调节和指导的经济体系；商品生产和分配的秩序只托付给这一自我调节的机制"，"自我调节意味着，所有产品都是为了在市场上销售，所有收入都来自这种销售"，因此，"自发调节市场是为所有产业要素而存在的，不仅为商品（总是包括服务）而存在，也为劳动力、土地和资金而存在，它们的价格分别被称为商品价格、工资、租金和利息"①。波兰尼尖锐地指出，"市场经济必须由包括劳动力、土地和资金在内的所有产业要素组成。但劳动力和土地不是别的，它们与人自身一样是每一个社会的组成部分，是社会存在于其中的自然环境。把它们包含在市场机制当中，则意味着使社会自身的本质服从于市场的法则"，但是，"一般来说，经济体系是被吸收在社会体系之中的，经济秩序只是社会的一个职能而已。生产活动的动机和环境是嵌入社会的一般组织之中的"②。而现代国家支持和保护这样的自我调节市场秩序，导致在商品市场经济运行中，自发调节的独立市场经济秩序脱嵌甚至反制于社会体系。

生产要素与商品假设之间仍然存在巨大矛盾。波兰尼分析了商品市场经济中商品假设的定义——"商品是为生产出来供在市场上销售的物品，在生产的时候，产业的每一个要素都被认为是生产出来供销售的，于是它将只受按照价格进行互动的市场供求机制的支配"。波兰尼认为，"依此假设，劳动、土地和资金作为产业的基本要素也就必须被组织进入市场"。但是，也是依此假设，"劳动力、土地和资金显然又不是商品，因为它们没有一个是生产出来供销售的"，而是被认定的，"但正是在这一假定的帮助下，劳动力、土地和

---

① 波兰尼. 大转型：我们时代的政治与经济起源. 浙江：浙江人民出版社，2007：60.
② 同①60 - 62.

资金市场才得以组织起来"，被用来维护市场经济体系的自我调节。① 在市场上，这些要素也只重视买卖的价格而完全忽略了它们不是商品的属性，劳动被工资、土地被租金、资金被利息以可计算的抽象经济概念代替。在这里，生产要素的非商品关系被人为地抽离于社会生活的多种功能之外，生产要素只作为单一商品化概念被使用。

二、关于生产要素的非商品化嵌入性

生产要素的非商品化就是对嵌入的最好理解。诚然，生产要素离不开市场机制，但它并不仅仅是商品。劳动和土地具有丰富的社会功能和生活意义。波兰尼认为，就劳动和劳动力要素来说，"劳动等同于人类活动，人类活动与生活本身同在，反过来说，劳动力并不是生产出来供销售的"；所谓的"劳动力"商品，"是不能被推来操去、不能被随随便便地使用的，或甚至不能被丢在边上不用"，否则会损害他们的生活和社会人口资源；"市场体系在处置一个人的劳动力的同时，也在处置附在这个标识上的生理层面、心理层面和道德层面的实体'人'"②，被商品化使用的劳动力无法代替这三个层面上人的生理和社会属性。每个劳动力都是一组角色丛，承担着经济、家庭、亲友、邻里、文化等多种社会生活功能。作为社会人、经济人、文化人、道德人，处于多种紧密联系、不可分割的社会关系和伦理约束之中。就土地及土地资源来讲，波兰尼指出："土地是大自然的另一个名称，它不是人所生产出来的。"③ 土地不仅仅具有给予人类生活所需的衣、食的经济功能，更具有提供稳定的生活栖息地和归属感的社区聚居功能，还具有提供风、水、空气、田园风景等人类健康生活必需品的环境功能。就资金而言，"实际的资金，仅仅是购买力的一个象征，通常不是生产出来的，而是借助银行业或国家财政的机制产生的"④。通过使用金融媒介来保证资金使用中的信用、信任和承认，这些都不能作为商品去生产，而恰恰依赖人与人之间的社会性关系。可见，所有的生产要素都嵌入社会生活之中，人们的经济活动并不是全部的生活目标，经济活动也无法排除非商业目标

---

① 波兰尼. 大转型：我们时代的政治与经济起源. 浙江：浙江人民出版社，2007：63.

② 同①.

③ 同①.

④ 同①.

的制约，嵌入性关系的原始存在，无法使基本生产要素与非商品化彻底分离。如果把劳动及劳动力、土地和资金抽象化并关入商品化使用的唯利是图的牢笼，那么必然抑制人们对经济活动、财富的意义和企业之于社会生活的意义的认识，阻碍新经济行动模式产生。

三、被抽象为商品的所有生产要素在本质上具有社会文化价值属性

尽管波兰尼从经济与社会之间尖锐对立的视角看待劳动力、土地、资金等生产要素，但是他指出了生产要素内涵深厚的社会、文化特性。依此，生产要素的非商品化属性为社会企业的产生提供了坚实的理论基础。生产要素的非商品化属性恰恰描绘了市场经济底色，非商品化属性即嵌入性存在，商品化的脱嵌使用只是一种假设，即便生产要素被市场商品化，劳动力、土地、资金等生产要素的非商品化的社会本质属性也不会因为商品化而消失。如果将脱嵌的经济功能归嵌于总体性的生产要素属性之中，重新审视经济行为目的与其他要素之间的关联，就可以发现经济行动新动机和新组合的可能性。正是这些属性在经济行动中地位和关系上的变化，引起组织目标和要素组合方式的变化。反过来说，劳动力、土地、资金等生产要素突破商品假设边界限定，必然会同更为广泛的社会、文化因素相关联，增加非商品性因素。于是，被剥离的社会性得以返还于诸生产要素，这样"人们以追求货币最大化行为为目的"的商品假设也会发生改变。正是基于对商品经济企业生产要素属性去商品化的发现，人们才会理解社会企业的运行逻辑。在此意义上，社会企业突出地承载了经济归嵌于社会的功能，是经济归嵌于社会的一种组织方式。

西达·斯考切波总结道，波兰尼从人类社会生活发展的历史变迁角度来讨论经济在社会中的位置，也可以说讨论了经济与社会的关系。波兰尼认为，"人类经济一般都暗藏在人类的社会关系中……经济体系嵌入社会关系之中"，"人类的所有行为都是社会塑造和定义的"①。人类社会的发展自始至终都是社会主导经济，不是经济主导社会，"人类的经济——经济的和非经济的——都是嵌入制度之中的，对非经济方面的涵盖是至关重要的，因为宗教信仰和政体对经济功能和结构的重要性，如同货币制度或者工具和机械本身对于减

---

① 斯考切波. 历史社会学的视野与方法. 上海：上海人民出版社，2007：67.

轻劳动力负荷的有效性一样重要"①。波兰尼对商品经济市场中的"经济人"假设展开猛烈的批判，工业社会中自由市场经济的"经济人"前提假设是脱离了社会来分析个人的，这是一种假设和乌托邦，是经济学的谬误。波兰尼指出：当经济行为"没有嵌入"或是没有被社会或非经济权威控制时，它们变得具有破坏性。当市场经济将人、土地和货币用虚拟商品的形式从其实质意义上抽离出去时，意味着它将使"人类社会必然成为经济体系的附属品"②。"当劳动力蜕变为商品时，意味着附着于他身上的生理、心理和道德以及文化层面的属性被抽离。文化保护层的被剥夺意味着人将变为赤裸裸的动物，将死于邪恶、堕落和饥荒所造成的社会动乱。当土地从社群、生存伦理等观念中抽离出来并蜕化为商品后，人类将面临生态和战争的威胁。"③　波兰尼指出，资本主义真实的问题，是对经济与社会关系的倒置，即把社会关系嵌入经济系统中，而不是把经济系统嵌入社会关系中。他站在整体主义的大视野上，批判工业社会及其自由经济市场对人类的错误诱导，尖锐地指出，大机器生产的工业社会造就了"经济是社会的主导"的错误社会观；资本主义自由经济推动形成的"市场社会"，使人们的经济行为不再是嵌入社会的，而是脱嵌于社会，并且成为主导人类社会生活的强制力量。这种观念的错误在于，它悬置了社会，用一个建构的市场社会取代了实际上无法替代的人类社会生活的一切，把社会变成了经济的产物，让社会从属于经济，这是不符合社会发展规律的反常。波兰尼强调，（市场）"经济行为应当纳入社会整体的脉络中"进行理解，经济"必须嵌入法律、政治制度、道德之中，必须受制于人伦关系、社群伦理及各种正式和非正式制度"④。

　　波兰尼的"嵌入"一词明确的指向意涵为：经济是也应当是嵌入人类社会的关系、制度设置、伦理和文化之中的。嵌入分为原始嵌入和文明嵌入。原始嵌入指经济动机与经济制度蕴含于社会制度总体之中，即存在以一种无

---

① 斯考切波. 历史社会学的视野与方法. 上海：上海人民出版社，2007：68.
② 波兰尼. 大转型：我们时代的政治与经济起源. 杭州：浙江人民出版社，2007：65.
③ 刘少杰. 西方经济社会学史. 北京：中国人民大学出版社，2013：134.
④ 斯威德伯格. 经济社会学原理. 北京：中国人民大学出版社，2005：20－21. 波兰尼在《大转型：我们时代的政治与经济起源》中并未对"嵌入"本身做更多的解释。但是在其著作《早期帝国的商业和市场》（*Trade and Market in the Early Empires*，1957）中的"作为建构过程的经济"（The Economy as Instituted Process）部分，他做出了较为具体的说明。

意识的方式发挥包含社会存续所需要的、包括经济功能在内的所有功能的一系列无法做出功能区分的"总体性社会事实"。原始嵌入在保证经济运转的同时维护社会整合，但是会限制社会规模的发展。文明嵌入指以等价为核心的古式社会中的经济制度与社会的关系。等价使经济活动受到了道德和义务的完全约制，公平价格这种相对抽象化的物质交往方式不仅使人所受到的物的限制大大降低了，也具有对人的解放作用，并能促进社会规模的发展。虽然等价这种嵌入方式脱离了与具体社会关系的嵌入关系，但它本身却是社会结构和社会关系总体的一种抽象体现。而市场机制则既摆脱了对具体社会关系的嵌入，也摆脱了对抽象社会关系即道德的嵌入。正是这种彻底的脱嵌，才使得社会从属于市场，并最终导致社会的解体。[①]从发展的整体的人类社会文明进步过程来看，商品市场社会使经济脱嵌并主导社会是错误的，市场经济必须被"重新嵌入"社会生活之中。

第二节　关系性嵌入：经济行动者嵌入所处的社会关系网络

马克·格兰诺维特在波兰尼提出"嵌入"一词后的 1985 年提出"嵌入性"一词，但是声称并不存在思想上的继承。格兰诺维特嵌入性的提出和使用被认为是经济社会学尤其是新经济社会学的纲领，具有更新、更强、更大的解释力和影响力。格兰诺维特在对帕森斯的社会系统均衡价值对经济行动的决定作用的批判和对主流经济学的反思过程中，对社会结构与个人社会行动之间的关系进行了讨论，并提出了嵌入性思想。针对新制度经济学的一系列假设命题，1985 年格兰诺维特在《美国社会学杂志》上发表了《经济行动与社会结构：嵌入性问题》一文，将经济行为与社会结构之间的互动关系研究"放在具体又可以切实分析的社会网上"，内含各种非经济成分的社会网作为媒介，使"镶嵌关系直接从事了因果分析"[②]。他分析了在低度社会化和过度社会化情形下，原子化行动者的行为和制度受到社会关系影响的程度，认

---

① 刘阳. 从脱嵌到嵌入：卡尔·波兰尼社会思想引论. 杭州：浙江大学，2006：24-28.
② 格兰诺维特. 镶嵌：社会网与经济行动. 北京：社会科学文献出版社，2007：2-3.

为从其中抽象出来的经济决策模型含有"社会性孤立"不真实的前提预设。经济学"不能总是预设（经济）行动者可以独立于文化、政治及历史脉络而追求个人价值"，而"忽略了经济行动都是在人际互动中做出的决定。如果能把人际互动带入经济分析之中，人们必然能对经济行为提出更有力的解释"①，这就是嵌入的含义。格兰诺维特提出了经济行动的"关系性嵌入"概念。在他看来，"具有目的性的行动企图实际上是嵌在真实的、正在运作的社会关系系统之中"，是"社会关系而不是制度安排或普遍道德，能在经济生活中产生信任"，使交易行为得以顺利进行，社会"网络关系执行了维持社会秩序的功能，是信任和诚实行为的必要条件，但不是充分条件"②，"社会关系网络以不规则的方式不同程度地渗透于各种经济生活的不同部门"③。在个人行动方面，社会关系具体体现为个人关系以及个人关系的结构即个人的社会网，这个社会网才是发挥维持社会的功能的结构。在社会关系对个人经济行动的影响上，格兰诺维特把一般文化规范、外在的正式制度作为非直接的背景社会关系，通过关系网发酵并作为镶嵌通道，间接地影响个体的行动。这里他区分了不同的"嵌入"，指出经济行为是嵌入个人关系之中的（关系性嵌入），而经济行动者又嵌入更为广阔的社会关系网络之中（结构性嵌入）。④所以，经济行动者所处的社会关系网络及其存在的非正式规范对其经济行动具有重要的影响。格兰诺维特认为，嵌入性的存在源于人存在非经济动机。"社会性、赞同、地位和权力是人类的中心动机，所有这些动机的实现都离不开社会关系网络，都离不开人。"⑤ 经济行动是行动者行动集合中的组成单元，很难设想它能在独立的空间中运作。简言之，嵌入性观点指出，经济行为是在社会网内的互动过程中做出的决定。"经济行动者往往同时也是社会行动者，社会地位、权力和赞同等也是经济行动者的动机，经济目的本身也具有社会性。经济行动的经济目的和非经济目的的混合性，使经济行动在内容、目标和过程上深受社会关系网络的影响。"⑥ 经济活动虽然重要，但也不过被

① 格兰诺维特. 镶嵌：社会网与经济行动. 北京：社会科学文献出版社，2007：5.
② 同①8-12.
③ 斯威德伯格. 经济社会学原理. 北京：中国人民大学出版社，2005：28-29.
④ 朱国宏，桂勇. 经济社会学导论. 上海：复旦大学出版社，2005：31.
⑤ 张其仔. 新经济社会学. 北京：中国社会科学出版社，2001：24-25.
⑥ 刘少杰. 西方经济社会学史. 北京：中国人民大学出版社，2013：233.

视为社会行动的一个特定范畴而已。

经济社会学家对于波兰尼的背景嵌入和格兰诺维特的网络关系嵌入两种不同理论的一致与不同的辨析一直在进行。"其实镶嵌观点自波兰尼提出以来，主要是强调经济行动乃是一个制度化的社会过程，而格兰诺维特则指出这个社会过程应被视为人际互动过程，并在研究组织理论时强调，人际互动产生的信任是组织从事交易必要的基础，也是决定交易成本的重要因素。"[①] 格兰诺维特"从不认为理性行动理论错了，只说其假设'太狭窄'，需要补充社会情景的解释变量"[②]。波兰尼和格兰诺维特"在市场与社会关系问题上代表两种不同的学术取向：社会构建论的市场观和社会建构论的市场观。前者系市场的实体嵌入，未给隔离于社会的自主性市场留下任何可能性；后者系市场的形式嵌入，在一定程度上给市场保留了社会因素无法进入、市场依自身逻辑运作的硬核"[③]。这个市场硬核是指个人的理性选择行为，而格兰诺维特的社会建构论市场观旨在说明社会关系性嵌入对经济行为的影响作用，即经济行为不仅由个人理性选择决定，也由社会因素决定。格兰诺维特嵌入性观点的精义，"一是它与新古典经济学的对话；一是它方法论的个性，可以上承大理论的社会网理论，下开可验证的因果推论模型"[④]。新经济社会学的发展不仅萃取了一系列概念，还给出了这些概念的操作化定义和方法，以检验新理论的因果机制的解释力。这些概念包括社会网、弱连带、信息传递、结构洞、个人影响、门槛效果、传播效果、信任关系等；操作化方法和模型包括人际关系强弱关联模型、社会网的性质的数量化描述、结构洞的计算、门槛效果理论模型、传播效果统计模型等等。

第三节　经济行为的文化嵌入

新经济社会学的社会网络关系是排除文化的可计量的嵌入关系，原因是新经济社会学认为文化比较虚泛、无法测量，因此把文化对经济的作用排除

① 格兰诺维特. 镶嵌：社会网与经济行动. 北京：社会科学文献出版社，2007：7.
② 同①8.
③ 符平. "嵌入性"：两种取向及其分歧. 社会学研究，2009，24（5）.
④ 同①3.

在外。一些新经济社会学家对文化与经济行为之间的关系进行了割裂，而另一些新经济社会学家却越来越关注这个问题。现代经济社会学家普遍认为，经济行为必然嵌入文化之中，文化对经济和市场起重要的作用。迪马奇奥明确指出：文化既可以是构建性的，也可以是规范性的，文化可以影响经济行为。① 而且，文化影响经济行为的方式是多样化的，如通过影响行动者如何定义他们的利益来影响经济行为（构建性效果），通过限制行动者自身的努力来影响经济行为（规范性效果），或者是形塑群体调配资源的能力和调配的目标②。斯威德伯格直言，文化与经济利益紧密相关；为了避免经济社会学对文化的忽视，就要坚持经济社会学中的任何一项研究都要考虑经济现象的政治、法律和文化层面③。这些观点解释了为何企业家才是社会企业生产要素变革的内驱力，社会企业家精神如何对经济行为产生直接的影响。对企业文化的关注就是要关注社会联系的意义怎样形塑企业经济交易和企业之间的联盟。

在关于文化对经济作用的经济社会学研究中，泽利泽提出了与经济学传统针锋相对的文化替代路向解释。他认为，以往的研究过多地强调了社会关系、社会结构对经济行为的影响，而忽略了经济行为的文化含义。替代路向的文化分析把政治、经济、文化和社会整合为一体，并使文化由边缘进入核心，成为经济行为的内在含义，"通过把文化当作经济过程的动态的、内生的要素而不是一种简单的限制因素来研究，替代路向的模型把背景转化成了内容"④。经济行为的每一个领域都包含着自己的文化形式："任何经济行为都受到性别、种族以及其他社会文化因素的影响，任何与交易有关的关系都蕴含着一套关于合理行为规则的意义和信仰的文化系统"⑤。多元市场、企业文化、家庭经济等主题都应当从文化共同意义的角度被加以研究。泽利泽研究了从"背景"转为"内容"、从宏观文化转为微观文化的过程，指出微观文化

① SMELSER N，SWEDBERG R. The handbook of economic sociology. Princeton：Princeton University Press and Russell Sage Foundation，2005：16.

② 同①27-28.

③ SWEDBERG R. Principles of economic sociology. Princeton：Princeton University Press，2003：218.

④ 刘少杰. 西方经济社会学史. 北京：中国人民大学出版社，2013：362.

⑤ 同④363.

是"作为企业经济行动的文化",即企业层面所达成的共同价值观,是一种微观层面的文化行动。作为组织文化,它能够约束个体主观的、内在的微观文化行动,为组织的行为提供一种规则。具有社会整合力量的文化,在经济中使得特定市场中的管理者、生产者与消费者等对企业的经营理念、企业文化产生共同的理解和认识,从而帮助个人与组织拥有相同的组织文化,更容易达成经济行为与组织目标的统一。

社会企业借助文化整合控制组织环境。首先,实现美好的社会是人类共同的情感,为此,人们拥有公平、互惠、友爱、慈善和履行义务等社会情感。社会企业的使命比其他组织的使命具有更大的感召力,其中,社会痛点问题引起普遍的"共情",成为社会企业的价值倡导。利用社会情感机制精准地传递社会企业价值观,取得广泛的社会认同和组织支持也是社会企业的优势所在。社会情感机制把社会企业所秉持的价值观转化为企业文化,通过观念表达进行精准的操作化设计,并落实到具体行动之中。例如,在尤努斯的小额贷款银行经营模式中,对扶贫的价值观的体现是通过精准的设计来传递的。尤努斯提出了组织价值观传播的"十六条"原则,涉及家庭规划、子女教育、健康生活习惯、法律法规、基本生活方法等。从基本生活技能、理念、价值观等方面入手,改变生活贫困的根本原因(如疾病、教育缺失、封建陋俗等),才能有效达到逐步脱贫、彻底脱贫的目的。与其他组织相比,社会企业的运行管理可能需要包含对受益群体、员工、义工或志愿者、媒体和社会大众的成长社会化和再社会化的行动过程。文化与社会情感也是社会企业独特的社会管理技术所在。利用社会情感机制精准地传递社会企业文化是企业的非经济行为,但对社会问题的解决有显著的推动作用,对社会企业双重目标的达成效果明显。其次,社会企业家精神是文化影响经济行动的典范,有助于推动社会变革新观念、改变对非营利组织的传统认知、改变对财富与美好社会建设的观念,从而在行动中改变经济行动的目的。

第四节　嵌入理论与经济和社会双重性

在不同的时期,经济社会学的嵌入理论发展有不同的层次和视角。波兰尼提出的嵌入倾向于冲突的观点,是在社会历史形态变迁的视野下分析经济嵌入社会的问题。这种宏观的视角更多地体现在"背景嵌入"的观点中，也为经济社会学家所普遍承认。格兰诺维特的嵌入倾向于结构功能的观点，在中观层次上建立了社会网络关系平台，用于解释在结构网中人们（组织）之间的互动规则对经济决策和经济行动的决定作用，也被称为"关系性嵌入"或"网络嵌入"。当然，关系性嵌入以社会发展变化的大背景嵌入关系为基础，分析不同程度的可以操作量化的嵌入。泽利泽的嵌入坚持符号互动论的立场，强调作为文化具体形态的观念，并且首先是观念的变化对人们采取经济行动的直接作用，将在其他理论中只作为嵌入的大背景的宏观文化具体落实到现实中人们头脑中的价值观念上，以此解释、衡量经济行动，研究经济行动的社会建构，被称为"观念的嵌入"。对企业文化的关注就是要关注社会联系的意义怎样形塑企业交易和企业之间的联盟，而且企业已经发现了文化的重要作用。

虽然三种观点有所抵触，但是它们之间不是绝对对立的，而是在不同层次和不同角度对经济行动的有力解释。这些卓越的理论贡献，为全面分析经济行动与社会之间的协同共享关系提供了有力支撑。随着新经济社会学的发展，在对嵌入关系进行研究的过程中，学者们渐渐形成了不同的嵌入类型分析，包括关系嵌入（经济行动嵌入社会关系之中）、结构嵌入（行动者之间的物质特征与网络结构关系）、认知嵌入（引领经济逻辑的结构化的心智过程）、文化嵌入（形塑经济目标和共享观念与价值观）和政治嵌入（限制经济权力的国家角色与制度法规，有时也称制度嵌入）。尽管这些嵌入确有泛化之嫌，但它们也都各自具有较强的解释力，适合对不同类型的社会关系网络在不同情境下以不同方式进行解读。

新经济社会学尽管对嵌入理论研究的切入点不同，但在基本观点上也有一致性的认识：首先，市场中人们的经济行动必定受广泛的制度、文化背景的影响，并嵌入社会结构即（社会）网络关系和社会建制中。而人被看作嵌入具体的、可持续运转的社会关系之中的行动者，能动的个体也可能改变制度和文化。其次，嵌入性的存在还源于人的任何行为都存在非经济动机。人的经济目的本身是具有社会性的。人作为经济行动者，其动机是多元的、经济行动的目的是混合的。经济行动者之间的社会关系使他们之间存在信任与合作、支配与遵从。认知、情感、身份等通过社会关系与经济行动产生相互影响，并界定利益或收益本身。最后，除了个体的经济行动，经济制度等更大的经济模式同样受到社会关系网络的影响，并假设建立在亲属或朋友关系、信任或其他友好关系之上的社会网络维持着经济关系和经济制度，企业和市场的成功产生和运作都依赖于社会关系网络。社会关系网络对市场和经济行动而言，能够影响经济决策，改变经济行动。

与经济行动者具有多重动机及身份角色一样，相同的经济主体也能够同时享有身份的多重逻辑，可以用根本不同的组织原则来共同生产、创造或支持有差别却共同存在的市场。依此而论，社会企业是社会因素显性化的经济组织，强调社会价值目标优先且经济利益服务于社会利益的企业理念。这一理念来源于经济行动的非经济动机，来源于社会关系的影响。社会企业强化了文化观念动机对经济动机的作用。在社会企业的商业化行动中，以社会利益为首要目的就必然降低经济目标的唯一性，营利的商业化手段自然也要为社会目标服务。这种塑造动机、文化价值观和期望的交换逻辑，能够促进企业、市场和社会之间的关系协调，把经济行动中的直接经济利润由"独享"转变为长远互利的"共享"，改变传统的唯利是图的经济行动轨迹，从而达到共赢的目的。这就是嵌入性交换逻辑。总之，嵌入性交换逻辑使得上述诸社会因素改变经济行动。

对社会企业现象的理论解释，全部集中在规则变革这一主题上，社会企业的出现在实质上是规则变革。这些规则指资本主义商品经济市场制度建立以来，对政府责任、社会福利和市场之间关系的划分和规定。过去的福利供给规则是福利由国家政府和非营利组织提供，因为商品经济市场是失灵的，企业不负责提供公共产品和服务。嵌入理论否定了资本主义商品经济市场制度对经济与社会的政治割裂、对经济与文化的观念隔离，解释了所有生产要素与社会体系不可分割的本质属性，对经济与社会在市场中的关系进行了重新定位，对福利保障隔离经济部门与社会部门的传统规则进行了变革。嵌入理论从生产方式继承上有力地批判了长期以来经济与社会之间的脱嵌问题，为全面分析经济行动与社会问题之间的协同关系提供了有力的理论支撑。它指出了社会企业何以可能的内在规律，找到了社会企业存在的根据。由此，它改变了将经济与社会对立的规则，带来了对福利提供主体的规定、对资源来源的规定以及交换规则的革新。

第八章　社会企业生产要素的社会性变革

社会企业生产要素变革理论关注的是要素的非商品化属性如何在嵌入关系的作用下发生作用，即社会性因素和各个生产要素的结合如何促进生产要素的社会性变革。社会企业作为一种新的运作模式，在社会诉求与市场经济行为之间架起了一座共享的桥梁，以其显著的行动能力参与到社会问题治理的实践当中，这是对经济嵌入社会关系的理论的积极回应。

第一节　社会企业生产要素论

当以商业化的方式运作不再专属于商业企业，新兴的社会企业也以商业化的方式运作时，就意味着社会企业需要进入商品经济市场体系中运行，因此，它必须同商业企业一样具备企业家才能、土地、资本、劳动力和技术等基本生产要素才能参与到经济系统中进行资源配置。

社会企业使命规定了社会诉求和经济行动双重目标共享的性质，内含了解决社会问题的价值目标和经济手段一致性平衡的要求。但是，只有通过生产要素的革命性变革，社会企业的使命才得以实现、功能才得以发挥。因此，分析参与经济活动的生产要素性质的变化非常关键。

一、关于生产要素及其相互关系

生产要素是经济学中的一个基本范畴。在市场经济中，生产要素理论对物质生产及经营过程中所具备的必需要素及其环境条件进行研究。进行物质资料生产就要有有形和无形投入，这些投入被称为生产要素。"生产要素是指用于生产物品与服务的所有投入"①，一般"包括以土地为代表的自然资源、劳动力、技术、管理和信息"②。在市场经济条件下，生产要素直接参与经济活动的生产、流通和分配环节。经济学对生产要素的划分经历了一个过程，最初是土地和劳动二元论，之后随着企业的发展，资本、企业家管理才能、技术、知识和数据信息等其他因素也逐渐加入要素分类之中，形成三元论、四元论、五元论、六元论甚至七元论。本章之所以采用五元论，是因为企业家才能、土地、资本、劳动力和技术是比较稳定、通用的基础元素，且本章的重心不在于生产要素如何细分，而在于借用生产要素体系来分析社会企业性质的由来与变化，更加清楚地分析社会企业家怎样进行社会要素介入与管理。而且，这并不意味着否认其他要素论。

本章采用的生产要素包括企业家才能、土地、资本、劳动力和技术。它们的具体内涵如下③：

企业家才能又称生产组织要素，指为了生产的需要而采取的对经济活动过程的计划、决策、组织、指挥、控制和协调；或称管理的作用，指企业家组建和经营管理企业的才能，通过对其他要素的积累、组合，使要素得到优化配置，从而实现单一要素所无法实现的效果，以取得最佳的经济效益。企业家才能往往由领导者和管理者来代表，只有通过管理的手段才能使各种生产要素融合在一起，共同发挥作用。而且，越是复杂的组织和系统越是需要高超的经营管理才能，因为管理不但决定着企业的效益和发展前景，还决定着企业的生存。

土地是自然资源中最为基础的要素，是人类赖以生产和生活的场地和空间。土地生产要素包括土地及其附属性资源财产，是社会生产过程中不可缺少的物质要素。附属于土地空间的能源、矿产、气候、水资源是土地附属性资源，建立在土地之上的社区、文化遗产也是土地附属性资源。而生活在土地之上的人类的家园、人类生存和居住的社区空间，同样是与土地合为一体的宝贵资源。

资本是货币资本和实物资本的总称。货币资本是生产过程中购买劳动力

---

① 于光远．经济大辞典．上海：上海辞书出版社，1992：492.
② 于刃刚，戴宏伟．生产要素论．北京：中国物价出版社，1999：6.
③ 同② 7–14. 本章对五要素的内涵说明在此基础上进行提炼和增加。

的、以货币形式存在的资本；实物资本则是以机器厂房等设备形式存在的生产手段。实物资本只是货币资本的物化。资本是通过货币运动对其他要素产生配置权力的特殊要素，资本既是生产的原因也是生产的结果。资本可以用来投资，又通过投资生发出增值的利润部分，然后利润部分成为新的资本。所以，资本的重要性在于具有可以循环使用的重要特征。

劳动力是可用于生产过程的一切人力资源，既包括体力劳动者也包括脑力劳动者。劳动力生产要素的特殊性在于，它是对经济发展起决定性作用的因素。如果没有劳动力这个能动要素的参加，那么其他要素都只作为一种可能的要素存在。劳动力本身是一切社会关系的总和，扮演着多重社会角色，体现着多种社会关系。

技术是在人类生产、生活的基础上，通过实践总结、科学研究和实验等方式发明创造出来的可以直接地改进生产和改善生活的知识和技能。技术生产要素指制造某种产品、应用某项工艺或提供某项服务的系统知识。技术生产要素既以文字、表格、数据公式、配方等物理形式表现出来，也以经验、个人的知识技能和知识产权的形式呈现。技术生产要素是长期经济增长的动力所在。科学技术可以转化为生产力，现代社会的技术进步力量超越了劳动力和资本，通过研发创新，技术促进经济增长和服务社会的能力越来越突出。

综上，各个生产要素是组合在一起同时使用的。各个生产要素之间的组合及其相互作用形成了现实的生产活动，生产要素在结合过程中的相互关系具有共同的特点：一是必须结合在一起才能形成生产力的不可分离性，二是在生产中所占的比例和所起的作用呈现为非均衡性，三是可部分地相互替代，四是整体大于部分的集聚效应，五是各个生产要素在生产中的比例具有变化性。在这些生产要素中，企业家才能这个组织管理要素是同其他要素都发生直接关系的要素，企业家通过管理决定其他要素如何组织、使用和配置。

用市场中商业的手段解决社会问题的意涵在于，社会企业也是提供产品或服务的经营实体，即必然按市场运行规律开展生产经营活动，必然创造经济价值。因此，生产要素理论同样适用于对社会企业的运作分析。以生产要素为理论依据分析社会企业，不仅有助于我们认清社会企业的内涵，解释现实中出现的各种社会企业的运作机制，也能为建立社会企业提供操作性的认识，有助于社会企业的发展。

二、社会企业生产要素变革的归嵌通道

企业家才能既包含管理者的背景、教育、知识、经验、价值观、目标和期望等人口特征和文化特征，也包含他们对经济活动的管理即行动能力。社会目标融入商业行动是通过企业家才能要素实现的，可以说，社会企业家的社会之心支配着商业之手，没有社会企业家，其他要素的社会性效益都不可能被考虑。在生产要素中，如果说土地、劳动力、资本是最基本的要素，那么企业家才能就是最具使能作用的要素。企业家才能是将观念转化为目标、将目标转化为行动的关键要素。企业家才能要素是社会目标介入商业行动的镶嵌通道，只有通过该要素，社会企业的经济和社会双重性才能得以平衡，社会价值优先才可以得到保证。只有通过社会目标与经济行动一体化的镶嵌通道，才能建立一个社会企业。

社会企业家才能要素作为控制系统表现为从观念到行动的演进。在系统中，嵌入关系作为外部环境作用于社会企业家，再由社会企业家采取管理行动，输出各类社会企业；在社会企业家管理系统中，通过社会企业家对企业的文化图式定位和行动推进，输出各类社会企业；这个过程具体表现为社会企业家为组织输入社会企业家精神，对企业意义进行文化定位，然后制定社会企业使命，执行组织战略，组织生产管理，实现社会企业目标（见图8-1）。

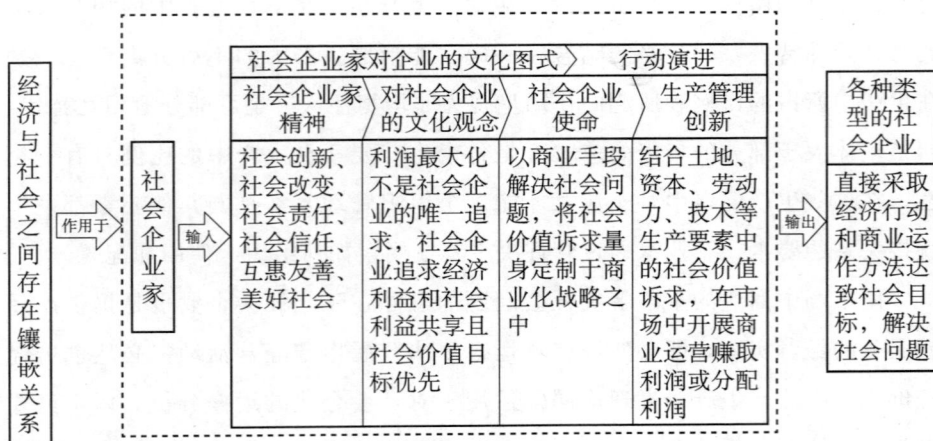

图8-1　社会企业家管理才能控制系统

企业家才能是生产要素中最具有使能作用的要素，其中，企业家和管理

者对企业的观念、认识和理想，即是否具有企业家精神对建立什么样的社会企业具有决定意义。对社会企业而言，将社会因素和其他生产要素结合起来运营，则依靠社会企业家来完成。所以，我们说社会企业家是促进生产要素社会性变革的"嵌入通道"。社会企业家在确定企业目标时，把社会责任、仁爱、慈善、同情、互惠、平等、创新的认知、情感和社会理想转化为对企业的观念，形成创办企业的动机、文化价值观和期望，将"社会优先性"嵌入以"创新性思维"为核心的管理者头脑之中，形成社会企业家精神和企业的文化图式，文化嵌入影响着他们对企业资源分配的决策偏好；在配置各生产要素时将社会因素创新性地运用到生产和市场过程中。社会企业家就好比一条通道，把"唯利润观"改变为"社会价值优先"，企业在这样的文化观念下制定发展战略，自然会把社会因素融入其他生产要素之中，在社会企业的生产、服务、交换和消费的各个环节都可能体现出社会因素与经济收益的嵌入关系，从而改变经济行动的性质，并由此界定社会企业利益或收益本身。

尽管经济与社会之间存在嵌入关系，但社会目标与利润目标二者之间的互动不是自动完成的。在社会企业实践中，由"企业家才能"到"社会企业家才能"，社会目标介入商业行动这种嵌入性交换逻辑主要是通过社会企业家来完成的，社会企业的管理者们通过对企业内部生产要素的调配、创新和管理，配置资源，收获效益，维护社会企业组织运行。因此，在社会企业中，企业家才能就是这一嵌入关系的"镶嵌通道"。镶嵌通道由社会企业家、社会企业家精神和商业行动力组成。以社会企业家为载体，社会企业家精神代表社会价值因素，商业行动力代表含有解决社会问题的可获得利润的市场能力。应当说，追求社会效益与经济效益兼具的社会企业家精神，是社会企业得以产生和持续存在的关键要素，没有那些既有强烈的社会关怀又具备商业思维模式及管理才能的社会企业家，社会企业永远都只是理论家的幻想。只有具有社会企业家精神的社会企业家创造性地发挥管理才能，积极促使社会要素同生产要素结合，才能刺激其他传统生产要素发生变革。因此，社会企业家精神可以改变传统企业诸如组织的使命与目标、组织的管理与运行等经济行动的各个方面，是社会企业之所以可能的内在基础动力。

在生产要素中，企业家才能是现代生产要素，代表着管理的作用。早在19世纪末，经济学便发现和确认了管理的作用。以企业家才能为基础的管理的作用正在于通过对其他要素的积聚、组合，使要素得到优化配置，以期取得最佳的经济效益。而企业家精神则作为企业家的核心问题被给予高度重视。对企业家及企业家精神给予最多关注的无疑是约瑟夫·熊彼特，熊彼特最关心的是企业家及其行为如何影响经济。他将企业家精神定义为将现存资源嵌在一起的新组合。如果经济行动是嵌入社会关系体系之中的，企业家就是市场与社会之间关系转化的主体和网络关系结点。在当代，企业家对创新的追求包含了信任互惠、公共责任、关注社会问题和回报社会等社会因素，通过企业家的创新性思维，企业家精神得以升华。不乏怀有社会使命和社会责任感的企业家，运用智慧和理性，帮助社会找到新的、更有效的途径，来化解社会和环境问题。因此，企业家精神升华为社会企业家精神。如果把社会性的观念嵌入管理者的管理思想和管理要素之中，那么在组织和管理中它必然要通过企业家才能这一要素发挥作用。从企业与社会责任之间关系的发展过程来看，企业家对企业和财富的认识也在不断地发生变化。因为企业管理者本身是具备生理的、心理的、道德的"商人"，他们头脑中对企业和财富的价值观、目标、期望和思维模式，不仅影响着他们的经济行为动机，还直接影响到社会企业的使命价值，只有改变唯利润的目标导向，才能使从传统企业向社会企业的转变成为可能。

总之，在社会企业中，企业家才能是转换器、孵化器，是社会目标与经济目标的归嵌通道，该归嵌通道由社会企业家精神、社会企业家、特殊的管理技能及其相互关联组成。具有社会企业家精神是文化-观念嵌入机制在发挥作用，它是社会企业家运作一家社会企业的内在驱动力。怀有解决某一特定社会问题、促进社会变革思想的社会企业家撬开了社会性因素与生产要素的融合通道，通过"归嵌通道"将"社会嵌入以创新性为核心"的企业家精神之中，形成社会企业家精神和社会企业家群体。社会企业家用创新的智慧和高超的管理艺术，将社会价值诉求量身定制到商业战略之中。

第二节　生产要素的社会性变革

通过社会企业家管理才能的善因运作是一种组织挑战和变革。创新体现在资本、劳动力、土地、技术等生产要素和被庇护的社会利益与经济行为交互的方方面面。与商业企业相比，社会企业在生产、交换、消费和服务各个环节，对相关生产要素中含有的社会利益给予高度重视并将之带入经济行为之中，从而引起市场经济中作为抽象存在物的生产要素自身的社会性变革。

一、社会企业生产要素中的社会价值因素

我们知道，社会企业具有经济和社会双重属性，也就是说，在社会企业中，不仅强调各个生产要素的经济维度的生存性，而且强调社会维度的生存性，社会企业将特定的社会维度的指标与经济维度的指标混合使用（见表 8-1）。

表 8-1　　　　　　　　社会企业生产要素混合指标体系

生产要素	社会企业的经济维度	社会企业的社会维度	社会性管理原则
企业家才能	自主性市场行为 显著的经济风险 在市场中获利的商业方案	明确的社会价值目标 特定的社会问题 社会企业家精神	文化-观念嵌入转化为社会企业的理念、使命和目标
资本	金融贷款/投资/利润/利息	分红受限制 利润让渡 公益投资 特定基金扶助项目 以社会资本为抵押	投资给贫困的人，分流利润到社会福利领域或社会公共领域
劳动力	工资/持续生产产品或服务 最低数量的领薪工人	培训低级劳动力 给穷人提供就业机会 扶持创业 组织困难群体生产 志愿劳动和服务	雇用被劳动力市场排斥的人 适应性地增加低级劳动力、难以就业者组织或参与生产 生产自救
土地	租金/所在地资源利用	环境保护性地生产 地方特色资源的开发和保护 社区福利服务	兴办社区特色产业 立足地方民生经济发展 互助合作
技术	资产专用性 智力资源	技能、技巧和方法 必备基础设施建设 文创技术服务 社会设计创新	将现有技术普及到还未有的地方 社会设计、专业技术不仅为利润服务，也为公益服务 为某一社会问题设计方案

被卷入各个生产要素中的社会因素都有哪些？（1）在企业家才能要素方

面：与商业企业一样，社会企业家要承担显著的经济风险，在保留商品市场上的自主性行为、制定商业获利方案的同时，必须明确社会价值目标和所要解决的特定社会问题，明确具体任务，发扬社会企业家精神制定社会企业的理念、使命和目标。（2）在资本要素方面：经济运行中的金融贷款、投资、利润和利息仍然是非常重要的核心因素，但是这些因素在使用时要向社会任务转向，以投资给贫困的人、助力生计问题、分流利润到社会福利领域、让穷人赚得利润为管理原则。（3）在劳动力要素方面：企业依然要雇用劳动力进行生产劳动，劳动力仍然要进行持续的产品生产或服务以及市场销售，但是，社会企业雇用的劳动力却不是最具劳动力市场竞争优势的人，而是为市场竞争所排斥的就业困难群体，需要社会企业遵循将他们重新纳入就业市场的原则，对低级劳动力进行培训、给穷人提供就业机会和岗位、组织困难群体生产。（4）在土地要素方面：租金和所在社区及其附属的资源和环境利用仍然是开展生产和服务所要依赖的自然资源，但是，社会企业反对掠夺式、破坏性地使用土地及其附属资源，反对损害社区人口利益获取最大化利润的行为，维护环境和社区人口利益。社会企业坚持环境保护、维护社区公共利益、利用地方特色资源的社区发展原则，坚持发展社区经济，提供民生保障和社区福利服务。（5）在技术要素方面：技术、设备、信息和智力资源仍然是提升落后生产力的有效工具，但是，社会企业却在去资产专用性方面有所努力。社会企业为落后地区建设生活必备的公共基础设施，倡导教育、医疗、健康、养老、饮水、卫生改造、环保等领域的公共服务，进行社会设计、文创设计、培训等公共智力服务等。总之，社会企业致力于提高被忽视的落后地区的生活服务现代化程度。

可以发现，在上述所有生产要素中，关于社会维度的指标并不能成为商业机构的目标，这也是社会企业不同于商业企业的特殊之处。

二、社会价值因素在各个生产要素中的介入途径

在社会企业中，社会企业家的管理创新不仅仅体现在愿望和动机上，更重要的改变体现在生产要素的结合方式上，体现在对各个生产要素自身内部构成成分比例进行变化组合上，体现在促进生产要素的社会性变革上。

第一，制定战略管理原则，将社会诉求量身定制到经济行动的战略规划

之中。这需要充满创新性挑战的管理才能。社会企业既要制定服务战略，也要制定收益战略。在企业内部，资源的调动是由企业家完成的，而并不是仅仅依靠市场价格交换机制。因此，在诸要素中，社会企业家能够决定组织的使命及其发展方向和如何进行资源配置。"战略性服务愿景是一套思想和行动，直接对准其目标并受高度相关的运行战略的支持，它们使效果与工作量之间的平衡达到最大化。"[①] 社会企业的领导者要将社会企业的理念融入使命之中，明确组织行动的社会目标，把控财务利益方向，建立战略计划体系。很明显，战略使命的建立成为生产管理社会性变革的首要环节。

第二，改变各个生产要素自身的内部构成比例。通过提升各个生产要素中含有的社会价值因素的比例，使效益向福利性分配功效转移，这相当于价值分流，由此，必然带来生产要素的社会性变革。由于各个生产要素都是结合在一起体现整体效用的，所以，无论哪个生产要素发生变化，都会起到支撑社会性需要的作用。而究竟需要哪个生产要素起作用，或者是需要所有的生产要素都起作用，要看社会企业在运行过程中适应特定社会问题和获得市场资源的需要而定。社会企业要因所处环境、针对的问题不同而进行资源要素优化配置。

第三，内化。市场如何对社会企业的双重目标进行保护？内化是其转化的一种形式。内化是指：（1）形成内部市场规则。社会企业的所有成员和社会利益相关者达成共识，形成一致意愿。（2）建立内部市场。如在内部劳动力市场，雇用难以就业的人，用所得利润为他们支付工资，花费更多成本去提升低级劳动力的技能，提供志愿服务，等等。（3）将外部市场交易内化为社会企业内部的交易，包括掌握利润分配和捐赠资源的投向（去做一项没有人愿意做的"赔钱"事业）、有收费但不分红的市场行动、贡献义务工时以补充人力资源和开支的志愿服务等等。

第四，平衡利益分配。社会企业的经济维度属于稀缺资源，社会维度属于需求资源，两个维度的混合实际上是把效率与公平问题内化到各个生产要素之中进行社会企业目标一致性运作。在财务方面，要平衡商业利益与社会利益，制定利润分配原则，保证社会利益的优先性。因此，能否平衡商业利

① 迪斯，埃默森，伊柯诺米. 社会企业家的战略工具. 北京：社会科学文献出版社，2011：18.

益与社会利益成为社会企业家管理成败的度量衡。

第五，创新。不容否认，社会企业是在市场竞争环境中求生存的，与单纯追求经济利益的普通企业相比，社会企业在追求社会目标的同时，可能会面对更多不确定性因素，这就要求社会企业家在保持使命价值感的同时产生更多的创造力，以创新性思维对待市场机会，既抓住社会"痛点"，又抓住市场"盈利点"。"社会企业家必须对设定目标和解决问题具有创造性。其最核心的企业家特质，不是领导能力、管理能力，或执行事务的能力；而是情感上深深地致力于创造遍及整个社会的变革，即社会企业家的创新驱动力。"[1]具备社会创新思维模式是对社会企业家的高要求。

第六，归嵌。社会企业家采取善因运作与管理，对传统企业观念、传统商品化生产管理方式提出挑战。这表现在：社会企业为社会效益投资，解决失业问题，维护人类可持续发展环境和社区的整体经济社会利益，用财富解决社会公共问题而不仅仅是用于私人分红，等等[2]。这些都体现了社会企业将被市场逐离的社会性（关系的、文化的、伦理的）因素重新融入生产要素并挖掘其潜能的过程。总之，社会企业把抽象的市场交换同互惠关系结合在一起，形成了解决社会问题的新的整合机制。

总之，社会企业的使命对各个生产要素具有战略指导作用，当战略目标转化为具体行动任务时，必然与各个生产要素发生关联。社会企业家根据各个生产要素本身具有的社会属性，组织可获得资源进行合理运作，使社会价值诉求以不同程度、不同焦点、不同组合、不同方式嵌合于各个要素之中，促成了生产管理过程中资本、劳动力、土地等生产要素的社会性变革。

三、生产要素社会性变革的结果

生产要素社会性变革的结果是引起组织价值取向和性质的变化，一种既不同于营利企业也不同于非营利组织的混合性质的企业——社会企业出现了。各个生产要素由于社会价值因素的介入发生了价值取向的改变（见图 8-2）。

---

[1] 莱特．探求社会企业家精神．北京：社会科学文献出版社，2011：7.
[2] 霍尼曼．共益企业指南：如何打造共赢商业新生态．北京：中信出版集团，2017.

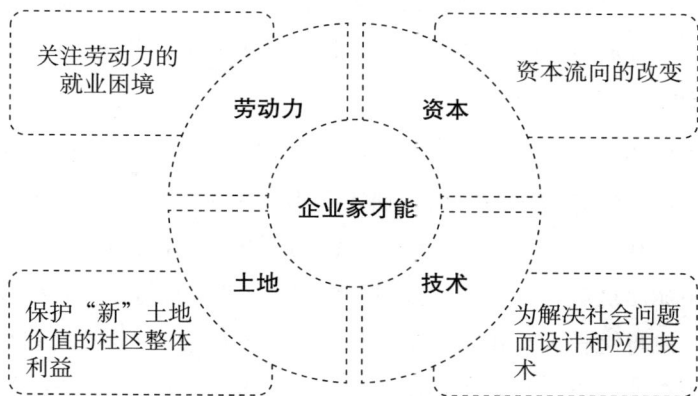

图 8 - 2　生产要素的社会性变革

（一）资本流向的改变

1. 企业家才能与资本结合

企业家才能与资本结合导致的资本流向的改变，是指当增加资本要素的社会价值构成成分后，对追求私人利益最大化的利润分配流向的改变，即利润让渡或流向了社会价值一面。而在传统商业企业中，不仅投资目的在于赚取利润，而且利润都归投资人、股东所有。社会企业给弱势劳动力提供就业岗位，目的就是让他们通过工作获得工资，从而解决生活来源问题，而不是为了让投资者获得利润。因为按照劳动力市场交换原则，相对于优质劳动力，雇用弱势劳动力可能会损失一定的效率，所耗费的成本也可能通过内部劳动力市场自我消化，尽管这样做会增加企业成本。

在社会企业投资方面，贷款给无资财抵押物的穷人，其投资目的并非仅仅是利息增值，而是通过贷款-利息这种商业金融手段，给那些无财产做担保的、还贷风险高的、急需种子基金和周转资金生产的、为商业银行贷款所排斥的贫困群体发放贷款，或对经济不发达地区的项目给予资金和生产设施等扶助。这样的借贷行为是被商业金融机构禁止的。但是，基于解决贫困的投资贷款改变了传统商业金融机构以款物抵押的借贷原则、还贷过程和手段，用商业手段解决了贫困家庭生计发展所需资金这一社会支持问题。如此，资本投入的目的并非仅仅是为资本的经济增值，还包括社会价值的增值。可见，社会目标与资本要素相结合，使得金融投资流向发生了不同于传统的改变，即改变了传统"资本"不给穷人贷款、不做公益贷款、不做无价值物抵押贷款的戒律，代之以社会资本（信任网络）担保形式对借贷对象进行评估，还带动了协会、爱心互助金、合作社、小贷银行等各种公益金融的发展。

2. 利润分流不分红

社会企业在利润上对分红进行限制，是为了平衡经济利益与社会利益之间的关系、保证社会利益不受损害而采取的利润非私人分配。非私人分配体现在限制分红和公共/公益投入方面。社会企业一般对利润的私人分红进行限制，最高不能超过一定的比例。理事会/董事会将利润用于现有社会企业的扩大再生产，或将之投入企业基金会用作福利补贴或公共/公益投资金。尤努斯认为，社会企业的投资与慈善捐赠有很大的区别，即社会企业的投资者有权回收投资，但与传统企业不同的是，社会企业产生的任何利润都不能分给投资者，投资者获得的只是自己最初投资于某社会企业的资金量，而不会享有资本的升值。他认为，利润对社会企业而言同样重要，但是社会企业的利润必须留在企业内部，社会企业这样做是为了偿还投资者，从而支持长期的社会目标。[①] 实际上，对利润分红的限定比例在各国社会企业中都有所不同，但对贫困者开展的生产自救组织不做利润分红限制。

综上所述，社会企业家根据使命目标改变了利润私人分配规则，使得利润流向发生了不同于传统商业企业的改变，利润性质出现了由"个人所有"向"集体所有"和"利益相关者所有"、由私人消费向公益消费的变化。另外，社会影响力投资还会促成一个公益资本市场的出现，吸引更大规模的社会创投资金，进行公益投资和社会影响力投资。这些社会创投资金来源于个人、企业、基金会、社会组织、商业金融公司、政府和国际组织。

（二）关注劳动力的就业困境：企业家才能与劳动力结合

企业家才能与劳动力结合既是吸纳困境劳动力就业的过程，也是他们重返社会工作岗位、消减劳动力市场排斥的过程。在生产要素中，劳动力作为"人"的要素是生产活动不可或缺甚至最为重要的基本要素之一，而在市场经济活动中，作为"人"的要素面临的严重的问题当数"就业困境"，尤其是被贴上标签的特殊群体的就业问题。

追求利润最大化的企业偏好雇用具有高技术含量的劳动力，而那些由生

---

① 尤努斯. 新的企业模式：创造没有贫困的世界. 北京：中信出版社，2008.

理和社会原因造成的低技能、弱势群体则经常处于失业边缘和失业状态，以致生活常常陷入困境。社会排斥理论研究社会弱势群体如何在劳动力市场以及社会保障体系中受到主流社会的排挤，而日益成为孤独、无援的群体，并且这种排挤通过社会的"再造"而累积与传递。社会排斥理论认为：任何社会排斥都伴随社会制度化的过程，社会文化、社会结构、国家政策、现存的意识形态等多方面的因素制造了社会排斥。在劳动力市场上，这样的社会排斥现象把弱势群体完全排除在市场经济之外，使他们成为救济对象。社会企业反对社会排斥导致的持续性失业，积极推动就业福利，助力弱势群体生活境况、职业自尊和能力的改变。社会企业适应性地结合产品、创造岗位、培训技能，专门指向弱势群体提供就业机会，提升他们胜任工作岗位的能力和职业生存能力，避免他们成为接受救济者，使陷入就业困境或窘境的低技能劳动力重返市场，以工作整合福利。社会企业在劳动力生产要素上对传统企业的补充性作用使得它能够在劳动力市场中产生同样的补足性效果，而其创新性的方法可以扭转弱势群体在传统企业制度、劳动力市场格局等条件下"被排斥"的境况和地位，促进福利经济的发展和社会公平。这样，不仅推动了弱势群体就业及其境况的改变，也不妨碍社会企业成为市场中的成功企业。

（三）保护新"土地"价值：企业家才能与土地结合

企业家才能与土地结合一般会转化为基于土地及其附属资源保护和基于社区整体利益的社会保护两个方面。"土地"是地域性的资源概念。人类居住的社区代表了土地这一地域性要素资源，可以视之为新"土地"价值。新"土地"价值强调包含环保要求在内的土地及其附属资源使用，因为土地本质上不仅仅是生产要素，更重要的是人类生存、栖息的家园。因此，社区所有地域、人口、组织、社区文化和社会心理要素都是至关重要的。工业文明的发展伴随着向自然索取的破坏过程，为了最大化地获取土地带来的租金，传统经济发展模式竭泽而渔，造成资源枯竭、环境污染、人口流失、社区凋敝等破坏性后果，不仅导致自然资源与环境之间的生产系统严重失衡，也导致人类生存环境与可持续发展陷入困境。因此，对新"土地"价值进行开发升级，必须含有保护社区整体利益不受损害的成分，这是租金的题中应有之义。所以，在经济活动中，遵循经济与社会共同发展的经济模式，不仅要优先使用当地人力物力等资源，还要在循环经济视角下综合当地社区公共利益提出生态环保的要求。承载循环经济发展要求的企业必须对社区社会利益优先性进行考虑，意在提升社区和社区成员的福祉，而这样的企业不同于只追求最大利润的商业企业。那些理念先行的社会企业遵循社区利益共享的发展理念，对社区的自然生态和社会生态保护性地使用，避免掠夺性的商业经济行为，创造性地将社区人口、自然、文化和各种经济资源重组，专注创造新的运作模式。如绿色小镇、社区营造、环保企业等。

（四）技术为解决社会问题服务：企业家才能与技术结合

技术既包括作为先进生产工具的物理设备，也包括技能、技巧和方法等专业知识，甚至形成了专用资产，享受知识产权保护，同时也形成了资产专用性，成为垄断资源。进入现代工业社会以来，技术已经成为推动生产力发展、大幅度提高生产效率、赚取利润的重要生产要素。随着社会的发展，在以高度发达的互联网为特征的共享经济社会中，技术要素的种类越来越多，技术要素变得越来越重要，不仅出现了信息和互联网等更先进的技术，而且现代管理技术、公共服务成熟模式、组织运营模式、市场营销技术、公益方案设计、项目模式和建筑设计等等都可能成为社会设计的重要内容。但是，在商业企业中，技术力量一向被视为挤压就业岗位和只为提高利润服务的效率工具，技术作为推动先进生产力的重要因素，一直习惯于为生产效率最大化的经济目标服务。而企业家才能与技术的结合，则推动着技术要素为社会价值目标服务的进程。专业的技能技巧和方法、成熟的基础设施建设、文化创意、社会设计和信息服务等技术可以变成解决社会问题的思维创新设计方案、专业志愿服务、项目设计、管理模式引进、成熟的现代化设施布局和网络平台等等。将现有技术普及到后发展社区，或者在传统社会组织之中应用新思维，或者推出解决复杂社会问题的创新方案等等都是技术与社会问题要素结合的方面。总之，专业技术与社会组织的结合，可以推进公益服务的效率和市场盈利能力，提高技术伦理和技术文明的社会价值。

综合各个生产要素在社会企业运行中的变化，可以看出，社会企业家精神激发了生产要素中蕴含的社会性要素，它们也一起参与到生产、经营和分配之中。正是在生产管理中对传统生产要素的创新性运用，才使资本流向社会利益、就业整合困难群体、社区保护可持续资源、技术为解决社会问题服务。可见，诸生产要素的社会性变革使企业的性质发生了变化，使社会企业成为现实。

第三节　生产要素社会性变革与社会企业类型

由于能够获得的资源不同和对资源的整合能力不同，社会企业呈现不同的运作类型，这主要体现了社会企业在生产管理过程中社会价值实现的角度。社会企业运作逻辑由四个环节构成：提出使命任务（即确定任务目标、受益者及其受益事项）、确定实现方法（即采取何种组织形式，如生产企业、服务企业、中介企业、民非服务、银行、基金会、合作社等）、采取具体行动（即怎样体现经济行动中的社会性，如直接参与工作、项目加贷款、康复培训、生产产品、公平贸易、公平定价、利润划分等）、达成使命任务（解决各自的社会诉求问题且是盈利的）。这四个环节体现了社会企业运作逻辑的共性。社会企业依靠对其能够获得的外部资源的整合完成每个环节，其运作结果又必然会体现社会企业类型的差异性。每个具体运作类型，都是按不同环节做资源要素组合的结果。

一、生产要素变革与社会企业组织类型

生产要素及其社会性与社会企业生成类型有一一对应关系。依据社会价值介入生产要素后发挥的作用，考察该生产要素社会价值实现的效果，可形成不同领域的社会企业类型。具体而言，实现与劳动力要素结合，关注"劳动力就业困境"，适应性地结合产品、岗位技能要求，以就业雇用推动弱势群体境况的改变，可以形成就业取向的社会企业；实现与资本要素结合，改变传统"资本"唯私人利润的流向，使得投资和利润流向发生流向社会目标的改变，可形成社会投资取向或特定利润分配取向的社会企业；实现与土地要素结合，强调经济行动对所在社区的经济、社会和环境的整体利益维护，可以形成社区整体利益取向的社会企业；实现与技术要素结合，技术为解决社会问题服务，可以通过解决社会问题形成技术服务取向的社会企业（见图 8-3）。

（一）就业取向的社会企业/工作整合性社会企业

就业取向的社会企业也称为工作整合性社会企业，是社会企业的典型类

图 8-3 生产要素变革及社会企业类型创新

型。就业取向的社会企业与劳动力要素结合，以关注劳动力困境为典型诉求，以解决就业问题为核心特征。其运作逻辑为：提出使命任务（为劳动力市场中的低端人群提供就业），确定实现方法（产品生产、商业零售服务、社区服务、生产自救等），采取具体行动（培训上岗技能、工作以获得薪水、分配适合的工作、申请政府购买等可行性商业模式），达成使命任务（重新将就业困难群体纳入劳动力市场，实现就业福利保障）。

在就业模式下，社会企业可以是雇主或培训者，或兼而任之。这一类社会企业主要针对残障人士、不发达社区人口、低技能群体、低收入群体、特别人群等就业不利群体，积极主动地组织工作和生产。通过就业获得收入和福利待遇是工作整合型社会企业的目标，通过工作使他们生活来源有保证，生活质量得到提高，尊严得到维护。社会企业本身的生产经营依靠生产和销售产品或提供服务来获取收入，用以支付企业的经营成本。在就业取向的社会企业中，根据企业规模和生产类型，这些需要帮助的人既可以是员工的一部分，也可以是员工的全部，还可以是创办社会企业的人。其优势在于支持劳动力市场中处于不利地位的社会群体的就业易得到社会政策的鼓励和支持；劣势在于要花费成本用于培训和辅助，生存压力大。现实中，常见的就业取向的社会企业包括生产性和服务性公司、生产性合作社等形式，如深圳残友集团、善品公社等。

（二）社会投资取向的社会企业

社会投资取向的社会企业是金融型社会企业的一种。社会投资取向的社会企业是与资本结合的产物，常常以小额公益信贷、基金会加社会企业或社会组织等金融投资的形式开展运作。其运作逻辑为：提出使命任务（支持生产活动并使其获得收入），确定实现方法（小额贷款银行、基金会），采取具体行动（为缺乏贷款能力而又有脱贫愿望和能力的地区、群体和项目提供贷款，因地制宜地资助产品及进行服务设计，贷款及其本息回收），达成使命任务（可持续性地金融扶贫，脱贫致富）。

在格莱珉银行的例子中，贷款的客户同时也是脱贫对象，商业项目同时也是其社会项目。作为社会企业的格莱珉银行通过提供资金支持、技术服务以及能力建设的方式，帮助客户重新建立或恢复生产能力，并最终使其通过向开放市场出售商品或服务的方式获取到收益和利润；其也通过服务获取到一定收入用来支付企业的各项营业成本，并且其常常将盈余利润用于业务拓展以及面向客户的辅助性服务。该模式的优点在于客户融资门槛低、客户基数庞大以及可持续的盈利模式；其劣势在于目标群体单一、资金风险较大。现实中，常见的社会投资取向的社会企业主要包括小额公益信贷机构、互助金以及各类社会支持基金业务发展计划等。

（三）特定利润分配取向的社会企业

特定利润分配取向的社会企业是与资本结合的另一种形式，常常以生产和服务销售获取利润分配的形式出现。其运作逻辑为：提出使命任务（直接交易，解决社会偏好目标），确定实现方法（服务收费、销售产品、利润直接拨付），采取具体行动（不分红或限制分红、服务补贴、低偿服务），达成使命任务（出售来源于特殊人群或特定保护地区的服务和产品使其获得利润，公司利润按比例用于社会价值项目）。

特定利润分配取向的社会企业一般都是生产服务型产品公司或商业服务公司类型的社会企业，要具有较强的市场收入能力。它们与商业企业同在市场中竞争，最大的差别在于它们在"善因驱动力"的作用下参与市场商业活动，通过利润分流支持社会项目、社区、帮助贫困对象，如深圳市诚信诺科技有限公司。

（四）社区整体利益取向的社会企业

社区整体利益取向的社会企业是与土地要素的结合。对土地和土地上的附属资源以及人们社区生活的保护都是这类社会企业的目标导向，特别是以循环经济和社区经济为导向的社会企业。社区是附着于土地之上的人们社会生活的共同体，既涉及社区环境资源保护又涉及社区福利服务。社区整体利益取向的社会企业，一是社区环境资源类型的社会企业。其运作逻辑为：提出使命任务（促进城乡社区经济社会协调发展、土地环境保护、本地资源合理开发利用），确定实现方法（社区环保经济开发、可再生能源利用、社区文创），采取具体行动（社区营造、替代经济、垃圾分类、旧物回收等可行性商业模式），达成使命任务（环保、清洁能源、社区资源利用和保护）。二是社区照顾与社区服务类型的社会企业。其运作逻辑为：提出使命任务（社区内弱势群体的基本保障），确定实现方法（老年、儿童、妇女服务，公平贸易，社区就业与社区经济，纠纷调解，等等），采取具体行动（设置社区照顾机构、社区就业、儿童青少年培养教育、扶贫、消费合作社、收入返回等可行性商业模式），达成使命任务（服务弱势群体、人力资源开发、均衡社区经济与社会利益、解决社区公共问题）。

（五）技术服务取向的社会企业

技术服务取向的社会企业根据现有的技术能力或开发新技术来满足不发达社区的基本需要。我们用社会设计来说明技术服务取向的社会企业在处理社会问题方面的独特之处。设计是"社会"设计不是"商业"设计，简单地说，社会设计"就是以设计创造社会价值"[①]，而不仅仅是赚取满足一己之私的金钱。"社会设计是运用人类的创造力，探求社会各种复杂问题的解决方案的行为"[②]，社会设计与应对社会问题紧密相关，这是其社会性所在。

这些技术主要包括公共建设与小区管理方法、特定教育培训技术、社会服务方法和社会设计方案等等，用以解决不发达社区的社会问题；也可以针对所选定的社会问题，利用信息网络等先进的技术提高效率，强调通过创新性的思维设计解决具体问题。其运作逻辑为：提出使命任务（用技术解决某类社会问题），确定实现方法（改善基础设施短缺状况、提供专业服务、提供公益方案），采取具体行动（贫困地区基础设施建设、互联网和智慧服务、专业能力培训孵化等），达成使命任务（有效解决短缺问题，形成社会设计方案，使用成熟技术和规划应用，等等）。

综上所言，基于各个生产要素性质变化后社会企业要素价值取向所做的

---

① 筱裕介. 社会设计. 北京：中信出版社，2019：V.
② 同①X.

类型区分是一种理想类型模式，是单个生产要素在极致变革中生成的、单一要素参与的社会企业类型。在实践中，往往存在着要素交叉，或要素不完全程度的参与，或全要素的共同变革。许多大型社会企业比如残友集团就是就业取向与特定利润分配取向交叉的社会企业。而社区整体利益取向的社会企业，尤其是致力于社区保护性资源开发的社会企业往往首先考虑雇用当地居民和全域整合发展，从而具备了一定的就业取向社会企业的特征。但是，这种划分的意义在于，它能够清晰明确地指出社会企业的一般运作类型，便于我们理解和掌握社会企业的形成原理和规律。

二、社会企业类型及其常见的实践模式

依据不同生产要素配置组合，关注不同方面的社会问题以及市场资源的可获得性，可以生成不同类型的社会企业（见表 8 - 2）。

表 8 - 2　　　　　　　以不同社会价值目标取向为主题的社会企业

生产要素	不同社会价值主题	具体类型	实际例子
劳动力	就业取向	就业促进型社会企业	残友集团、善品公社、海宁市南关厢素食馆餐饮有限公司
资本	社会投资取向	小额公益信贷公司、公益创投"＋"社会企业联盟、储蓄合作社	尤努斯的格莱珉银行
资本	特定利润分配取向	生产和服务型社会企业、生产和消费合作社、市集销售型社会企业、公平贸易	深圳市诚信诺科技有限公司
土地	社区整体利益取向	环保社会企业、社区营造、社区照顾和服务	北京山水伙伴文化发展有限责任公司、北京石景山区乐龄老年社会工作服务中心、成都智乐物业服务社会企业有限公司
技术	技术服务取向	社会设计、社区文创、公共基础设施改造方案、专业教育服务技术、信息网络科技服务公司	全民互助急救平台"第一反应"、北京乐朗乐读教育科技有限公司、深圳市声活科技文化有限公司

综上所述，劳动力、资本、土地和技术等生产要素的社会性变革受制于社会企业内部组织文化特质的影响，这些文化观念随着社会企业家的主观能动作用嵌入企业经济行为之中。在社会企业的战略管理过程中，根据不同需求和资源的可获得性，结合生产要素的社会性基因，生产要素之间的不同配置方式形成了社会企业的各种类型。生产要素的社会性引发了传统生产要素管理的社会性变革，社会企业家以创新思维将商业行为融入更广泛的社会生活之中，去发现新的组织形式，改变社会生活。正是具有非商品基因的生产要素的社会性变革造就了社会企业实践，提供了社会治理方式创新的源泉。

第九章　社会问题与社会企业

社会问题是研究社会企业的逻辑起点。任何社会形态的转变都会不可避免地带来社会分化，伴随社会结构和社会关系的重大变化，不同利益群体之间重新组合，利益重新分配，特别是急剧转型时期，社会矛盾冲突更加严重；不仅如此，资源分配的不平等也必然会带来贫困、失业、犯罪、老龄化等一系列社会问题。现代工业社会的政府一般会出台社会救助、社会保险等一系列社会保障制度来解决各种社会问题，化解社会风险。公民、社会福利组织、公益机构、社会企业、商业企业和政府等多主体也纷纷参与到社会治理制度之中。只有了解社会问题，掌握社会问题的特征，才能有的放矢，充分发挥社会企业解决社会问题的优势。

第一节　社会问题的特点和分类

社会问题是社会学的核心议题之一，近现代工业化、信息化浪潮带来的社会变迁使社会问题逐渐进入公共话题领域。在日常生活中，人们或多或少都能感受到社会问题的存在，但是，要明白具体什么是社会问题、怎么界定一个问题属于社会问题，就需要根据社会学的话语体系对社会问题进行定义。

一、社会问题的定义

关于社会问题的定义，孙本文从社会秩序的角度出发，认为"社会问题就是社会全体或一部分人的共同生活或进步发生障碍的问题"[1]；袁方以社会失调为中心，认为社会问题是"社会中的一种综合现象，即社会环境失调，

---

①　孙本文．近代社会学发展史．北京：商务印书馆，1947：167．

影响社会全体成员的共同生活，破坏社会正常运行，妨碍社会协调发展的社会现象"[1]；朱力从文化失调的角度出发，认为"社会问题是违背社会主导价值、干扰社会成员健康生活、妨碍社会协调发展、引起社会成员普遍关注的一种公众问题"[2]。郑杭生从社会运行的角度定义社会问题，认为"狭义的社会问题指的是在社会运行过程中，由于存在某些使社会结构和社会环境失调的障碍因素，影响社会全体成员或部分成员的共同生活，对社会正常秩序甚至社会运行安全构成一定威胁，需要动员社会力量进行干预的社会现象"[3]。并不是所有的问题都叫社会问题，社会问题的成立必须有其构成要件。一般认为，社会问题由四个要素构成："必须有一种或数种社会现象产生失调情况；这种失调影响了许多人的社会生活；这种失调引起了社会多数成员的注意；这种失调必须运用社会力量才能予以解决。"[4] 上述定义分别从社会秩序和社会运行角度描述了社会问题是一种社会失调，其结果影响到社会成员常态的共同生活，且可以进行社会干预。

二、社会问题的特征及其产生原因

社会在运行过程中都会出现一定的社会问题，且不以人们的主观意志为转移。因此，了解社会问题产生的重要本质及其内容分类是非常必要的。任何社会问题在本质上都是一种社会失调，只是其失调的具体方面和内容不同。社会失调的具体内容对应若干类型的社会问题。例如，自然环境方面的失调表现为环境污染、资源短缺、能源危机等；经济方面的失调表现为贫困、失业、通货膨胀、畸形消费、假冒伪劣产品、国有资产流失等；政治方面的失调表现为权力腐败、官僚主义等；人口方面的失调表现为人口过剩或人口过少、人口贫困、低素质人口增长、劳动力短缺等；教育方面的失调表现为教育资源失衡、畸形社会化、教育经费短缺等；社会安全方面的失调表现为各种犯罪、治安混乱、吸毒贩毒、"黄色瘟疫"等；社会文化方面的失调表现为道德水准下降、精神文化滞后、国民精神缺乏等；社会心理或社会意识、观

---

① 袁方. 社会学百科辞典. 北京：中国广播电视出版社，1990：49.
② 朱力. 社会问题. 北京：社会科学文献出版社，2018：7.
③ 郑杭生. 社会学概论新修. 5版. 北京：中国人民大学出版社，2019：416.
④ 同③417.

念方面的失调表现为普遍不满的社会情绪、沮丧的情绪、生活的紧张或压力感、某些社会观念矛盾或混乱等。[①]

多数研究对社会问题进行了一般性特征和特殊性特征的描述。一般性特征可以概括为：一是普遍性，指社会问题无时不有，无所不在；二是特殊性，指社会问题的地域性与特定历史情境；三是复杂性，指社会问题的多因性、多果性、社会问题之间的联系性，及其产生的复杂性、内容和形式的复杂性、解决的复杂性和关注的复杂性；四是反复性，指一个已经解决了的社会问题在特定的社会条件具备时又可能重新出现；五是持久性，指社会问题的形成有一个积累和演化的过程，其解决有一定的条件，对其认识有一个过程；六是破坏性，指对社会运行和人们的社会生活具有威胁、损害的破坏性作用；七是历史性，指特定的社会问题只发生在特定的历史时期，同一社会问题在不同的历史时期具有不同的评判标准；八是变异性，指社会问题的存在形式具有变异性即表现形式会发生变化，其存在范围具有变异性即涉及的地域范围和社会范围会发生变化，其社会影响程度具有变异性即对社会的影响广度和深度会发生变化[②]。除此之外，社会问题的一般性特征还包括时间性和空间性。时间性表现在社会问题产生、存在、消失或解决的顺序性和持续性；空间性体现在社会问题产生、存在、影响的伸张性，即社会问题现象的地域空间和社会空间特征。[③] 我们认为，社会问题的一般性特征还包括集群性，社会问题往往不是单独一个问题，而是由一个核心问题所引发、衍生出的多个问题。

社会问题的特殊性特征表现为：社会问题根据其所处时期、文化背景和群体不同而具有差异。一是文化差异性，即不同的文化背景对社会问题有不同的态度；二是时代性，即每一个时代都有自己特有的社会问题；三是群体差异性，即不同社会群体在对社会问题的认定上不同，对社会问题存在矛盾性的判断[④]。

---

① 雷洪. 社会问题：社会学的一个中层理论. 北京：社会科学文献出版社，1999：65.

② 青连斌. 社会问题的六大特点. 理论前沿，2002（10）. 向德平. 社会问题. 2 版. 北京：中国人民大学出版社，2015：5－9.

③ 同①33－36.

④ 朱力. 正确认识社会问题. 江海学刊，1999（2）.

许多社会问题都既是社会性的，又是经济性的，还是政治性的。社会问题就是一个矛盾多元综合体。社会问题的产生均来自社会结构与社会变迁的不断运动过程，社会变迁的过程就是打破旧的均衡状态后寻求建立新的均衡的过程。我们可以从以下理论中找到答案：一是社会问题的产生与社会整合程度的高低密切有关，过高和过低都会导致社会问题。二是社会问题的产生是由文化失调、文化滞后、道德观念与技术发展不相适应导致的。三是社会问题产生于社会解组。由于破坏了原有社会生活的共同规范，共同体观念消失，不可避免地导致社会混乱，失去均衡。四是社会问题的产生源于价值冲突。人们的社会地位和经济利益不同，不同群体对同一问题的价值观念迥异，从而导致社会问题的产生。五是社会问题的产生是群体利益相异导致的矛盾和冲突。在社会分层中，不同群体之间的贫富差距造成社会对立和怨恨情绪。六是社会问题产生于越轨行为。人们的行为偏离社会规范的现象，个人和群体的越轨行为对社会原则造成普遍危害。

三、社会问题的分类

社会问题有不同的分类，分类研究是为了更好地理解具体研究对象。

（1）依据社会结构与变迁，可以把社会问题分为三大类：第一类为结构性社会问题，这类社会问题主要是由某些制度性、政策性的因素引起的。第二类为变迁性社会问题，这类社会问题主要是社会发展中不可逾越的阶段性现象，如发展中国家在从农业社会向工业社会变迁的过程中都会出现的一些伴生现象。第三类为越轨性社会问题，其属于个人行为偏差，诱发原因主要是个人因素。① 这一分类能够从宏观角度让我们把握社会问题的产生、变化和发展。

（2）依据个人与社会之间的关系，可以把社会问题分为社会制度失当性问题、社会关系失调性问题、个人行为失范性问题②。这一分类便于我们在中观层面把握社会问题的成因，确定社会政策干预手段。

（3）依据社会权利，可以把社会问题分为民生类问题、社会公正类问题

---

① 朱力．社会结构转轨与社会问题突现．南京大学学报（哲学社会科学版），1994（1）．童星．论中国当前社会问题的特点和对策．江海学刊，1994（3）．

② 郑杭生．社会学概论新修．5 版．北京：中国人民大学出版社，2019：361－362．

和健康安全类问题①。这一分类从微观上划分了不同性质的社会问题，针对性更强。

由于本章的目的在于厘清社会问题与社会企业之间的关系，因此，我们可根据社会问题的主导性原因将之分为经济领域的社会问题、政治领域的社会问题、文化领域的社会问题以及环境领域的社会问题。经济领域的社会问题，是指人们的基本生存、基本生活保障和生计依赖等紧扣经济与市场资源的问题，比如收入、贫困、失业、人口、劳动力、住房、健康、医疗、教育、物价等问题；政治领域的社会问题表现为公民权利保护、犯罪越轨行为、种族和民族问题、社会参与、社会治安、贪污受贿、以权谋私等；文化领域的社会问题表现为文化价值冲突、文化滞后、社会心态失调、法制观念淡薄、思想准则混乱等；环境领域的社会问题表现为各类污染、过度资源消耗和城乡之间劳动就业人口流动等。社会企业主要针对不同群体开展经济方面，特别是民生社会问题方面的工作。

第二节　民生问题

失业、贫困、维持生计发展、缺乏必要的基础支持和服务等方面的问题是民生问题的反映，但并不是所有的民生问题都是社会问题。民生问题必须具有社会问题的要件才能被称为民生社会问题。除此之外，民生问题与民生经济紧密相连。民生经济是改善民生的重要保障，所以，发展民生经济也是解决民生社会问题的一个有效途径。

一、民生、民生问题和民生经济

民生是指社会大众的基本生计、基本生活和生存与发展的基本状态。民生问题包括民众的基本生存状态—生计来源—生活质量三个层次上的具体内容。生存状态主要是指民众基本生计状态的底线，包括社会救济、最低生活保障、基础性的社会保障、义务教育、基础性的公共卫生、基础性的住房保障等。生计来源主要是指民众基本的发展机会和发展能力，包括充分就业、

---

① 李炜. 中国当前社会问题的特征及影响机制分析. 黑龙江社会科学，2012（6）.

基本的职业培训、消除歧视、公平合理的社会流动渠道以及与之相关的权利等。生活质量主要是指民众基本生存线以上的较高层次的社会福利状况①。民生问题普遍存在于人类社会之中，其内容、层次和价值观也随着经济和社会制度的更迭不断发生变化。但是，不管怎样变化，民生问题关乎国家发展之根本这个主题没有变。而当民生得不到改善，严重影响到社会全体成员或部分成员的共同生活，妨碍社会协调发展的时候，或"当政府应该而没有把民生作为出发点，企业在追逐利润的过程中忽视和丧失了对民生的关注、对民生社会的道德和法制监督，那么民生就出问题了"②。比如，失业、生活贫困、社会保障和公共服务缺失、基本公共福利供给不足、社会排斥等等，就是民生社会问题。民生社会问题是滋生社会矛盾的温床，因此，厘清此话题对于社会问题的防范和解决至关重要。

个人的生存和发展是民生问题的核心，而民生经济是改善民生的手段。"民生问题和民生经济是两个概念，民生经济是为解决民生问题而进行的生产、交换、分配和消费等经济活动，是对象与方法之间的关系。"③ 学术界一般将保障和改善中低收入者的生存环境和发展条件作为民生问题的重心，通过市场经济的运作，合理配置劳动力、资本、土地等资源，提高社会整体的经济效率和社会福利的总体水平。随着民生问题的变化，民生经济也随着不同经济增长方式不断发展变化。

"民生经济本质上是包容民生经济。首先，民生经济包容了人类经济社会发展各个时期的经济活动形式。"④ 从物物交换到出现资本流通，从原始狩猎到机器大工业，从自然经济到商品经济，从计划经济到市场经济，从农业经济到工业经济再到生物经济、知识经济、技术经济、循环经济和低碳经济等一系列经济发展，既是经济和社会发展基本规律作用的结果，也是人类为解决民生问题不断努力的结果。其次，民生经济强调效率与公平兼备的经济发展方式。公平是指为民众创造发展的条件和机会，不是慈善；效率是指增强生产能力和效益。民生经济强调改善中低收入者的生产生活条件，创造平等

---

① 陈志雄. 民生改善及民生经济的内涵及特征辨析. 时代金融, 2012 (21).
② 崔占峰. 民生经济论纲：兼论农民问题是民生经济的根本问题. 经济问题, 2012 (8).
③ 同②.
④ 同②.

发展的机会，激发内在创造动力。最后，民生经济强调经济发展与社会发展的统一。民生经济涉及千家万户，民生是社会基础，把改善、发展和提高民生经济作为经济发展的重要组成部分，也是经济社会持续健康发展的条件和动力。

二、民生社会问题的特点

民生社会问题是综合性问题。"在中国现阶段，民生问题解决得如何事关社会问题数量的多少和强度的大小。"[①] 研究显示，在当今引发群体事件的社会问题中，民生社会问题所占比重最大。低收入群体的就业和生活质量问题、社会福利保障问题、社区经济与服务问题、教育公平问题、征地拆迁问题、环境污染问题等等，都属于民生问题。这些问题的解决需要财政支出和经济力量投入，因此，民生社会问题是现象，其实质是社会财富分配。社会财富分配不公平常常会导致社会冲突，所以，民生社会问题也会转化为社会矛盾，威胁社会秩序，进而波及政治权利和社会保障权利。因此，民生社会问题是集中了社会保障、生活依赖和政治权利维护的综合性问题。

（一）变迁性社会问题

社会转型是社会现代化过程中的一个过渡阶段，指的是从传统社会向现代社会、从农业社会向工业社会、从工业社会向信息社会的转型。社会转型意味着社会主要生产方式及其经济社会活动发生本质变化，社会生活和社会利益发生重大调整。在转型这一结构体制调整和重大发展战略转向的震荡过程中，阶级分化，利益集团重新调整，产业结构和关系、家庭结构和关系、社会保障政策等都会产生新的变化。这一过程中出现的社会问题被称为"变迁性社会问题"[②]。变迁性社会问题的出现也与转型时期的社会生产力水平紧密相关。当社会生产力水平较低时，社会问题主要集中在战争、贫困、失业、疾病等方面；当社会生产力发展到一定程度后，人们开始关心贫富差距、教育失衡、犯罪、基本保障缺乏等社会问题；当社会生产力水平较高时，则主要需解决人口膨胀、环境污染、性别歧视、社会心态失衡等社会问题。[③] 因

① 吴忠民. 中国转型期社会问题的主要特征及治理. 山东社会科学，2020（6）.
② 朱力. 社会问题. 北京：社会科学文献出版社，2018：47.
③ 同②.

此，社会问题内容的变化体现了社会生产力的发展状态。

（二）经济病态问题

涉及民生的社会问题还表现为经济病态问题。经济病态是指只讲经济增长而不顾社会发展、只有经济增长而没有社会进步、只有贫富分化而不顾社会公平等不平衡发展，通常表现为贫困、失业、贫富差距过大等主要问题。

1. 贫困问题

贫困是指缺乏足够的收入来维持一种社会认可的生活标准的状态。生存贫困是个人或家庭依靠劳动所得或其他收入不能维持最基本的衣食住等生存需求的状态，反映的是生活水平低下问题。生存贫困是绝对贫困，即如果失去工作，生计就难以维持，必然导致社会成员的基本生存条件恶化。相对贫困是指虽然低收入者解决了温饱问题，但以社会平均生活水平为衡量标准，相对全社会其他人员而言表现出来的贫困，更多反映的是教育、健康、保障等分配不公，生活质量低，以及信息贫困等。将"贫困"与"发展"两个社会科学的基本概念放在一起思考，意味着必须增加不利群体的就业机会和收入水平，采取发展型社会政策，提高劳动者及其子女的教育水平和健康水平。显然，这是阻断贫困代际传递的积极措施。

2. 失业问题

失业是重大的社会问题和经济问题，对个人、家庭、社会和经济都构成巨大的危害。失业是人们失去了经济收入来源和社会舞台；失业浪费了劳动力，增加了财政福利开支；失业造成的贫困，使个人及其家庭陷入底层，丧失社会尊严；失业导致社会不安定，引发社会不满甚至反社会情绪，使犯罪增加，甚至导致社会运动[1]。总之，失业的危害是具体的、可体验的。

3. 贫富差距过大问题

社会分配不公、贫富差距过大问题也是经济病态的表现之一。"正当收入者的相对贫苦，不正当收入者的暴发和挥霍，导致产生被剥夺的强烈感觉"[2]，从而引发人们的心里震荡，使人们在不平衡、不公正的心理和情绪下工作和生活，并对政府政策、教育体制、市场规则等产生不信任感。长此以

---

① 李强. 应用社会学. 3 版. 北京：中国人民大学出版社，2020：582.
② 雷洪. 社会问题：社会学的一个中层理论. 北京：社会科学文献出版社，1999：151.

往，这种不良的社会心态必然会对经济、社会发展产生消极影响。

（三）个人生活和发展保障问题

针对上述变迁性社会问题和经济病态问题，为困难群众提供基本生活保障与缓和社会问题显得尤为重要。生活保障是最基本的民生问题，关乎民众最基本的日常需求和生计发展，特别是工作谋生与收入分配和社会保障两个方面。因此，生活保障不仅包括对困难群众所发放的生活补助、对低收入家庭的临时救助、对失地农民的就业帮助，还涵盖人们生活的方方面面，例如住房保障、食品安全保障、物资保障等，以及提供工作机会和职业能力。传统的基本生存保障和现代人的基本发展所需的公共服务，都成为衡量人们基本生活质量的尺度。

（四）社会保障权利问题

社会保障权利反映了社会问题具有的政治性。社会保障权利是直面民生、调节收入分配、维护社会运行稳定、保障人民安全的基石。"社会保障是国家依法强制建立的、具有经济福利性的国民生活保障和社会稳定系统；在中国，社会保障应该是各种社会保险、社会救助、社会福利、军人保障、医疗保健、福利服务以及各种政府或企业补助、社会互助保障等社会措施的总称。"[①] 在保障层次上，社会保障分别通过经济保障来解决民众生活困难时的经济来源问题，通过服务保障来满足特定人群对个人生活照料的需求，以及通过情感保障在需要时给人以精神慰藉。

满足民众的社会保障权利可以在遇到障碍或突发状况时保护劳动力的有序再生产，在某种程度上可以对社会财富进行再次分配，适当缩小贫富差距，缓和社会关系，促进经济和社会的良性循环。民生问题事关国家大计，不仅仅是简单或纯粹的经济性问题，更是一个政治问题。[②] 如果社会公平正义的程度较高，社会利益分配合理，弱势群体的权益可以得到有效保障，那么，即使这个社会的经济发展水平有限，大多数的社会问题也会在可控范围内。这是因为大多数社会问题都是由财富、社会资源以及社会保障等市场化分配不均或者政府调节不够造成的。因此，涉及经济、生活、社会保障等方面的

---

① 郑功成. 社会保障学. 北京：商务印书馆，2000：11.
② 曹文宏. 民生问题的政治学解读：一种民生政治观. 探索，2007（6）.

民生社会问题与社会资源分配的模式密切相关。一旦社会保障权利无法实现，那么社会问题必然出现，社会矛盾必然增加，社会基础必然遭到破坏。

总之，调控好经济效益与社会效益、政治目标与社会参与、社会目标与公众福利、社会资源与利益分配、高收入群体与底层贫困群体、个人与社会之间的关系，可以有效地解决社会偏差和社会失调问题。

第三节 民生社会问题与社会企业

民生社会问题是社会问题的重要组成部分，反映了最贴近民众日常生活的民生经济中出现的失调问题。民生社会问题涉及民众基础性的利益诉求，与民众的生存发展最相关，是民众所关心的最直接、最现实的问题。社会企业如何解决民生领域中的社会问题？社会企业如何补充占主导地位的经济的作用的不足？民生问题强调多样经济活动形式在市场中的存在及其作用，强调所解决的问题具有经济和社会双重性，强调发展性政策取向，这些都和社会企业的性质、功能与作用相呼应。

一、解决民生社会问题需要多种资源混合性组织

民生社会问题的综合性特征说明有效解决这一问题不能单靠一方的力量。比如，贫困救助问题既是社会问题，也是财政经济问题，还是公民权利保障问题。过去，我们在解决这类社会问题时，进行了行政组织划分，把整体要解决的问题分割成碎片，这无疑排斥了市场行动资源与主体的加入。如果政府福利财政只是单纯的支出，那么将之用于解决诸种社会问题无疑就成了一种财政负担。

拥有多元利益相关者，吸纳多种资源并整合资源，以创造社会财富代替成为社会负担，以市场化手段化解民生问题是社会企业的优势。从组织生态学理论的角度，社会企业的可持续发展也需要创造多元主体参与的社会企业生态系统[①]。社会企业尤其应注重由地位相对平等的跨界行动者组成的协作

---

① 李健．创造社会企业生态系统：泰国发展社会企业的经验和启示．南京社会科学，2018（9）．

网络，形成官民商三者跨界合作推动社会企业发展的模式①。当前，人口老龄化、经济不平等、贫困与饥饿等一系列社会问题已成为全球主要国家的共同威胁。当面对庞大的福利需求时，如何提供社会福利，如何提供发展型社会福利，落实发展型社会政策，已经成为世界各国思考的重要问题。区别于政府组织、企业组织和社会组织等传统主流范式，社会企业成为创新社会治理背景下的一股鲜活力量。因此，我们应以社会企业为载体打造跨界协作网络，形成官民商合作治理新局面。

二、社会企业参与解决民生社会问题

许多力量都可以参与解决民生社会问题，如来自家庭、社区、政府、市场、社会部门等的多元主体，社会企业只是解决民生社会问题的主体之一。

（一）社会企业解决民生社会问题的层次

许多民生社会问题是社会企业关注的对象。目前，社会企业对民生社会问题的解决主要着眼于生存状态和生计来源两个民生层次。确切地说，社会企业关注低收入群体、弱势群体和特定群体的生产生活保障和能力，强调生产性在解决困难群体就业、合作社互助互惠、社区照顾和服务、家计扶助、村庄再造、乡村振兴等方面的作用。

如果发展民生经济是解决民生问题的方法，那么，在解决方法上也存在多种资源分配类型。因此，民生社会问题可以从家计的、互惠的、合作的、商业的及综合的不同市场方式中谋求解决方案，对不同层次的民生问题可以选择不同的发展方式。所以，社会企业也可以被视为一种解决民生社会问题的手段和方法，一种解决民生社会问题的资源分配机制，一种经济资源与社会资源混合的受政策支持的组织方式。

社会企业介入民生社会问题具有三个判断标准：一是所面对的任务构成了社会问题；二是虽然针对这类社会问题有社会保障机制，但是社会保障提供不足或缺乏，比如智力障碍者、残障人士的生活和就业，贫困家庭儿童教育和技能培训，社区养老照顾，等等；三是必须具备一定的市场性活动空间，可以通过市场经济活动得到资源支持，不能是纯粹福利问题。社会企业对低

---

① 罗文恩，黄英. 官民商协作与社会企业可持续发展：来自中国香港的经验及启示. 公共行政评论，2018，11（4）.

收入群体、弱势群体和特定群体的生产生活保障定位于能够与市场结合的生产性、发展性领域，比如促进就业、合作生产、公益贷款、支持家计生产单位、社会投资等等。

（二）解决民生社会问题需要社会企业创新

经济发展与民生社会问题的处理需要将福利保障和改善民生作为经济社会发展的出发点和落脚点，将经济发展与福利保障有机结合，形成良性循环。要以经济发展促进社会和制度的进步，更好地优化收入分配结构，切实保障困难群众的基本生活，努力将经济发展问题的解决与民生社会问题的解决融为一体。

1. 社会企业具备以经济手段解决需求的可能性

社会企业是负有"公益性"和"营利性"使命的一种混合组织，具有慈善和商业的双重内核。因此，社会企业能够抓住社会痛点问题提供市场化解决方案，具备以经济手段解决民生需求的可能性。例如，乡村社会企业的经营根植于乡村，或致力于扩大农产品的深加工，或聚焦于农业知识培训，或根植于乡业旅游、乡村特色资源挖掘，将社会企业嵌入乡村内生发展的过程中去，为乡村发展提供内驱力。

作为社会治理多元化的参与主体，社会企业以市场营利能力开发经济性福利，以工作整合福利，以发展保护民生。目前，社会企业的业务覆盖就业、养老、教育、医疗、扶贫、社区发展等重要领域，涵盖少年儿童、弱势群体、老年群体、妇幼群体等人群[①]，直接为特殊群体和社区发展赋能，为不同领域、不同群体的需求提供差异化的满足。在此意义上，社会企业在一定程度上补足了社会保障欠缺的方面，发挥了化解社会矛盾的社会整合功能，激发了社会参与的积极性。社会企业聚焦社区解决民生社会需求已然成为一种趋势。在英国，政府重视社会企业在社区公共服务中的角色，许多社会企业非常关注最贫困的社区，38％的社会企业在英国20％的最贫困的社区开展工作，而传统的中小企业的这一比例仅为12％[②]。社会企业采取多元化的策略，以"公益＋商业"的核心运作方式整合社区资源，通过"赋权""授能""助人自助"强化社区居民、志愿者、社会工作者、社会创新者、基金会、企业

---

① 国务院发展研究中心公共管理与人力资源研究所"社会企业研究"课题组．我国社会企业发展状况调研报告．国家治理，2021（47）．

② 英国大使馆文化教育处．关注社会企业．中国投资，2014（S1）．

等等多方利益相关者，提供更加精细化、精准化的服务。

2. 社会企业可以落实社会制度和发展型社会政策安排

民生社会问题与经济发展和政府执政能力息息相关。社会制度与社会政策的安排直接反映了政府的价值追求与社会治理理念。然而，在国家社会治理体系和能力现代化建设中，社会制度与社会政策安排的落实需要承接主体来理顺国家、市场与社会三者之间的关系，从而更有效地配置社会资源与机会，实现多元主体的共建共治共享。从根本上说，社会企业追求的不是企业所有者和利益相关者的利益最大化，而是更高效地提供社会服务和化解社会痛点问题[1]。无论是从社会企业自身的发展历史，还是从社会企业运行中的目标实现来讲，社会企业面对的群体与对象、整合的资源与资本、提供的服务与产品均是对社会制度和社会政策安排的精准化落实、精细化体现，是以"在地化的"方式直接参与社会治理。虽然社会企业通常以小型机构的形式在运作，但作为社会制度与社会政策安排的富有活力的"末端毛细血管"，其对激发发展型社会政策、创新社会治理具有重要现实意义。

3. 社会企业是社会问题创新性解决方案的提供者

社会企业用整合创新和可持续发展的方式解决复杂的社会问题[2]。这是因为，公益机构在面临复杂社会问题时，依赖捐赠，能力有限；社会企业则会设法通过产品创新、技术创新、服务创新、应用场景创新以及商业模式创新等手段，持续寻找解决社会问题的最佳方案，实现解决问题和营利的双重目标。社会问题创新性解决方案必须满足财务可持续性和新颖性两个标准：财务可持续性意味着社会企业必须能够获得稳定的外部资金，或者在能够产生可持续市场运营收入的有效模型中工作；新颖性意味着社会企业必须具有一些在产品或服务、流程或应用场景方面明显不同于传统慈善机构的特点。[3]这两个标准的满足源于社会企业的组织性质，它将各种社会投资都用于生产，获取福利性经济效益，以实现社会价值与社会财富的良性互动。

---

① 时立荣. 转型与整合：社会企业的性质、构成与发展. 人文杂志，2007（4）.

② MAIR J，MARTI I. Social entrepreneurship research：a source of explanation，prediction，and delight. Journal of world business，2006，41（1）.

③ ZHAO M，MAO J. Social entrepreneurship：an innovative solution to social problems. Beijing：Renmin University Press，2021：10 - 12.

第十章 多种经济关系、社会保护与社会企业

在漫长的社会变迁过程中，人类社会的经济活动共经历了三种生产方式——农业生产方式、工业化生产方式和后工业化生产方式，不同的生产方式分别对应自然经济形态、机器大生产工业化生产形态和信息化形态。到目前为止，社会发展轨迹表现为"传统—社会转型—现代化"，而社会变迁的过程还在继续。

第一节 社会发展和多种经济关系并存

农业生产方式、工业化生产方式和后工业化生产方式三种社会生产方式之间存在着继起关系。由于发展的时空差异和人类生产关系及生活方式的延续，社会发展的各个阶段都存留着多种经济关系。至今，这些经济关系类型仍然存在于市场经济占主导地位的现代社会之中。

社会发展及其生产方式都有其变化的规律。人类社会的经济活动经历了不同的生产方式，形成了不同的经济制度。但是这些不同的经济制度之间存在长短不等的过渡时期。当新的生产方式出现后，原有生产方式及其关系并不是完全消失或者被占主导地位的生产方式彻底取代。在不同时空区域，由于存在制度差异、区域差异、城乡差异、地理差异等，也会出现建立在这些经济制度基础上的历史文化和社会关系的延续性、独立性以及在物质发展水平上的适配性，导致各类经济制度在时空发展上不仅有迟滞现象，还有并存现象。

一、社会发展以及发展水平之间的差距

从全球范围来看，"社会发展过程，从一定意义上来讲就是社会现代化过

程，实际上是传统因素与现代因素此消彼长的进化过程"，"渐进性和整体性是社会发展的最一般特征"①。按照现代化的发展思路，社会发展展现了从传统的农业社会、工业社会到现代化社会的轨迹。但是，社会发展又表现为先发、后发和迟滞发展的过程，出现了发达与不发达国家和地区之别，不仅造成了发展上的区域差距、城乡差距、群体差距、贫富差距等，还形成了体现这种差距的体系结构、霸权及其资源分配样度。在这个过程中，现代因素和传统因素往往交织在一起，传统因素并不能一下子被取代，甚至具有很强的扎根性，传统因素与现代因素之间也会发生碰撞。学者们先后用现代化理论、依附理论和世界体系理论进行了解释。

社会发展表现为政治发展、经济发展、社会发展、人的发展和环境可持续发展的整体性社会变迁过程，这是复杂性、多样性、阶段性和非同步性的系统运作过程。单一方面的增长并不能代表整体综合性发展，相反，现代工业社会出现了以损害社会公平、社会利益和环境为代价的"有经济增长，无社会发展"现象。所以，把经济增长视为社会发展的哈罗德-多马经济增长模型、贫困恶性循环理论等经济学理论受到批判。社会发展经历了"经济增长等于社会发展""经济与社会协调发展"和"经济、社会与环境协调发展"的战略转变过程。真正的发展必定是经济与社会协调发展，能使经济的增长和社会的进步以及人民生活的改善同步进行，并且追求经济与资源环境的协调发展。但是，整体性发展理念并不能否定渐进性，整体性并不意味着社会所有层面和所有因素的同步变化。各个要素之间的相互制约和相互联系也存在变化时间先后，甚至有断裂和封闭隔离时期，所以，社会发展具有渐进性的特点。传统因素包括以往历史发展中不同生产方式下的经济制度也会有存续，不发达或迟滞发展的落后的生产方式、生活方式和消费方式也会同时存在。即便是现代化最发达的国家和社会也不能完全回避这样的问题。所以，人们赖以谋生的经济活动方式是多种多样的，即便在同一个时空区域，也会出现经济分层现象。

二、市场经济也是多元经济制度并存的混合经济

渐进性和整体性的社会发展表现为：即便是在同时态下的生产方式，也

---

① 刘祖云．发展社会学．北京：高等教育出版社，2006：6.

同时存留着以往不同时态经济活动的方式和关系，这是由发展演化所带来的。尽管当代已经进入现代信息社会，市场经济占主导地位，但是仍然存留着多种多样的经济关系和经济实体。从最纯粹的意义上说，市场经济仍然是混合经济。

波兰尼在批判资本主义"市场经济是自发经济"这一说法的时候，考察了初民社会和古代社会的经济形态的基础，指出人类社会经济行动与生俱来的非经济动机和自发的经济关系。"近期历史和人类学的突出发现是，原则上，人类的经济是浸没在他的社会关系之中的，他的个人动机并不在于维护占有物质财物的个人利益，而在于维护他的社会地位、他的社会权利、他的社会资产……经济体系都是围绕着非经济动机开展的。"① 他给出经济的实质性定义，"经济的实质意义源于人类为了生存而对自然和伙伴的依赖。它指的是人与自然环境和社会环境之间的交换，从而使他获得享有物质满足感的途径"②，这意味着"人类的经济动机源于社会生活的背景……没有任何单独的和明确的以经济动机为基础的制度"③。实质经济制度化"将经济同其所处的社会环境、文化传统和制度背景之间的关系结合起来，探讨人类经济制度的整合模式。这意味着人类经济行为的差异性、特殊性和多样性"④。然而，这并不同于工业革命以来建立的市场经济制度。人们的生产和分配基于原始社会中互惠的非货币型经济和再分配的行动规则、家计原则（为自己或家庭的需要而生产）。"在人类社会中，除了市场经济外，以义务为基础、以对称性为原则的互惠经济，以自给自足为特征的家计经济，以中心性为原则的再分配经济都是重要的社会整合机制，并同相应的正式和非正式制度嵌合在一起。"⑤

我们可以看出，人类社会的经济原则是多样化的，这些多样化的经济原则包括市场原则、再分配原则、家庭经济及其互惠性原则，它们分别对应市场经济、非市场经济和非货币经济。在当代以市场经济为主体的时代，"市场

---

① 波兰尼. 大转型：我们时代的政治与经济起源. 杭州：浙江人民出版社，2007：40.
② POLANYI K，ARENSBERG C M，PEARSON W. Trade and market in the early empires. New York：Macmillan Pub Co.，1957：243.
③ 同①41.
④ 刘少杰. 西方经济社会学史. 北京：中国人民大学出版社，2013：132.
⑤ 同④.

的主要任务是对商品和服务进行流通。但这不能被理解为市场经济仅是市场的产物，而是说市场有优先权，非市场和非货币的关系则享有次要的地位。换言之，市场经济中混合了市场和非市场资源，甚至是非货币资源"①。也就是说，市场经济是混合经济。

波兰尼对经济的实质分析给我们展示出以任何形式为主导的经济形态其实都是"混合经济"形态。有的经济制度和经济活动方式占主导地位，其他的处于非主导的配合地位，但它们并不是没有用的。"复杂多元的经济制度优于一元化的经济制度。多元经济整合模式的共存具有比较优势，因为它能够创造一个复杂体系。在这种复杂体系中，某种居于主导地位的整合机制的失效可以通过具有保障地位的次级机制来加以纠正。"② 因此，我们可以看到非主导的经济机制在不同层级上具有的兜底功能和社会整合功能，作为复杂系统的一部分也具有防范风险的功能。相对于具有最强市场竞争力的占主导地位的生产方式和经济活动，次要的生产方式和经济活动对社会具有更强的保护意味。

三、社会企业、多元经济和多种资源分配类型

社会企业光谱以经济多元化原理为基础，社会企业的概念也基于经济的三种类型（即市场经济、再分配和互惠）混合而形成。它们在社会企业行动中混合了市场经济、非市场经济和非货币经济三种资源③。当以市场经济为主导的经济制度排斥社会弱势群体时，其他的经济机制作为保护机制发挥兜底作用。

许多社会企业活跃在民生经济、社会经济或社区经济领域，这些领域都与对社会问题的经济解决办法相关，是多元经济制度交叉的领域。社会企业含有多元经济类型、特征和交换逻辑（见表 10 – 1）。

---

① LAVILLE J L，NYSSENS M. The social enterprise：towards a theoretical socio-economic approach//BORZAGE C，DEFOURNY J. The emergence of social enterprise. London：Routledge，2001：312 – 332.

② 刘少杰. 西方经济社会学史. 北京：中国人民大学出版社，2013：132.

③ 尼森. 社会企业的岔路选择：市场、公共政策与市民社会. 北京：法律出版社，2014：111 – 147.

表 10 - 1   **社会企业内含的经济类型**

经济类型	特征	交换逻辑
市场经济	以商品生产、服务和流通为主	市场经济
再分配	由国家集中进行分配，不通过市场交易	非市场经济
互惠	捐赠、自我生产、家庭经济、个人志愿者、提供社会服务	非货币经济

社会企业的资源分配类型是指社会企业的三种经济运作逻辑。一是从商业逻辑来看，社会企业遵循货币交换的市场经济逻辑，进行商品生产或服务，从市场交易中赚得利润，承担市场风险。二是社会企业遵循再分配的经济逻辑，特别是非营利型社会企业可以从各级政府公共部门获取来自公共财政的再分配资源，如政府购买服务、公共补贴（如安排残疾人就业补贴）、免税等。三是来自互惠的经济运作逻辑，社会企业可以从个人、基金会、社会组织等非营利部门获取捐赠和捐献资源，包括志愿者等人力资源等。总之，各种类型的社会企业都在不同程度上调配使用市场经济、再分配和互惠资源。

三种经济交换逻辑涉及的资源种类包括货币型资源和非货币型资源（见表 10 - 2）。货币型资源包括市场销售所得，来自政府部门的公共补贴款项，来自个人、基金会、社会组织的捐款等；非货币型资源包括安置特殊困难群体就业的补贴、志愿者作为人力资本、免费提供物资或场地等。

表 10 - 2   **社会企业的资源种类**

资源类型	获得方式		
货币型资源	销售（市场）	公共补贴（非市场）	捐款（互惠）
非货币型资源	间接补贴安置就业	志愿者工作	捐物和免费提供场地

第二节　多种社会保护机制

迄今为止的人类社会发展，经历了不同形态的经济活动方式，每种经济活动都有社会保护机制。社会保护的能力是由经济发展水平所决定的，"经济发展（生产力）推动生产方式的转变，不同的生产方式有不同的社会风险，需要不同的社会保护机制，社会才能平稳运行。一旦生产方式发生改变，社会保护机制就必须重新建设"①。可见，人类的经济行动和社会对经济目的的规范始终是相伴而生的。

一、多种经济制度与多种社会保护机制

社会生产方式之间存在着继起关系，与之相对应的社会保护方式也存在着继起关系。人类社会生活从一开始就形成了家庭保护和家族保护，到了传统的以自然经济为主的农业社会，又发展出社区互助和宗教慈善，这一阶段的社会保护是随意的、自然的，被称为传统社会保护机制或农业社会保护机制。进入工业化机器大生产社会后，社会保护又在原有基础上进一步增加了慈善事业和社会救助内容，这些内容带有补救、恩赐、歧视、随意性特点。随着工业社会劳动阶级的反抗，资产阶级为了保护自己的利益，逐步建立了社会保险、社会津贴和社会服务等一系列社会保障制度，作为国家制度给予标准化、制度化的规定，这些措施对社会利益进行再分配，有效缓解了社会冲突和矛盾。因此，社会保障制度被称为市场经济社会发展和人们社会生活的"安全阀"和"蓄水池"，这一阶段的社会保护被称为现代社会保护机制或工业社会保护机制。进入信息社会以来，社会保障制度的范围不断扩大，社会保护覆盖到住房保护、就业保护、教育保护和社会排斥保护等领域，这一阶段的社会保护被称为信息社会保护机制或后工业社会保护机制。作为国家制度，它虽然发展时间不长，但是体现了信息社会的开放性、包容性和可选择性特征。可见，人类社会的发展历程，也可以被视为社会保护发展的历程。

总之，"生产力的变革引发了社会风险的改变，生产关系的变革引发了整个社会应对风险方式的改变"②。只有尊重社会保护机制的发展演变规律，及时调整利益分配格局，兼顾各种风险化解机制，才能保护经济社会和人民生活健康发展。

社会保护机制有自身的发展规律。一是滞后性，生产力或经济的发展、生产关系的转变和社会保护机制的变革并不是在同一历史时刻发生的。"从某种意义上说，社会保护机制的变革和重建，总是会滞后于生产力或经济的发

---

① 钱运春．西欧生产方式变迁与社会保护机制重建．上海：上海社会科学院出版社，2011：2.
② 同①.

展和生产关系的转变。一般的规律是，生产力或经济通常会率先发展，继而带动生产关系的转变，然后再促使社会保护机制的变革和重建。"① 即便是同时态的生产方式，也同时存留着以往不同时态经济活动的方式和关系。二是并存性，即历时态的社会保护机制同时态呈现。在纵向历时态的社会发展过程中，"社会保护的具体方式虽然在不断进步，但是从未因为新的保护手段的出现并逐渐占据优势而淘汰旧的保护手段"②，"从最早的家庭保护到现代的社会保障，构成了一个社会保护的大家族，所有的保护手段都在一起和平共处并且互补长短、相辅相成"③。三是继起性。"每个阶段的社会保护机制都有一个从保守到变革再到重建的缓慢的渐变过程。"特别是在现代工业社会和后现代信息社会，即便建立了广泛的社会保险制度，也不能完全有效地替代家庭、合作社等传统社会保护机制。"实际上，在每一个阶段的前半期，基本上会继续沿用上一个阶段的社会保护机制。后半期，为适应社会的需要，就会逐渐演化出一种与发展变化了的生产力和生产方式相适应的新的社会保护机制。"④ 四是超越性。工业社会以来，为了应对经济危机的巨大灾难，以社会保险为核心的国家社会保障制度成为居于主导地位的稳定的社会保护手段，形成传统的较为固定的社会保障领域，包括疾病医疗健康保险、老年保险、失业保险、生育保险、伤残保险、家庭和儿童保险。但是在信息社会，社会保护已经超出了传统社会保障领域，体现为所有有用的生产性和发展性政策措施都会被整合运用的趋势。

二、社会企业作为一种生产性社会保护机制

从社会保护的定义出发，可以发现社会企业是作为一种生产性社会保护机制而存在的。国际劳工组织从政策措施角度把社会保护定义为，通过不断的政府行动和政策对话而实现的一系列政策措施，强调所有人在因各种原因陷入生活困境中时都能够得到足以维持生计的保障待遇。世界银行从具体路径方面给出了进行反贫困社会投资、风险管理和提供就业的建议："仅在遭遇

---

① 唐钧. 社会保护的历史演进. 社会科学，2015（8）.
② 同①.
③ 同①.
④ 同①.

风险时向低收入者提供临时性的救助和津贴是远远不够的，应该对人力资本投资（如投资教育和医疗卫生）的主张进行公共干预，帮助个人、家庭和社区更好地管理风险；为受到社会剥夺的低收入者提供支持，创造更多的就业机会。"① "社会保护是一个比社会保障更宽泛的概念，可以包括多种多样、正式和非正式的保护方式，并且突出对弱势群体进行支持的政策目标。"② 从上述定义中我们可以看出，社会保护的定义可以从广义和狭义两个方面进行理解。正如国际劳工组织的《关于国家社会保护底线的建议书》所言：社会保护经常被理解为比"社会保障"具有更广义的特征（特别是它还包括家庭成员之间以及本地社区成员之间相互提供的保护），但它也同样被人们狭义地使用（被狭义地理解为，仅对最贫困、最弱势或者是被社会排斥的群体所采取的措施）③。所以，广义的社会保护将社会保障扩展至与市场相结合的领域，狭义的社会保护特别强调对弱势群体的保护。从社会保护视角研究社会企业，我们会发现社会企业就是一种从生产和服务领域对弱势群体进行支持，形成生产性社会保护机制的干预手段。

社会企业的混合性质包含了多种经济关系并行的社会保护机制，是对商品经济市场霸权的反抗，充分体现了社会保护的继起性特点，在具有不同竞争力的经济分层结构体系中，以渐进的方式推动社会进步。社会企业创造混合经济新组织形态的方式，一是同市场经济形态的企业（公司）的混合，二是自身内部性质的混合，将明显的经济因素与明显的非经济因素结合，在社会企业内部创造互惠经济、再分配和混合市场，这也意味着社会企业多种保护机制的同步使用。社会企业以社会保护原则为基础，特别是在民生领域反抗市场经济侵蚀人的整体性。

社会企业的独特性在于，它是生产性的社会保障手段和生产性的社会保护机制。社会企业试图衔接"传统—现代"生产方式之间不同社会保护机制的落差，尤其是从工业社会过渡到信息社会导致的社会分化与底层贫困。而民生经济领域是与"前一阶段"社会生产方式及其生产关系相适应的传统社

---

① 谢东梅. 低收入群体社会保护的政策含义及其框架. 商业时代，2009（21）.

② 尚晓援. 中国社会保护体制改革研究. 北京：中国劳动社会保障出版社，2007：8.

③ 世界社会保障报告（2010—2011）：危机期间和后危机时代的社会保障覆盖. 北京：中国劳动社会保障出版社，2011：15.

会保护机制的栖息地，是迟滞的、并存的、被保留下来的社会保护方式发挥作用的场所。所以，相较于工业经济和信息经济，民生经济（或者是社会经济领域或社区经济领域）是社会企业功能发挥的场域空间。其中，社会企业组织活动的最大领域是反贫困领域，尤其关注民生领域中的弱势群体就业和能力发展。按照区域贫富分化程度，可以看到贫困规模较大的地区大都处于经济社会发展水平比较低的区域，大都存在多种生产方式并存的情况下经济和社会发展的衔接问题。事实上，那些进入商品经济市场体制的国家和地区，也并不是绝对进入，区域发展不平衡、社会贫富差距、城乡差距问题一直都存在。那些经济社会发展没有达到高度现代化水平的地方、那些生产方式还在渐进式转变的地方，是"被裹挟着"一同进入现代商品经济市场的，所以，家计经济、互助经济、低技术水平的工业和较为传统的农业经济等被现代性排斥的生产方式依然存在。因此，对它们而言，"进入"即被"淘汰"的现象是长期存在的。不仅如此，现代性的负面结果引起的发展失衡进一步导致了区域经济不协调、收入与财富分配不公、贫富差距过大、劳动力技术排斥和公共福利资源短缺等问题。对于这一社会发展现象，后现代理论对现代性予以批判。后现代理论肯定多元性存在的合理性，对现代性的合理性给予彻底否定，对从传统社会向现代社会、农业社会向工业社会变迁的思维定式发起挑战。虽然后现代理论在现实中表现得比较偏激，但是，只有考察反映不同生产关系的生产方式之间的衔接、变化和发展，即各种社会结构关系之间的接续方式，才能了解现代化的全部变化的内涵，也只有在衔接中才能探索和发展新模式。社会企业继承了互惠的合作社、社会福利企业、民办非企业单位、社区照顾和社区服务等传统的组织形式的社会保护功能，同时也以低利润公司、社会投资公司等组织方式创新着社会保护形式。所以，研究市场经济与传统生产活动及其关系之间的衔接、继起和替代的渐变方式，考察各个生产要素在传统与现代之间的社会价值和经济效果的变化，是社会企业推动美好社会发展的广阔空间。在我国的社会转型过程中，社会企业发端于非正规就业组织，扩展于社会事业单位改革重构，在非营利组织中不断演绎，新生于社会创业。可见，社会企业不断调适着市场与社会生活之间的风险防范关系。

第十一章　社会企业与社会治理创新

　　在社会治理创新中，社会企业属于增强市场主体社会责任的一方。社会企业通过市场机制参与社会治理的行动根植于经济嵌入社会的关系之中。从社会治理创新中寻找解决社会问题的有效方案，既是社会企业跨界发展的动因，也促使它成为参与社会治理的有力主体。社会企业的出现，创新了参与社会治理的组织形式和资源组合运作模式，其与众不同的核心造血功能，克服了营利企业不关注社会问题和非营利机构效率低下的痼疾。社会企业使企业社会责任升级为社会企业家精神，提供了企业直接解决社会问题的新方案，推动了公益项目创新、公益创业和社会影响力投资，具有推动公民参与、促进社会融合的作用。

第一节　社会治理多元化与社会企业

　　社会治理需要解决多主体参与问题。新时代社会建设领域的主要矛盾表现为社会问题和社会风险增加而公共服务供给不足，特别是社会福利供给能力和水平问题。据此，社会治理强调多元主体共同参与公共领域关系建构，共同治理社会公共事务，共同分享社会发展成果，形成利益共享、风险共担、协同共进的新型社会治理结构。在社会治理中，社会企业以市场机制为创新特征，坚持社会价值共担原则，以社会价值与经济利益共享的原则指导社会企业运行。

一、社会治理需要多主体参与

　　按照社会治理的本意，创新社会治理体制除了要坚持政府主导外，更强调发挥社会组织的作用、增强市场主体的社会责任。打造共建共治共享的社会治理格局，将社会和市场的力量引入治理之中，助力政府解决社会问题，是社会治理现代化水平提升的表现。不同于传统的政府和非营利组织，作为社会治理效能转化的主体，社会企业为把社会利益和经济利益融为一体的经济行动提供了可能。为形成推动社会发展的合力，需要按照共同治理原则，发挥政府、市场、社会等多元主体在社会治理中的协同互补作用，以应对社会问题多样化的特点。社会治理亟须解决的各种社会问题不仅成为社会企业跨界发展的动因，也使社会企业成为参与社会治理的创新主体。

"社会治理是以实现和维护群众权利为核心，发挥多元治理主体的作用，针对国家治理中的社会问题，完善社会福利，保障改善民生，化解社会矛盾，促进社会公平，推动社会有序和谐发展的过程。"[1] 社会治理的理念蕴含了从"政府本位"向"社会本位"的转变。在市场经济中，对于公共产品的供给存在着"政府失灵"和"市场失灵"问题，即政府管理体制难以完全满足社会的个性化需求，市场体制也不能满足一些外部性强的资源配置需求。因而，社会治理需要多主体的共同参与和相互扶持，政府与社会力量的关系转变除了要求政府从管理到服务的理念过渡，在实践中，产生一种能够满足公共服务和社会需求的机制或主体显得尤为重要。近年来，世界各国不断发展的第三部门即各种非营利组织被认为是公共精神形成的有力推手。第三部门在提供社会服务、满足社会需求和解决社会问题方面的确起到了重要的作用。但第三部门也存在将自身的能力和作用过分夸大的倾向，忽略了自身所受到的各种内外限制[2]，如无法解决资金来源、作用、效能等问题，且难以评估其项目实施效果和社会目标改善情况。特别是在我国，社会组织的发展先天不足，其服务社会的组织能力还需要一个发展的过程，所以，培育社会治理中协同合作的有力主体和机制成为创新社会治理体制必须解决的问题。

多主体参与社会治理的落脚点应在于以社会责任为基础的公民或社会等多主体的实际参与，增强各种社会资本的力量。传统市场是独立于政府和第三部门的单独一部分，多主体参与的社会治理体制创新要求发掘传统市场主

---

① 周红云. 社会治理. 北京：中央编译出版社，2015.
② 何增科. 公民社会与第三部门. 北京：社会科学文献出版社，2000.

体的社会责任，增强企业作为市场主体的公共意识，这种意识是公共精神在社会领域中的体现。企业社会责任往往因为缺乏利润动力而不为营利企业所重视。因此，面对社会和公共领域中亟待满足的需求，从社会治理创新中寻找解决社会问题有效方案的、处于社会与市场交叉地带的社会企业有发挥作用的空间。

二、解决各种社会问题需要跨领域的社会企业

社会企业是一种新型的治理主体。它融合了社会目标和商业手段，以社会目标优先，以商业化的运作手段实现社会目标，是"目标驱动型"而不是"利润驱动型"组织。在公益性与企业之间的关系问题上，相对于刻板印象中的营利企业，社会企业的社会目标在商业运作中体现出弥漫性的特点。以往人们要求企业特别是营利企业履行社会责任，主要锁定在其所获利润的分配和慈善捐赠上，营利企业一般是被动做慈善，地位仅仅是捐赠人。而社会企业则把捐赠人视为投资人，追求社会捐款的投入和效率产出。社会企业具有社会性和经济性双重属性，就是表现了社会企业使公益精神和商业利润达到有效平衡的功能。履行社会目标、获取商业收入、实现目标群体需求、运行在不同法律形式下、非营利取向和利润再投资等等社会创新行动，能够灵活利用市场资源和非市场资源，使低技术工人重返工作岗位。正是这种双重性，使社会企业具有整合各种社会资源参与社会治理的动力。

从其属性来看，社会企业与传统"利润最大化企业"管理原则类似但目标不同。社会企业与其他企业一样需要雇用员工、创造商品或提供服务，但社会企业关注能够带来社会效益的产品生产和服务，只以收回成本为目标，通过对产品和服务收取费用或者指定价格获取商业收入。社会企业的这种商业运作模式符合市场运行的核心要义。与传统企业不同，社会企业的目标驱动避免了传统市场中商业的"唯利是图"价值观，体现了市场的社会责任，这在一定程度上弥补了政府和市场因失灵而在社会治理中的缺位，是社会企业的利润分配方式及社会目标导向的必然结果。

从其运作机制来看，社会企业可以是个人独资或多人合资的，可以由一个或多个投资者出资雇用职业经理人运营，或归政府、慈善机构等不同所有者所有。但社会企业与慈善组织、社会组织或非营利组织的重要区别在于：

社会企业获得的利润将被进一步用于企业投资，利润效益最终通过提供低价、便利、优质的服务等方式传递给目标受益群体。企业盈余能够帮助社会企业进一步扩大规模——进入新的区域、改善产品和服务质量、促进研发、提高运营效率、引进新技术或改进营销途径及服务提供途径，从而使更深层次的低收入人群获益[①]。社会企业的利润全部或大部分用于实现社会目标或促进社会企业更好地发展，这一特征决定了社会企业的市场责任，使社会企业成为市场参与社会治理的有力主体。

总之，社会企业因其天然基因和存在的逻辑而可能成为解决社会治理问题的缓冲带，社会企业的社会性嵌入机制决定了其有能力成为满足公共服务和社会需求的主体。其中，社会企业家精神是公共精神的直接体现，社会企业资金自给自足的方式避免了传统非营利组织陷入资金困境的问题，而商业手段的量化结果正是检验其社会目标是否实现的良好工具。以多主体参与社会治理正慢慢转变为社会企业的运作方式，这是新的创新跨界发展的思路。

第二节　组织制度优势向社会治理效能转化

"社会企业生产要素变革论"不仅解释了社会企业经济性和社会性双重目标的来源，还解释了社会企业家精神的文化特质及其特有的运作模式。社会企业家精神直接影响到社会企业的使命与战略管理，社会企业家坚信商业手段与传统慈善救济相比具有更大的社会价值，将创新融入社会治理当中。

一、作为制度的社会企业组织优势

社会企业作为一个社区治理主体，在提升社会治理效能方面有着得天独厚的条件，企业战略变革、社会管理技术系统是社会企业制度优势转化为治理效能的工具。效能指事物所蕴藏的有利的作用[②]；也指有效的、集体的效

---

① 尤努斯. 新的企业模式：创造没有贫困的世界. 北京：中信出版社，2008.
② 中国社会科学院语言研究所词典编辑室. 现代汉语词典. 5 版. 北京：商务印书馆，2005.

应，即人们在有目的、有组织的活动中所表现出来的效率和效果，它反映了所开展活动目标选择的正确性及其实现的程度①。社会治理效能是衡量和检验社会发展治理的参照。

（一）社会企业战略变革

社会企业是一种组织制度，在参与社会治理行动中，其制度优势首先来自企业战略变革的内生动力，即社会企业家将社会诉求融入企业战略之中的决策思维和管理能力。其实践意义在于，将市场经济领域、社会领域和政府公共领域的资源整合在一起，打破隔离，化解冲突，优化协同关系，从而提升社会治理效能。

社会企业战略使命的建立成为生产管理社会性变革的首要环节。一是制定战略使命更需要社会创新思维。在企业内部，资源调动是由企业家完成的，并非仅仅依靠市场价格交换机制。社会企业的领导者要将社会企业的理念融入使命之中，明确组织行动的社会目标，把控财务利益方向，建立战略计划体系。二是制定利润分配原则，保证社会利益的优先性。是否平衡商业利益与社会利益成为社会企业家管理成败的度量衡，而社会创新设计和社会管理技术能够在项目开展之初就帮助社会企业对战略使命和商业利益进行合理设计，保证行动可以执行。社会企业生存和发展的领域在社会性经济领域，因此，社会企业管理实践告诉我们，社会企业既要抓住社会的痛点，又要抓住市场盈利点来运行。不容否认，社会企业仍然要在市场竞争环境中求生存，与单纯追求利润的企业相比，社会企业的适用对象为针对半福利性公共社会问题、以产业经济形式进行的生产和服务。因此，社会企业在社区福利服务、集体经济、卫生健康、环保、反贫困等传统和现代领域具有突出的组织优势。可见，在经济与社会协调发展的约束下，怀有促进社会变革思想的社会企业家撬开社会性因素与生产要素的融合通道，使政府、社会和企业三大部门之间的关系从冲突走向融合，增进了社会治理体系共建共享共治的功能。

（二）社会创新设计

社会企业特别是现代社会企业常采取社会创新设计这一技术手段，突破

---

① 杨军剑. 城市社区治理效能的整体提升及优化路径探析. 学习论坛，2019（8）.

固有模式，发挥创新引领作用。"设计的最大作用不是创造商业价值，也不是包装和风格方面的竞争，而是一种适当的社会变革过程中的元素。"[①] "社会创新设计是专业设计在以改变社会为目标的协同设计过程中的活动，实际上，它是各种不同元素的糅合——原创理念和愿景、实用的设计工具以及创造力，而这些元素都被整合在设计方式的框架内。"[②] 与社会企业相关的设计活动应对的是市场和政府从自身运行逻辑中找出解决方案有难度，需要社会企业参与解决的情况。而社会创新被认为是探讨可持续的各种社会变革的，也包括社会治理组织变革的，所以，社会企业的创新设计正是基于新社区形态和新经济模式的解决方案。

二、运用社会管理技术系统提升治理效能

社会企业要善于运用社会管理技术系统来解决公益要素与商业要素之间的互惠问题，从而提升社会治理效能。社会企业能够提升社会治理效能有赖于它对社会管理技术系统，而不仅仅是市场交易手段的运用。在这里，社会管理技术系统采用广义的技术系统概念，指的是"为获得所要结果的人与方法的特定组合"[③]，体现为组织的技术互倚性在组织与环境要素之间的联系，具体指工作对象、要素之间或工作过程之间的相互联系程度。社会企业管理技术强调的是受政治和文化影响的技术在社会企业的工作对象、社会性要素（社会问题）和企业可承受的经济成本之间的内部作用关系，反映了技术对组织结构的影响。有效地解决社会企业的利润、效率和效益统一的问题也是社会企业不同于商业企业、复杂于商业企业和治理效能优于商业企业的地方，社会企业的管理技术包含着社会要素的介入以及如何对这些社会要素进行协调组合，通过创设制度性环境。营造一个管理技术环境即工作环境。这里不仅包含社会企业的文化、社会网络关系带来的信任和互惠，还包括管理服务于社会价值目标的方法。因此，要重视非正式网络对个人的激励作用，从优势视角充分发挥人力资本的潜能。让我们对

---

　　① 车生泉．道路景观生态设计的理论与实践：以上海市为例．上海交通大学学报（农业科学版），2007（3）．

　　② 曼奇尼．设计，在人人设计的时代：社会创新设计导论．北京：电子工业出版社，2016：76.

　　③ 斯科特．组织理论：理性、自然和开放系统的视角．北京：中国人民大学出版社，2011.

尤努斯格莱珉银行的扶贫模式进行描述，并对其社会管理技术系统进行分析，以展示这种优势。[①]

（一）价值观——改变贫困文化的行动转化技术路线设计

尤努斯扶贫模式对扶贫价值观进行价值-行动技术路线设计，将原则、口号转化为提升工作对象能力的日常生活行动。尤努斯提出的组织在价值观传播方面的"十六条"原则，涉及家庭规划、子女教育、健康生活习惯、法律法规、基本生活方法等，其精准程度根据地域、扶贫群体不同而因地制宜，如关于健康生活观念的倡导：要饮用从管井中打出的水，如果没有管井的水，那么要把水烧开，或是使用明矾把水净化。在传播价值观的同时，从导致生活贫困的根本原因如疾病、教育缺失、封建陋俗等出发，从基本生活技能、理念、价值观出发，逐步改变贫困文化的影响，有效达到逐步脱贫、彻底脱贫的目的。

（二）项目设计与匹配技术

尤努斯扶贫模式有精准的扶贫对象定位技术。以帮助穷人为出发点，格莱珉银行的金融贷款产品的贷款对象是农村贫困妇女。根据孟加拉国的贫困情况，格莱珉银行的扶贫产品的定位技术不仅是对贫困的大环境进行分析，同时还以人群社会行为偏好为出发点，对扶贫对象进行精准分析，然后有针对性地设计金融产品和项目，并将之有效且迅速地投入贫穷消费者手中。根据银行规定，只有家中土地少于半英亩[②]或家庭全部财产不超过等值 1 英亩土地价值的农户才拥有贷款资格。实践证明，为贫困妇女提供贷款更有助于改善家庭成员尤其是孩子的福利水平。因此，格莱珉银行 96％的贷款定位并发放给贫困妇女。

（三）高效的成员合作管理技术

"五人组"是尤努斯扶贫模式中高效的社会网络关系识别和社会资本动员技术。社会网络是指自然人在社会活动中相互直接互动连接的关系结构。由于聚类效应的存在，社会网络中往往存在着一些联系紧密的结点构成的簇，所谓识别指的是将这样的簇找出来以供进一步分析。在实际操作中，有效地

---

① 尤努斯．新的企业模式：创造没有贫困的世界．北京：中信出版社，2008.
② 1 英亩约等于 4 047 平方米。

识别社会网络关系或者是结构多样化的其他网络非常关键。目前，对尤努斯扶贫模式中的五人组模式的研究主要基于风险防范的视角，虽然从五人组联保、无抵押信贷的字面意思来看与风险防范相关，但是，从组织管理技术视角出发，就是将来自同一地区、从事相似活动的贷款申请者五人编成一组，若干个贷款小组形成一个贷款中心的层级网络结构。这种五人组模式不仅有效地识别了同类程度贫困人群，还将社会网络中的同质性对象结成互助群体，使其形成社会资本支持网络，也就是通过五人组发挥了组织的聚类效应，从而提升了治理效能。

（四）社会企业组织用人原则

尤努斯扶贫模式奉行只有在乡村支行工作过的人员才有资格在总部工作的原则。格莱珉银行强调管理者首先应具备乡村金融管理的业务能力，强调人力资源的项目实践能力，保证了精准扶贫项目的落地、生根、出产能，这些内在生命力保证了"造血"功能。同时，定期的人员沟通及维护、问题的反馈及评估大大地降低了项目长期运行过程中的风险，提高了项目的可操作性。目前，可持续脱贫项目在实施过程中面临的根本问题就是扶贫人员的缺乏。由于常驻贫困地的技术推广人才、长期驻村领导人员、业务管理技术干部的缺失，脱贫的可持续性受到较大的威胁。

（五）机构扶贫价值观与原产地标识相结合的地理产品设计

在格莱珉银行正式运营前，社会企业家、银行家尤努斯花了大量的时间在当地社区寻找代表物做专用标识，以原产地标识的形式传递扶贫价值观，确立的专业标识以不同形式出现在信纸抬头、信封、小册子以及所有文具上。由于标识的认知度极高，因而人们对扶贫机构的认知速度大大提升。尤努斯的这种社会价值观与地理标识相结合的要素关系设计在扶贫工作中起到了核心作用。在市场竞争中，地理标识往往以商品包装的形式出现，意在传播商品的信息，原产地标识更大大地提高了消费者对产品信息的认知度。这不仅减少了人工宣传成本，而且增加了社会对与地理标识相关联的价值观的认知度，提升了组织价值观传播的有效性。

（六）科学、理性的风险预防方案设计

虽然对此存在争议，但是尤努斯的社会企业坚持在风险预防上不采取慈

善的免单方式，而是继续以适合的形式发放和经营小额贷款。比如，不化坏
账，杜绝不还款，可以继续根据情况贷款，坚持偿还原则，等等。这样的原
则意在激发贷款者自力更生的意识，激励其自尊与自信，使其脱离贫困文化
陷阱。事实表明，一旦免除贷款者的偿还责任，则要花更多的时间与精力来
恢复其对自身能力的信任。也就是说，技术管理的社会性体现在即使慢一点，
组织也要以长期效力为根本。

　　总之，通过战略管理和社会管理技术系统，社会企业将制度优势转化为
社会治理效能，提高了社会治理的社会化水平，促进了高质量的社会治理，
是将组织优势转化为社会治理效能的一种有效形式，对推动良性社会运行起
到了积极的作用。不同于传统非营利组织，社会企业以经济主体身份参与社
会治理，是社会治理体系现代化的一支生力军。

第三节　社会企业的反贫困治理空间

　　社会投资是社会福利的供给形式之一，社会投资具有多面性，可以和许
多政策领域结合，在实践中发挥作用。社会投资的生产性福利政策目标是与
社会企业运作相结合的领域。

一、社会投资作为发展型社会福利政策手段

　　社会投资强调生产性和发展性的社会福利政策取向，即投资和未来回报，
注重提升人力资本，特别是在反贫困问题上。解决贫困地区和贫困人口发展
问题的含义是社会和经济协调发展，实现共同富裕，而非单一追求经济效益
指标。从社会投资角度看，治理贫困的资源是福利资源，把这样的福利资源
作为福利投资，支持有劳动能力的低收入群体进行生产，产出脱贫这样的社
会效益。这样的社会投资能够有效地投入、可持续地产出，本质上属于社会
性经济，宗旨是通过市场手段和经济方式解决贫困地区和贫困人口的社会发
展问题。如此一来，社会投资打造了可持续的社会福利支出模式，刺激了造
血式的福利机制运行。表现为：第一，在社会福利政策的价值取向上，由行
政扶贫思维模式取向向社会投资思维模式取向转向，追求积极的社会福利政
策。第二，吸纳反贫困的各种社会力量和个人力量，由政府行政力量参与向

多元社会力量参与扶贫转向。换言之，就是创新政府带动社会力量扶贫的第三次分配制度。第三，由外援式扶贫向赋能式脱贫转向，促使外因通过内因起作用，以扶贫对象和地区的能动参与视角建立与本地区经济发展相适应的脱贫模式。第四，社会投资要求扶贫脱贫紧扣民生问题，重点是促进本地就业和开发地区人才资源的教育。

社会投资主张社会福利与经济发展之间的共生关系，通过福利与工作之间的就业连接点激发那些对生产有直接影响的非经济要素。政府、个人、社会和市场共治脱贫是政治、经济和社会关系在社会结构上的呈现，即建构一种政府，市场和社会对接的结构关系，形成反贫困实践行动联盟。在传统的社会发展观看来，扶贫为消耗经济资源的输血式救济，因此，在反贫困的手段、途径和方式上，呈现为"社会福利的"国家再分配干预，重在对再分配福利资源进行保障式干预，对于开发就业与市场要素的福利扶贫经济功能并未重视，而社会投资福利政策恰恰抓住了"支持有持续脱贫动力的人进入市场就业"这一重要衔接点。社会企业是社会投资的一个载体，本质是社会经济市场机制，而不是纯粹商品市场机制。我国的精准扶贫运动在消灭了绝对贫困问题的同时，还造就了一个扶贫经济市场。怎样将这一巨大的投入转化为可持续的内在的力量，关键要看可持续的组织机制。在这方面，社会企业可以尝试一下，通过非经济因素和经济因素相结合，围绕市场和就业开展扶志、赋能、增技行动。

二、社会企业作为社会投资的组织载体

社会企业是社会投资的组织载体，特别是针对民生社会问题，社会企业的适用性不可低估。社会企业的典型特征在可持续反贫困问题方面都有明确的指向：一是减贫战略目标中的社会目标优先性是社会企业的通则。减贫战略总的目标要有利于激发欠发达地区和农村低收入人口发展的内生动力，实现共同富裕。二是在国家层面有定向优惠政策：中央财政设立专项扶贫资金，各级财政保证脱贫攻坚的资金需求。对已经实现稳定脱贫的地方，各地可以统筹安排专项扶贫资金，支持非贫困县、非贫困村的贫困人口脱贫。这些都是解决民生社会问题的帮扶性的社会投入。三是针对贫困，解决劳动力就业困境的精准帮扶符合社会企业的典型特征。四是定向扶贫市场交易是社会企

业常常采取的公平贸易的方式之一，一般贫困村普遍成立生产经营合作社，通过在线买卖、定购，完成从产地到消费者的直接对接。目前，定向扶贫市场交易在精准扶贫中扮演着重要的角色，它有效地解决了扶贫农畜牧产品的销售问题，直接增加了生产和服务收入。五是投资流向了扶贫领域。扶贫专项资金、扶贫产业投资、小额公益融资和扶贫小额信贷，都流向了社会领域。这些都为社会企业提供了发展的基础。需要注意的是，社会企业市场模式与行政扶贫模式的最大差别是动力来源不同，前者的动力来源于企业在市场交换中获利的内驱力，后者的动力来源于政府行政号召和财政给予。社会企业通过各种各样的适应性组织，如社会合作社、社区产业和社区公司、小微企业、小微金融和生产自救机构等开展就业和辅助就业的经济行动。在未来的精准脱贫及其脱贫可持续实践中，社会投资福利政策的目标与社会企业相结合的领域有三：第一，以知识为基础的经济体系，调和社会价值和经济目标之间的关系，重视未来预期就业的人力资本培养，在智力资本培育上下功夫，特别是教育和培训类的社会企业针对青少年的教育投入和针对弱势群体的技能训练。第二，以生计为基础的工作生产体系，调和失业致贫与重获就业岗位之间的经济收入关系，强调社会企业的就业辅助作用，减少个人贫穷的风险和社会排斥。第三，以生产型为基础的欠发达社区企业、区域产业和社会企业组织体系，调和适合本地区的经济社会协调发展与可持续稳定收入之间的关系。

三、社会企业参与可持续脱贫

在对村镇基层扶贫组织的市场培育上，精准扶贫也有很大的贡献。精准扶贫促使贫困地区出现了众多村镇帮扶组织和数不清的特色农副产品商家，这些实体小微企业是带领村镇脱贫的抓手和主体。它们具备以下特征：一是企业建立的目标是解决贫困地区和贫困人口的收入问题。二是虽然规模和产能较小，但企业的生产经营具有一定的商品市场交换能力，能够通过商业交易手段赢得经济收入，从而带动周围贫困人口就业和村庄经济发展。三是逐步形成线上市场和线下市场。线上主要依靠微信公众号特别是农村电商等互联网产品信息平台销售，如"第一书记"创富商城；线下与扶贫定点单位形成点对点产品消费对接关系网络。四是脆弱性保护，小微企业的经营受到政府人财物扶贫政策支持。对于贫困地区的扶贫企业和扶贫市场，在投资、驻村扶贫干部支持、对口单位支援、劳动力参与、贫困地区/社区经济刺激、电商平台服务、免费宣传等方面受政策扶持。这些特征表明，现有的许多民生小企业参与市场运行。可以发展为社会企业。但是，在扶贫中成长起来的经济组织，必须克服对扶贫前期点对点固定帮扶的依赖性，参与社会企业市场竞争，提高竞争意识、产品质量意识、品牌意识、责任意识和经营管理能力，增强市场竞争能力，以能力取胜。只有优化绩效，才能促进扶贫企业向社会企业的治理结构转化升级。

社会企业从动员和组织个人、市场等社会力量角度出发，激发贫困对象过上美好生活的内在愿望和经济活力，能够为扶贫提供特定的适应性市场环境，通过商业生产、运营和销售获取报酬，增强生产的自我造血功能，从而解决脱贫的内在发展动力问题。其意义在于：第一，完善行政扶贫退出模式，建立社会企业市场准入模式，创新可持续扶贫体制机制。第二，只有采取社会企业市场运行机制，才能通过社会企业的市场调节，使扶贫的物质资本、金融资本、人力资本、社会资本逐步进入社会投资市场，实现市场对资源的优化配置，以市场机制活化造血资源。第三，以社会企业市场运行为核心，形成线上线下扶贫农副产品交易市场、扶贫金融市场、扶贫劳动力市场、扶贫志愿者专家咨询团队、消费扶贫特许市场和扶贫政策庇护市场，扩大集约经营规模和整体发展效率，增大小微扶贫企业的生存和发展空间，同时结合政府、企业、基金会、社会组织和公众等社会扶贫力量，在社会公益投资、产品设计开发、市场营销、高水平专家志愿服务指导方面展开有机合作。只有这样，才能巩固制度扶贫优势，克服劣势，不断将企业从行政扶贫模式转化到社会企业市场脱贫模式，将国家扶贫的政治制度优势转化为贫困治理效能。

综上所述，社会治理需要解决多主体参与问题。在社会治理创新中，社会企业属于增强市场主体社会责任的一方。社会企业通过市场机制参与社会治理的行动根植于经济嵌入社会的关系之中。从社会治理创新中寻找解决社会问题的有效方案，是社会企业跨界发展的动因，也促使它成为参与社会治理的有力主体。而社会嵌入机制促使企业的传统生产要素与社会性要素相结合，发展出社会企业这一类型的组织。社会企业的出现，创新了参与社会治理的组织形式和资源组合运作模式，其与众不同的核心造血功能，克服了营利企业不关注社会问题和非营利组织效率低下的痼疾。社会企业使企业社会责任升级为社会企业家精神，提供了企业直接解决社会问题的新方案，推动了公益项目创新、公益创业和社会影响力投资，发挥了推动公民参与、促进社会融合的作用。

致　谢

感谢国家社会科学基金给予的课题立项支持。在社会企业研究还生僻冷门的时期，这一支持不仅是资助经费上的，还是我坚持和坚定社会企业研究方向的动力。

感谢本书在撰写过程中参考的国内外学者们的研究文献。研究的过程也是学习的过程，这些丰富的研究成果给我以思想启迪，不仅开阔了我的学术视野，还为本书的观点比较和知识确证提供了参考依据。我对所有参考文献来源已经进行了说明和书目开列。

感谢我曾工作过的吉林省社会科学院社会学研究所。在那里工作的 15 年，正逢改革开放社会转型快速发展时期，对东北地区下岗、再就业、贫困和社会保障问题的调查研究，使我敏锐地意识到缺乏社会保障资源支持的底层贫困群体自谋职业经营生计的方式，涵括着不同于其他商业企业的社会性质，引发了我对社会企业的思考。

感谢在北京科技大学社会学系工作的日子。我在那里奉献了人生事业发展最鼎盛的 16 年，在忙于学科建设的艰苦日子里，也未敢懈怠研究工作，"社会企业生产要素论"就是在这个研究阶段提出来的。感谢北京科技大学的同事和有兴趣参与社会企业研究的同学们，感谢几位以探索社会企业奥秘为主题进行学位论文写作的同学，正是你们的加入壮大了社会企业研究的队伍。

感谢中央民族大学民族学与社会学学院，无论是在深化民族地区社会企业研究主题还是在出版资助上，无论是在学术讨论还是在实践调研上，这里都提供了更高的学术研究平台和更大的人才培养空间。同时，我也非常感谢积极参与本书资料搜集工作的中央民族大学的同学们。

　　最后，衷心致谢中国人民大学出版社对本书的支持，尤其感谢人文出版分社潘宇博士和盛杰编辑为本书的出版做出的贡献。

时立荣

2022 年 8 月

参考文献

埃尔金顿．茧经济：通向"企业公民"模式的企业转型．上海：上海人民出版社，2005．

贝克尔特，叶鹏飞．经济社会学与嵌入性：对"经济行动"的理论抽象．经济社会体制比较，2004（6）．

彼得森，阿维森．道德经济：后危机时代的价值重塑．北京：中信出版社，2014．

波兰尼．大转型：我们时代的政治与经济起源．浙江：浙江人民出版社，2007．

波普诺．社会学．北京：中国人民大学出版社，2007．

伯恩斯坦．如何改变世界：社会企业家与新思想的威力．北京：新星出版社，2006．

曹文宏．民生问题的政治学解读：一种民生政治观．探索，2007（6）．

陈伟东，尹浩．合力与互补：英国社会企业发展动力机制研究．华中师范大学学报（人文社会科学版）2014，53（3）．

陈昀，陈鑫．基于认知视角的社会创业企业合法化机制及获取策略．管理学报，2018，15（9）．

陈志雄．民生改善及民生经济的内涵及特征辨析．时代金融，2012（21）．

成元君，陈锦棠．经验与启示：香港民间社会组织的发展．社团管理研究，2009（11）．

崔清泉，董乐．社会企业模式及其在我国的发展研究．经济研究导刊，2015（11）．

崔泰源．社会型企业：共建美好世界的梦想．北京：光明日报出版社，2015．

崔月琴，母艳春．多重制度逻辑下社会企业治理策略研究：基于长春市"善满家园"的调研．贵州社会科学，2019（11）．

崔占峰．民生经济论纲：兼论农民问题是民生经济的根本问题．经济问题，2012（8）．

道宾．新经济社会学读本．上海：上海人民出版社，2013．

德鲁克．管理：任务、责任和实践（第一部）．北京：华夏出版社，2012．

邓国胜．社会创新案例精选．北京：社会科学文献出版社，2013．

迪夫尼，丁开杰，徐天祥．从第三部门到社会企业：概念与方法．经济社会体制比较，2009（4）．

迪斯，埃默森，伊柯诺米．社会企业家的战略工具．北京：社会科学文献出版社，2011．

迪斯，埃默森，伊科诺米．企业型非营利组织．北京：北京大学出版社，2008．

丁度源．韩国社会企业促进法．中国第三部门研究，2013，6（2）．

丁敏．社会企业商业模式创新研究．科学·经济·社会，2010，28（1）．

董蕾红．社会企业法律制度研究．北京：知识产权出版社，2020．

杜洁，潘家恩．近代中国在地型社会企业的探索与创新：以张謇的"大生集团"与近代南通建设为例．上海大学学报（社会科学版），2018，35（1）．

杜洁，张兰英，温铁军．社会企业与社会治理的本土化：以卢作孚的民生公司和北碚建设为例．探索，2017（3）．

范斌．福利社会学．北京：社会科学文献出版社，2006．

菲佛，萨兰基克．组织的外部控制：对组织资源依赖的分析．北京：东方出版社，2006．

弗兰克尔，布隆伯格．如何打造社会企业：以人为本的新商机，幸福经济带来大收益．台北：时报文化出版企业股份有限公司，2014．

符平．"嵌入性"：两种取向及其分歧．社会学研究，2009，24（5）．

傅鸿震．社会企业的商务模式创新研究：基于格莱珉银行的案例分析．上海商学院学报，2012，13（1）．

甘峰．社会企业与社会协同治理．中国特色社会主义研究，2014（3）．

高传胜．社会企业的包容性治理功用及其发挥条件探讨．中国行政管理，2015（3）．

格兰诺维特．镶嵌：社会网与经济行动．北京：社会科学文献出版社，2007．

官有垣，陈锦棠，王仕图．社会企业的治理：台湾与香港的比较．台北：巨流图书公司，2016．

官有垣．社会企业组织在台湾地区的发展．中国非营利评论，2007，1（1）．

韩文琰．社会企业融资：英国经验与中国之道．东南学术，2017（3）．

郝甜莉．我国社会企业商业模式构建研究．北京：华北电力大学，2018．

何继新，陈真真．公共物品供给复合主体"复合型"协同机制研究：基于"价值链"理论视角．吉首大学学报（社会科学版），2016，37（2）．

何增科．公民社会与第三部门．北京：社会科学文献出版社，2000．

赫希曼．经济发展战略．北京：经济科学出版社，1991．

胡凤．中国社会企业的发展模式问题研究：以天津鹤童为例．上海：复旦大学，2011．

黄德顺，郑腾芬，陈淑娟，吴家霖．社会企业管理．台北：指南书局，2014．

黄剑宇．社会企业：非营利组织发展的新方向．湖南工程学院学报（社会科学版），

2010，20（2）.

霍尼曼．共益企业指南：如何打造共赢商业新生态．北京：中信出版集团，2017.

吉登斯．超越左与右：激进政治的未来．北京：社会科学文献出版社，2009.

吉登斯．第三条道路：社会民主主义的复兴．北京：北京大学出版社，2000.

纪廉，科林斯，英格兰，迈耶．新经济社会学：一门新兴学科的发展．北京：社会科学文献出版社，2006.

纪治兴，郑敏华．营商能耐可以改变社会．香港：思网络，2008.

姜岚昕．社会企业家的七个角色．北京：中华工商联合出版社，2014.

姜奇平．共享经济从理论到实践的发展．互联网周刊，2015（16）.

金锦萍．社会企业的兴起及其法律规制．经济社会体制比较，2009（4）.

金仁仙．韩国社会企业发展现状、评价及其经验借鉴．北京社会科学，2015（5）.

金仁仙．社会经济制度化发展：以韩国《社会企业育成法》为视角．科学学与科学技术管理，2016，37（1）.

景天魁，等．福利社会学．北京：北京师范大学出版社，2010.

卡蓝默．破碎的民主：试论治理的革命．北京：生活·读书·新知三联书店，2005.

科尔曼．社会理论的基础．北京：社会科学文献出版社，1999.

KIM J G. 当前韩国社会企业的问题及政策（英文）．北京论坛（2013）文明的和谐与共同繁荣：回顾与展望："可持续与均衡发展中的社会企业：东亚的视角"社会企业专场论文及摘要集，2013.

莱特．探求社会企业家精神．北京：社会科学文献出版社，2011.

雷洪．社会问题：社会学的一个中层理论．北京：社会科学文献出版社，1999.

雷赛，迪恩．社会企业法：信任、公益与资本市场．上海：上海财经大学出版社，2019.

李斌．社会排斥理论与中国城市住房改革制度．社会科学研究，2002（3）.

李健，贾孟媛．社会特许经营与社会企业规模化：基于 L 养老机构的案例分析．福建论坛（人文社会科学版），2020（6）.

李健，卢永彬，王蕾．组织法律形式、政策工具与社会企业发展：基于全球 28 个国家的模糊集定性比较分析．研究与发展管理，2019，31（1）.

李健，王名．社会企业与社会治理创新：模式与路径．北京航空航天大学学报（社会科学版），2015，28（3）.

李健，向勋宇．工作整合型社会企业参与"大陆单亲妈妈"服务的探索性研究：基于台湾人安基金会的个案分析．台湾研究集刊，2018（1）.

李健，张米安，顾拾金．社会企业助力扶贫攻坚：机制设计与模式创新．中国行政管理，2017（7）.

李健．创造社会企业生态系统：泰国发展社会企业的经验和启示．南京社会科学，

2018 (9).

李健. 社会企业政策：国际经验与中国选择. 北京：社会科学文献出版社，2018.

李健. 条条大路通罗马？：国外社会企业立法省向及经验启示. 经济社会体制比较，2017 (3).

李健. 政策设计与社会企业发展：基于 30 个国家案例的定性比较分析. 理论探索，2018 (2).

李强. 应用社会学. 3 版. 北京：中国人民大学出版社，2020.

李维安. 非营利组织管理学. 北京：高等教育出版社，2005.

李炜. 中国当前社会问题的特征及影响机制分析. 黑龙江社会科学，2012 (6).

李志江. 资本有机构成提高对就业的影响. 经济理论与经济管理，2004 (5).

李姿姿. 社会投资：欧洲福利国家改革的新趋势. 国外理论动态，2016 (12).

里夫金. 工作的终结：后市场时代的来临. 上海：上海译文出版社，1998.

里夫金. 零边际成本社会. 北京：中信出版社，2014.

林海，严中华，黎友焕. 社会企业商业模式创新路径研究：以格莱珉银行为例. 改革与战略，2013，29 (8).

林南. 社会资本：关于社会结构与行动的理论. 上海：上海人民出版社，2005.

林昭吟，刘宜君. 社会投资观点之政策理念及运用. 社区发展季刊，2017 (160).

刘焕性. 厉以宁讲道德经济学. (2021-08-17) [2023-02-02]. http://www. rmzxb. com. cn/c/2021-08-17/2933333. shtml.

刘秋华. 现代企业管理. 北京：中国社会科学出版社，2003.

刘少杰. 西方经济社会学史. 北京：中国人民大学出版社，2013.

刘小霞. 社会企业合法性机制建构研究. 北京：中国社会科学出版社，2021.

刘小元，蓝子淇，葛建新. 机会共创行为对社会企业成长的影响研究：企业资源的调节作用. 研究与发展管理，2019，31 (1).

刘阳. 从脱嵌到嵌入：卡尔·波兰尼社会思想引论. 杭州：浙江大学，2006.

刘易斯. 经济增长理论. 北京：商务印书馆，1983.

刘奕，夏杰长. 共享经济理论与政策研究动态. 经济学动态，2016 (4).

刘玉焕，尹珏林，李丹. 社会企业多元制度逻辑冲突的探索性分析. 研究与发展管理，2020，32 (3).

刘振，肖应钊，张玉利. 亲社会动机对社会创业双重导向的影响机理研究：市场化程度与工作经验隶属性的调节作用模型. 南开管理评论，2021，24 (2).

刘志阳，金仁旻. 社会企业的商业模式：一个基于价值的分析框架. 学术月刊，2015，47 (3).

刘志阳，庄欣荷，李斌. 地理范围、注意力分配与社会企业使命偏离. 经济管理，2019，41 (8).

刘志阳. 社会创业：新理念、新组织和新管理范式. （2021 - 12 - 25） ［2023 - 02 - 02］. https：//ccse. sufe. edu. cn/c3/ad/c9810a181165/page. htm.

刘祖云. 发展社会学. 北京：高等教育出版社，2006.

鲁波特，罗. 平凡创传奇：社会企业妙点子. 香港：商务印书馆，2008.

陆道生，王慧敏，毕吕贵. 非营利组织企业化运作的理论与实践. 上海：上海人民出版社，2004.

伦德斯特罗姆，周春彦，弗里德里希，桑丁. 社会企业家：影响经济、社会与文化的新力量. 北京：清华大学出版社，2016.

罗家德. 社会网分析讲义. 北京：社会科学文献出版社，2005.

罗婧. 转型视角下中国社会企业的发展. 学习与实践，2019 （8）.

罗文恩，黄英. 官民商协作与社会企业可持续发展：来自中国香港的经验及启示. 公共行政评论，2018，11 （4）.

马更新. 社会企业的法律界定与规制. 北京联合大学学报（人文社会科学版），2021，19 （3）.

马仲良，于晓静，无一. 发展社会经济 构建首善之区. 投资北京，2006 （1）.

马仲良，于晓静. 社会经济：我国社团组织发展的新出路. 行政论坛，2008 （3）.

毛基业，赵萌，等. 社会企业家精神. 北京：中国人民大学出版社，2018.

毛基业，赵萌，王建英，等. 社会企业家精神：第 2 辑. 北京：中国人民大学出版社，2020.

苗青，赵一星. 社会企业如何参与社会治理？：一个环保领域的案例研究及启示. 东南学术，2020 （6）.

苗青. 社会企业：链接商业与公益. 杭州：浙江大学出版社，2014.

尼森. 社会企业的岔路选择：市场、公共政策与市民社会. 北京：法律出版社，2014.

诺顿. 当下是"立业为善"的时代. （2016 - 12 - 14） ［2023 - 02 - 02］ http：//www. p5w. net/news/cjxw/201612/t20161214 _ 1664951. htm.

帕特南. 独自打保龄：美国社区的衰落与复兴. 北京：北京大学出版社，2011.

潘小娟. 社会企业初探. 中国行政管理，2011 （7）.

潘晓. 第三部门法的"社会企业"运动：欧美两种路径下的制度演进. 北大法律评论，2012，13 （1）.

佩鲁. 新发展观. 北京：华夏出版社，1987.

彭劲松，黎友焕. 社会企业商业模式研究：以广东残友集团为例. 江西社会科学，2012，32 （4）.

彭靖，李东林. 宁夏盐池小额贷款的实践：社会企业视角. 中国非营利评论，2010，6 （2）.

钱惠英. 当代西方"社会企业家精神"理论综述. 现代企业, 2013 (3).

仇思宁, 李华晶. 亲社会性与社会创业机会开发关系研究. 科学学研究, 2018, 36 (2).

钱运春. 西欧生产方式变迁与社会保护机制重建. 上海: 上海社会科学院出版社, 2011.

青连斌. 社会问题的六大特点. 理论前沿, 2002 (10).

任荣明, 朱晓明, 等. 企业社会责任多视角透视. 北京: 北京大学出版社, 2009.

萨拉蒙, 安海尔. 公民社会部门. 社会, 1997, 34 (2).

萨缪尔森, 诺德豪斯. 经济学: 第16版. 北京: 华夏出版社, 1999.

沙勇. 社会企业: 理论审视、发展困境与创新路径. 经济学动态, 2014 (5).

沙勇. 社会企业发展演化及中国的策略选择. 南京社会科学, 2011 (7).

沙勇. 中国社会企业研究. 北京: 中央编译出版社, 2013.

尚晓援. 中国社会保护体制改革研究. 北京: 中国劳动社会保障出版社, 2007.

社企流. 社企力. 台北: 果力文化, 2014.

沈汉. 评爱德华·汤普森的新作《民众的习惯》. 史学理论研究, 1992 (2).

时立荣, 刘洁. 社会因素建构、共享价值与社会治理创新. 理论探讨, 2017 (4).

时立荣, 刘菁, 徐美美. 社会性嵌入: 从企业生产要素看社会企业模式的产生. 河南社会科学, 2014, 22 (4).

时立荣, 王安岩. 社会企业与社会治理创新. 理论探讨, 2016 (3).

时立荣, 徐美美, 贾效伟. 建国以来我国社会企业的产生和发展模式. 东岳论丛, 2011, 32 (9).

时立荣, 闫昊. 提升社会治理效能: 社会企业生产要素社会性变革及其制度优势. 理论探讨, 2020 (2).

时立荣. 非营利组织运行机制的转变与社会性企业的公益效率. 北京科技大学学报 (社会科学版), 2003 (4).

时立荣. 社会工作行政. 北京: 中国人民大学出版社, 2015.

时立荣. 转型与整合: 社会企业的性质、构成与发展. 人文杂志, 2007 (4).

舒博. 社会企业的崛起及其在中国的发展. 天津: 天津人民出版社, 2010.

司比士. 将才智与同情心付诸实践. 北京: 中国社会出版社, 2016.

斯蒂格利茨. 社会主义向何处去: 经济体制转型的理论与证据. 长春: 吉林人民出版社, 1998.

斯格特. 组织理论: 理性、自然和开放系统. 北京: 华夏出版社, 2002.

斯考切波. 历史社会学的视野与方法. 上海: 上海人民出版社, 2007.

斯威德伯格. 经济社会学原理. 北京: 中国人民大学出版社, 2005.

宋伟, 徐胡昇, 宋小燕. 社会创新的公共使命与社会企业的发展. 公共管理与政策评论，2015，4（1）．

孙本文．近代社会学发展史．北京：商务印书馆，1947．

孙涛．当奥利弗·威廉姆森遇到马克·格兰诺维特：论经济学和社会学在企业组织理论上的对视和沟通．制度经济学研究，2013（2）．

孙艺卓．社会企业影响因素及运行机制研究．杭州：浙江大学，2010．

汤敏．呼唤"社会企业家"．中国企业家，2006（3）．

汤敏．社会企业也能上市吗？（一）．上海证券报．2012-02-16．

唐钧．社会保护的历史演进．社会科学，2015（8）．

童星．论中国当前社会问题的特点和对策．江海学刊，1994（3）．

涂尔干．社会分工论．北京：生活·读书·新知三联书店，2000．

瓦萨，普舍贝洛．社会企业创立指南．北京：中国人民大学出版社，2019．

汪建成，林欣．社会创业的资源整合过程：多案例研究．管理案例研究与评论，2021，14（2）．

汪忠，詹旎萍，王爽爽．社会创投、资源获取与社会企业绩效关系研究．财经理论与实践，2019，40（1）．

王道勇．社会合作推进社会治理现代化．社会治理，2020（11）．

王名，朱晓红．社会组织发展与社会创新．经济社会体制比较，2009（4）．

王平，何增科，周红云．社会创新蓝皮书．北京：中国社会出版社，2014．

王世强．非营利组织的商业化及向非营利型社会企业的转型．中国第三部门研究，2013，6（2）．

王世强．美国社会企业法律形式的设立与启示．太原理工大学学报（社会科学版），2013，31（1）．

王世强．社会企业的官方定义及其认定标准．社团管理研究，2012（6）．

王世强．社会企业兴起的路径研究．北京：首都经济贸易大学出版社，2016．

王世强．社区利益公司：英国社会企业的特有法律形式．北京政法职业学院学报，2012（2）．

王仕图，官有垣，陈锦棠．台湾社区型社会企业之资源连接与社会影响：兼论其可持续性发展．社会建设，2015，2（3）．

王思斌．混合福利制度与弱势群体社会资本的发展//王思斌．中国社会工作研究：第1辑．北京：社会科学文献出版社，2002．

王思斌．中国社会工作研究：第2辑．北京：社会科学文献出版社，2004．

威廉姆森，温特．企业的性质．北京：商务印书馆，2010．

魏-斯基勒恩，奥斯汀，莱昂纳德，斯蒂文森．社会部门中的企业家精神．北京：社会科学文献出版社，2011．

吴承明．论工场手工业．中国经济史研究，1993（4）．

吴忠民.社会公正论.北京:商务印书馆,2019.

吴忠民.中国转型期社会问题的主要特征及治理.山东社会科学,2020(6).

西尔斯.发展的含义//亨廷顿,等.现代化:理论与历史经验的再探讨.上海:上海译文出版社,1993.

夏露萍.真正的问题解决者:社会企业如何用创新改变世界.北京:中国人民大学出版社,2014.

夏普,雷吉斯特,格兰姆斯.社会问题经济学:第15版.北京:中国人民大学出版社,2003.

向德平.社会问题.北京:中国人民大学出版社,2015.

谢东梅.低收入群体社会保护的政策含义及其框架.商业时代,2009(21).

谢家驹,余志海.公益创业:青年创业与中年转业的新选择.北京:商务印书馆,2009.

谢家平,刘鲁浩,梁玲,刘志阳.经济与社会双重目标约束下农业社会企业的决策机制及实现路径:注意力基础观的视角.研究与发展管理,2017,29(6).

谢家平,刘鲁浩,梁玲.社会企业:发展异质性、现状定位及商业模式创新.经济管理,2016,38(4).

严中华.社会创业.北京:清华大学出版社,2008.

杨百寅,单许昌.定力:中国社会变革的思想基础.北京:北京大学出版社,2018.

杨旎,韩海燕.共益型社会企业对老旧小区长效治理的驱动机制:角色重塑与资源重配.北京行政学院学报,2021(3).

杨宇,郑垂勇."社会企业家精神"概念评述.生产力研究,2007(21).

尤努斯,韦伯.企业的未来:构建社会企业的创想.北京:中信出版社,2011.

于光远.经济大辞典.上海:上海辞书出版社,1992.

于刃刚,戴宏伟.生产要素论.北京:中国物价出版社,1999.

于魏华.英国社会企业的特征、经验及启示.中国经贸导刊,2015(15).

余晓敏,丁开杰.社会企业发展路径:国际比较及中国经验.中国行政管理,2011(8).

余晓敏,李娜.社会企业型在线慈善商店的创新模式分析:基于"善淘网"的案例研究.经济社会体制比较,2017(5).

余晓敏,张强,赖佐夫.国际比较视野下的中国社会企业.经济社会体制比较,2011(1).

余晓敏.社会企业的治理研究:国际比较与中国模式.经济社会体制比较,2012(6).

俞可平.透视社会企业:中国与英国的经验.经济社会体制比较,2007(9).

袁方.社会学百科辞典.北京:中国广播电视出版社,1990.

袁彦鹏，鞠芳辉，刘艳彬．双元价值平衡与社会企业创业策略：基于创业者身份视角的多案例研究．研究与发展管理，2020，32（3）．

泽利泽．道德与市场：美国人寿保险的发展．上海：华东师范大学出版社，2019．

张伯伦．垄断竞争理论．北京：生活·读书·新知三联书店，1958．

张敬伟，王迎军．基于价值三角形逻辑的商业模式概念模型研究．外国经济与管理，2010，32（6）．

张其仔．新经济社会学．北京：中国社会科学出版社，2001．

张瑞霖．黑暗中对话：经营社会企业的体悟．香港：商务印书馆，2011．

张维维．社会企业与社区邻里关系的重建：以四个社会企业为例．浙江社会科学，2020（4）．

张晓萌，高露．经济社会转型的政治经济学考察．山东社会科学，2017（9）．

赵莉，严中华．国外社会企业理论研究综述．理论月刊，2009（6）．

赵莉，严中华．我国社会企业发展面临的法律困境及其对策．社团管理研究，2012（4）．

赵莉，严中华．西班牙社会企业发展的策略研究及启示．管理现代化，2011（4）．

赵莉，严中华．英国促进社会企业发展的策略研究及启示．特区经济，2009（3）．

赵萌，郭欣楠．中国社会企业的界定框架：从二元分析视角到元素组合视角．研究与发展管理，2018，30（2）．

郑功成．社会保障学．北京：商务印书馆，2000．

郑杭生．社会学概论新修．4版．北京：中国人民大学出版社，2013．

郑杭生．社会学概论新修．5版．北京：中国人民大学出版社，2019．

郑娟，李华晶，李永慧，贾莉．社会企业商业模式要素组合研究：基于国内外社会企业的案例分析．科技与经济，2014，27（4）．

郑南，庄家怡．社会组织的双轨制成长模式：以台湾"玛纳—光原"社会企业为例．吉林大学社会科学学报，2018，58（2）．

郑胜分，王致雅．台湾社会企业的发展经验．中国非营利评论，2010，6（2）．

钟慧澜，章晓懿．激励相容与共同创业：养老服务中政府与社会企业合作供给模式研究．上海行政学院学报，2015，16（5）．

周红云，宋学增．透视社会创新与社会企业：探索中国社会发展路径．北京：中国社会出版社，2016．

周红云．社会治理．北京：中央编译出版社，2015．

朱国宏，桂勇．经济社会学导论．上海：复旦大学出版社，2005．

朱汉平，杨慧．珠三角地区社会企业介入养老服务供给刍议．广东行政学院学报，2013，25（3）．

朱健刚，严国威．社会企业的内部治理与社会目标达成：基于C公司的个案研究．理论探讨，2020（2）.

朱力．社会结构转轨与社会问题突现．南京大学学报（哲学社会科学版），1994（1）.

朱力．社会问题．北京：社会科学文献出版社，2018.

朱力．正确认识社会问题．江海学刊，1999（2）.

朱小斌．社会企业的五种竞争力量．终身教育，2016（3）.

朱志伟，徐家良．迈向整合性认证：中国社会企业认证制度的范式选择．华东理工大学学报（社会科学版），2021，36（4）.

资中筠．财富的责任与资本主义演变．上海：上海三联书店，2015.

邹崇铭，黄英琦，阮耀启．共享城市：从社会企业、公平贸易、良心消费到共享经济．香港：印象文字，2014.

祖良荣，陆华良．社会企业家精神：一个管理学研究前沿．南京财经大学学报，2011（4）.

ALTER K. Social enterprise typology. Virtue Ventures LLC，2007.

AMIT R，ZOTT C. Creating value through business model innovation. MIT sloan management review，2012，53（3）.

AMIT R，ZOTT C. value creation in e-business. Strategic management journal，2001，22（617）.

BAUER R A. Social indicators. Cambridge：The MIT Press，1966.

BERND H. SCHMITT. Experiential marketing：how to get customers to sense，feel，think，act，and relate to your company and brands. Journal of tourism & leisure research，2002，14（1）.

CAFAGGI F，IAMICELI P. New frontiers in the legal structures and legislation of social enterprises in Europe：a comparative analysis. Italy：European University Institute，2008.

CHELL E. Social enterprise and entrepreneurship. International small business journal，2007，25（1）.

CHESBROUGH H. Open business models：how to thrive in the new innovation landscape. Boston：Harvard Business School Press，2006.

DARBY L，JENKINS H. Applying sustainability indicators to the social enterprise business model. International journal of social economics，2006，33（5/6）.

DEES J G，EMERSON J，ECONOMY P. Enterprising nonprofits：a toolkit for social entrepreneurs. New York：John Wiley & Sons，2002.

DEES J G，LUMPKIN G T. The role of entrepreneurial orientation in stimulating effective corporate entrepreneurship. Academy of management perspectives，2005，19（1）.

DEES J G. A tale of two cultures：charity，problem solving，and the future of social entrepreneurship. Journal of business ethics, 2012, 111 (3).

DEES J G. Enterprising nonprofits. Harvard business review, 1998, 76 (1).

DEES J G. New definition of social entrepreneurship: free eye exam sand wheelchiar [2022 - 02 - 02]. http: //www. fuqua. edu/admin/extaff/news/faculty/dees _ 2003. html.

DEES J G. Social enterprise spectrum: philanthropy to commerce. Harvard business review, 1996, 76 (1).

DEES J G. The meaning of "social entrepreneurship", comments and suggestions contributed from the social entrepreneurship funders working group. Center for the advancement of social entrepreneurship. Fuqua School of Business: Duke, 1998.

DEFOURNY J, NYSSENS M. Social enterprise in Europe: recent trends and developments. Social enterprise journal, 2008, 4 (3).

DEFOURNY J, NYSSENS M. Conceptions of social enterprise and social entrepreneurship in Europe and the United States: convergences and divergences. Journal of social entrepreneurship, 2010, 1 (1).

DEFOURNY J. Introduction: from third sector to social enterprise // BORZAGA C, DEFOURNY J. The emergence of social enterprise. London: Routledge, 2001.

DONE, SCHURZ. Business model on the web e-commerce times. Strategic management journal, 2001 (6).

DRAYTON W. The citizen sector: becoming as entrepreneurial and competitive as business. California management review, 2002, 44 (3).

DTI. Social enterprise: a strategy for success. London: Department of Trade and Industry, 2002.

EMERSON J. The blended value proposition: integrating social and financial returns. California management review, 2003, 45 (4).

FRANKEL C, BROMBERGER A. The art of social enterprise: business as if people mattered. Philadelophia: New Society Publishers, 2013.

HAMEL G. Leading the revolution. NewYork: Harvard Business School Press, 2000.

HEMERIJCK A. Social investment as a policy paradigm. Journal of European public policy, 2018, 25 (6).

HENTON D, MELVILLE J, WALESH K. The age of the civic entrepreneur: restoring civil society and building economic community. National civic review, 1997, 86 (2).

KISTRUCK G M, BEAMISH P W. The interplay of form, structure, and embeddedness in social intrapreneurship. Entrepreneurship theory and practice, 2010, 34 (4).

LAVILLE J L, NYSSENS M. The social enterprise: towards a theoretical socio-economic approach//BORZAGE C, DEFOURNY J. The emergence of social enterprise. London: Routledge,

2001.

LIGHT P C. The search for social entrepreneurship. Strategic direction, 2011, 27 (6).

LUNDSTRÖM A, ZHOU C, VONFRIEDRICHS Y, SUNDIN E. Socialentrepreneurship: leveraging economic, political, and cultural dimensions. Heidelberg, Germany: Springer, 2014.

MAGRETTA J. Why business models matter. Harvard business review, 2002, 80 (5).

MAIR J, NOBOA E. Social entrepreneurship: how intentions to create a social venture are formed. Social entrepreneurship. 2006.

MAIR J, MARTI I. Social entrepreneurship research: a source of explanation, prediction, and delight. Journal of world business, 2006, 41 (1).

MARSHALL T H. Citizenship and social class and other essays. Cambridge: Cambridge University Press, 1950.

MIDGLEY J. Growth, redistribution, and welfare: toward social investment. Social service review, 1999, 73 (1).

MIDGLEY J. Industrialization and welfare: the case of the four little tigers. Social policy & administration, 1986, 20 (3).

MIDGLEY J. Social development perspective in social welfare. London: Sage Publications, 1995.

MYRDAL G. Against the stream: critical essays on economics. London: Palgrave Macmillan, 2014.

NOLAN B. What use is "social investment"? . Journal of European social policy, 2013, 23 (5).

OECD. Social enterprises in OECD countries. Paris: OECD, 1998 (11).

OSTERWALDER A. The business model ontology a proposition in a design science approach. Lausanne: University de Lausanne, 2004.

O'CONNOR J. The fiscal crisis of the welfare state. New York: St Martin's Press, 1973.

POLANY I K, ARENSBERG C M, PEARSON W. Trade and market in the early empires. New York: Macmillan Pub Co. , 1957.

REISER D B, DEAN S A. Social enterprise law: trust, public benefit, and capital markets. Oxford: Oxford University Press, 2017.

ROTH F M S, WINKLER I. B corp entrepreneurs: analysing the motivations and values behind running a social business. London: Palgrave Macmillan, 2018.

SCHWARTZ B. Rippling: how social entrepreneurs spread innovation throughout the world. New York: John Wiley & Sons, 2012.

SMELSER N, SWEDBERG R. The handbook of economic sociology. Princeton: Princeton University Press and Russell Sage Foundation，2005.

SWEDBERG R. Principles of economic sociology. Princeton：Princeton University Press，2003.

TAYLOR-GOOBY P，HASTIE C，BROMLEY C. Querulous citizens：welfare knowledge and the limits to welfare reform. Social policy & administration，2003，37（1）.

TEECE D J. Business models，business strategy and innovation. Long range planning，2009，43（2）.

The Office of the Regulator of Community Interest Companies House. Information pack community interest companies. London：Companies House，2010.

THOMPSON J L. The world of the entrepreneur：a new perspective. Journal of workplace learning，1999，11（6）.

TIMMERS P. Business models for electronic markets. electronic markets，1998，8（2）.

WATKINS P. Regional boards of education：mediating links between social investment and social consumption. British journal of sociology of education，1988，9（4）.

Zhao M，MAO J. Social entrepreneurship：an innovative solution to social problems. Beijing：Renmin University Press，2021.

图书在版编目（CIP）数据

社会企业的发展逻辑 / 时立荣著 . —北京：中国
人民大学出版社，2023.6
　（社会学文库 / 郑杭生主编）
　ISBN 978-7-300-31707-6

　Ⅰ．①社… Ⅱ．①时… Ⅲ．①企业发展-研究 Ⅳ.
①F272.1

中国国家版本馆 CIP 数据核字（2023）第 090192 号

"十二五"国家重点图书出版规划项目
社会学文库
主编　郑杭生

社会企业的发展逻辑

时立荣 著

Shehui Qiye de Fazhan Luoji

出版发行	中国人民大学出版社	
社　　址	北京中关村大街 31 号	邮政编码　100080
电　　话	010 - 62511242（总编室）	010 - 62511770（质管部）
	010 - 82501766（邮购部）	010 - 62514148（门市部）
	010 - 62515195（发行公司）	010 - 62515275（盗版举报）
网　　址	http://www.crup.com.cn	
经　　销	新华书店	
印　　刷	北京宏伟双华印刷有限公司	
开　　本	720 mm×1000 mm　1/16	版　　次　2023 年 6 月第 1 版
印　　张	13.5 插页 2	印　　次　2023 年 6 月第 1 次印刷
字　　数	207 000	定　　价　79.00 元